향수의 기억

마리 앙투아네트의 조향사 파르종

Jean-Louis Fargeon, parfumeur de Marie-Antoinette
by Elisabeth de Feydeau
Copyright © Editions Perrin/Etablissement public du musée et
du domaine national de Versailles, 2004.
All rights reserved.

This Korean edition was published
by Yeo Woon Corporation in 2016,
by arrangement with EDITIONS PLON-PERRIN
through KCC(Korea Copyright Center Inc.), Seoul.

이 책은 (주)한국저작권센터(KCC)를 통한
저작권자와의 독점계약으로
(주)여운에서 출간되었습니다.
저작권법에 의해 한국 내에서 보호를 받는 저작물이므로
무단전재와 복제를 금합니다.

"향수는 보이지 않는 것의 현재형이다.
다시 만나는 기억이다."

엘리자베스 드 페도

향수의 기억

마리 앙투아네트의 조향사 파르종

엘리자베스 드 페도 지음
조청현, 이윤정 옮김

차례

- 여는 글 – 장 루이 파르종을 발견하다. •9
- 엘리자베스 드 페도 •12
- 옮긴이의 말 •14

프롤로그 •17

1부 조향사의 탄생 _ 탑 노트 (1748년~1774년)

향수의 도시, 몽펠리에 •29
평등한 세상을 꿈꾼 아버지 •38
코는 영혼으로 통하는 문이다. •43
파리의 냄새를 맡는 조향사 •55
뒤바리 부인의 첫인상 •63
마침내 장인 명부에 이름이 오르다. •68

보충 자료

1. 몽펠리에의 조향사 •78
2. 장갑 상인 및 조향사의 보호를 위한 길드 규약과 특권 및 칙령
 – 파리와 파리 근교 지역 •81

2부 절정, 꽃은 지기 전에 가장 아름답다.
_ 미들 노트 (1774년~1782년)

유행을 선도하는 프랑스의 왕비 •93
괴팍하지만 독창적인 로즈 베르텡 •106
루주를 미친 듯이 짙게 바르세요! •110
베르사유의 꽃으로 살다. •119

로즈 베르텡과 손을 잡다. •131
왕비가 좋아하는 향수들 •139
파산의 위기에서 금세 벗어나다. •145
트리아농의 향수 •149

보충 자료
1. 장 루이 파르종의 향료 팔레트 •163
2. 조향실에서 – 향수의 제조방법 및 조향 장치 •177
3. 왕비를 위해 일한 사람들 – 시녀와 시종 그리고 납품업자들 •183

3부 단절과 지속성 _ 베이스 노트 (1782년~1794년)
왕비의 씀씀이를 줄여라! •203
체면이 구겨진 왕비 •208
쉬렌의 향수 공장 •218
나는 공화주의자다! •223
불운을 예감하는 향기 •232
코를 찌르는 피 냄새 •240
검은색 리본 •246
'카페의 조향사'를 체포하라! •260
혁명재판을 받다. •266

에필로그 •286

보충 자료
1. 프랑스 혁명의 주요 사건들 •289
2. 제3신분, 그들은 누구였나? •299
3. 명목상의 왕, 루이 17세 •302
• 저자 주 •304   • 참고문헌 •308

일러두기

1. 모든 각주는 옮긴이에 의한 보충 설명에 해당한다.
2. 지은이가 덧붙인 보충 설명은 모두 미주에 담았다.
3. 본문 가운데에서 다양한 종류의 제품명들은 그 밖의 고유명사들과의 혼동을 피하고자 색 글자로 일괄 표시했다.
4. 1부와 2부의 보충 자료는 원서의 부록에 실린 내용에 해당한다. 3부의 보충 자료는 원서에는 없는 내용이며, 이는 프랑스 혁명에 대한 독자들의 일반적인 이해를 돕기 위하여 옮긴이에 의해 추가되었다. 옮긴이가 참고한 자료는 3부의 보충 자료가 끝나는 곳에 적어 두었다.

여는 글
장 루이 파르종을 발견하다.

　이와 같은 매혹적인 주제를 다루기 위해 우리가 참고할 수 있는 자료는 풍부하다. 그러나 또 어떤 관점에서 보면 빈약하기 짝이 없다. 특히 왕비의 향수 소비와 관련된 자료가 부족하다. 왕비 앞으로 청구되었을 그 많은 계산서들은 어떻게 되었을까? 혹시 마리 앙투아네트가 자신을 정당화하고 싶은 마음 때문에 없애 버린 걸까? 당시에 그녀는 변덕스러움과 낭비벽 때문에 국고를 탕진했다는 맹렬한 비난에 극도로 짓눌린 상태였으니 말이다.

　베르사유 궁궐 전체에 진동하는 악취를 감추기 위해 사람들이 향수를 잔뜩 뿌렸다는 이야기는 이미 오래전부터 사실처럼 받아들여져 왔다. 이것은 일부 사실이기도 하고, 다소 그릇된 편견이기도 하다. 물과 공기를 통한 전염병이 끊이지 않았던 시기가 존재했다. 그러한 시절에는 향수가 늘 페스트의 치료제처럼 사용되곤 했다. 그러나 18세기 무렵 영국에서 시작된 이른바 '위생 혁명'을 계기로 이러한 관행에도 급격한 변화가 일어났다. 이 책에서도 소개되다시피, 마리 앙투아네트는 특히 목욕과 향수를 매우 중요시했다.

장 루이 파르종은 그가 살았던 시기와 당시에 활동했던 조향사들의 세계를 대표하는 인물이다. 파르종의 생애를 서술하기 위해 활용된 다수의 필사본들은 한 번도 정리된 적이 없었거나, 열람되지 않았던 사료들이며, 이는 〈국립고문서관〉의 '공중서 보관실'에 있는 자료들의 경우에도 마찬가지다. 필자가 1779년에 등록된 장 루이 파르종의 파산 건과 관련하여 〈파리고문서관〉이 소장하고 있던 자료들을 발견한 것은 엄청난 행운이었다. 그러한 기록물들을 통해, 그가 만든 제품들과 소유했던 상점들 그리고 채권자 및 채무자에 관한 매우 상세한 목록을 작성할 수 있었다. 아울러 파산 신고서에 '장 오노레 파르종Jean-Honoré Fargeon'으로 등록된 사람이 다름 아닌 장 루이 파르종이었다는 사실 역시 확인할 수 있었다. 이러한 확인 과정에서 파산 신고자로 기재된 장 오노레 파르종은 실존 인물이 아니라는 사실이 우선 드러났고, 그렇다면 혹시 장 루이 파르종의 아버지일까 하는 생각으로 다시 조사해 보았으나, 그 역시 아니었다.

장 루이 파르종이 남긴 문서 가운데, 이후에 정리된 자료들은 매우 특별한 가치를 지니고 있다. 마리 앙투아네트를 위해 향수를 만들었던 시절부터 제정 시대에는 황후의 전속 조향사로 활동하던 때에 이르기까지, 몽펠리에의 조향사였던 집안으로부터 파르종이 물려받은 조향 기술은 물론이며, 그가 활용한 향료 및 손수 정리해 둔 상세한 포뮬러가 그 안에 고스란히 담겨 있기 때문이다.

필자가 주로 참고한 자료는 다음과 같다.

장 루이 파르종, 조향술 – 잡티와 주름 제거 및 피부 건강 유지를 위한 다양하고 새로운 비법이 담긴 향수, 화장품, 포마드, 향초, 방향제, 옛날식 오일, 향유 제조에 관한 완벽한 해설서, 파리, 혁명력 9년(1801)*

---

* Jean-Louis Fargeon : *L'Art du Parfumeur ou Traité complet de la préparation des parfums, cosmétiques, pommades, pastilles, odeurs, huiles antiques, essences contenant plusieurs secrets nouveaux pour embellir et conserver le teint des dames, effacer les taches et les rides du visage*, Paris, an IX (1801).

엘리자베스 드 페도 Élisabeth de Feydeau

향수와 18세기 프랑스 역사에 대한 강한 열정을 가진 작가다. 파리 4대학에서 「위생에서 이상까지 : 프랑스의 향수 산업-1830년에서 1945년까지 De l'Hygiène au Rêve : l'industrie française du parfum, de 1830 à 1945」라는 논문으로 박사학위(1997년)를 받았다. 이후 〈샤넬Chanel〉과 〈부르주아Bourjois〉에서 문화 마케팅 기획과 프랑스의 전통 향수 문화의 계승과 보존을 위해 설치된 '전통향수문화전시관'에서 전시 기획 및 운영을 맡았다. 이러한 경력을 기반으로 향수 전문 회사인 〈아티 프래그런스Arty Fragrance〉를 세웠으며, 아울러 〈장 폴 고티에Jean-Paul Gautier〉, 〈샤넬〉, 〈게를랭Guerlain〉과 같은 세계적인 향수 회사와 손을 잡고 일했다.

엘리자베스 드 페도는 18세기의 프랑스 역사와 문화 상품으로서의 향수, 두 분야에 대한 풍부한 지식과 경험을 두루 갖춘 인재로서, 프랑시스 쿠르쟝Francis Kurkdjian과 함께 마리 앙투아네트의 조향사였던 장 루이 파르종의 향수를 복원하여 **시아주 드 라 렌느**Sillage de la reine(왕비가 남긴 향기)를 만드는데 성공했다.

프랑스의 명품 및 향수와 관련된 책도 다수 집필했는데, 첫 작품『장 루이 파르종, 마리 앙투아네트의 조향사 Jean-Louis Fargeon, parfumeur de Marie-Antoinette』(2005년)에 이어서『향수 : 사전, 인류학, 역사 Les parfums; dictionnaire, anthropologie, histoire』(2011년),『마리 앙투아네트의 식물도감 L'Herbier de Marie-Antoinette』(2012년),『향수 사용자를 위한 101가지 어휘 Les 101 mots du parfum à l'usage de tous』(2013년),『부르주아: 1863년부터 프랑스만의 아름다움을 만들다 Bourjois: la beauté à l'accent français depuis 1863』(2014) 등도 펴냈다.

페도는 현재 프랑스에서 다양한 향수와 향수의 역사를 주제로 한 전시회 및 강연 기획 전문가로서 활동하고 있으며, 1999년부터는 베르사유의 향수 전문 학교(ESSEC 및 ISIPCA)에서도 강의를 하고 있다. 2011년에는 독자적인 브랜드인 'Arty Fragrance by Elisabeth de Feydeau'를 본격적으로 출시하여 베르사유궁과 18세기 프랑스의 고급문화에서 영감을 받은 향수를 꾸준히 선보이고 있다(http://www.arty-fragrance.com/). 아울러 블로그(https://elisadefeydeau.wordpress.com/)를 통해 프랑스의 향수와 세계 향수 산업 그리고 명품에 관한 새로운 소식도 전하고 있다.

이 밖에도『장 루이 파르종, 마리 앙투아네트의 조향사』로 '게를렝 문학상(2005년)'과 프레데릭 미테랑 문화부 장관이 수여한 '학술 및 예술 공로훈장 Chevalier des Arts et des Lettres (2010년)' 등을 수상한 바 있다.

옮긴이의 말

『향수의 기억』은 향수를 통해 프랑스의 역사를 '새로운 시각'에서 다룬 책이다. 엘리자베스 드 페도는 마리 앙투아네트의 조향사였던 장 루이 파르종을 발굴하여 절대왕정과 프랑스 혁명을 재조명했다. 이는 파르종이 그가 살았던 시대의 사회적 상황 및 당시에 활동한 조향사의 세계를 대표하는 인물이기 때문이다.

저자는 장 루이 파르종을 '발굴'하는 과정에서, 편지와 회고록, 팸플릿 등의 다양한 형태의 고문서뿐만 아니라, 파르종의 조향 일지와 향수 포뮬러를 적극적으로 활용했다. 그런데 여기에 저자의 '역사적 상상력'까지 덧붙여져 사료 가운데 부족한 부분들이 보완되었으며, 간과되었던 중요한 사실들은 복원될 수 있었다.

『향수의 기억』은 18세기 프랑스 역사의 일부를 이루는 '냄새'를 조향사를 통해 '복원'한 책으로, 당시 프랑스인과 유럽인들의 기호와 취향에 대한 독자의 관심을 자극하고 있다. 파르종은 18세기 '베르사유 궁궐'의 냄새와 분위기를 우리에게 전달해 주는 역할을 맡고 있다. 가령, 악취로 진동하는 구역을 한 발짝만 벗어나면 특유의 향내가 감돌았다고 한다. 이와 같은 묘사적 표현을 통해 우리는 매캐하면서도 달짝지근하여 코끝을 자극하는 냄새가 베르사유 특유의 향기였을 것이라 짐작해 볼 수 있다.

장 자크 루소는 냄새를 '맡을' 때보다는 그것을 통해 무언가를 '예감'할 수 있을 때, '상상'의 세계에 더 많은 영향을 미친다고 했다. 이 책에서 '향수'는 눈부시게 아름다운 왕비의 곁에서 번창했던 시절에 대한 파르종의 '기억'을 자극함으로써 지난날에 대한 '노스탤지어鄕愁'를 불러온다. 특히 마리 앙투아네트는 파르종이 만든 '트리아농의 향수'를 통해, 혁명의 소용돌이에 휩싸인 불안한 정국 속에서 자신에게 닥칠 비극적인 운명을 '예감'한다. 결국, 파르종과 마리 앙투아네트에게 향수는 '이미' 지나갔거나 '아직' 일어나지 않은 일을 상상력을 통해, '내가 존재하는-지금-이곳'으로 강하게 끌어당기며 존재를 압도하는 신비스러운 '힘'으로 작용한 것이다.

책의 첫 부분에서는 백 년 이상 '몽펠리에의 조향사'로 활동했던 파르종 가족의 이야기가 전개되어, 당시 프랑스에서 향수 장인이 전문화되어 가는 과정이 드러난다. 이어서 파르종의 견습 과정과 장인 심사 과정 그리고 장인 명부에 그의 이름이 오르기까지의 과정이 상세하게 소개된다. 아울러, 파르종의 시대에 이미 장인이나 상인이 살아남기 위한 생존 경쟁은 매우 치열했으며, 이러한 경쟁에서 살아남기 위해 파르종 나름 개발했던 비법도 공개된다. 사실 '장인의 역사'는 간과되기 쉬운 주제다. 같은 '제3신분'이라도 지식인과 법조인 위주의 혁명 부르주아와 상퀼로트만이 역사의 화려한 무대에 올라 집중적인 조명을 받아 왔기 때문이다. 그러나 장인이나 상인에 초점을 맞춘 역사서는 쉽게 접할 수 없었던 이유 때문인지, 장인들의 삶을 복원했다는 점에서 신선하게 느껴졌다.

이 밖에도 계몽사상과 화학 연구의 성과를 받아들임으로써 '향수 산업의 혁명'이 이루어지는 과정, 장인이 되는 과정과 장인들 간의 갈등과 협업, 특히 '파리의 상점'이 단지 물건을 사고파는 장소가 아니라 왕실과 귀족에 대한 모든 정보가 공공연한 비밀로 통하는 장소였다는 점 등의 흥미로운 이야기들도 틈틈이 소개된다.

향수에 관심이 많은 독자라면 장 루이 파르종이 만들었던 다양한 향수와 화장품뿐만 아니라, '향기로운 제품'을 만들기 위해 그가 사용한 다양한 '향료'의 특징도 함께 발견하는 재미를 느낄 수 있을 것이다. 또한 18세기에 프랑스에서 활동했던 조향사들과 그 밖의 다양한 분야의 장인 및 상인들의 활동상에 얽힌 자세한 이야기를 알고 싶은 독자에게도 추천하고 싶은 책이다.

프롤로그

　내일은 유일불가분의 공화국* 2년 테르미도르thermidor 9일. 루이 16세 왕실의 조향사였던 나, 장 루이 파르종Jean-Louis Fargeon은 혁명재판을 받게 된다. 억울한 누명을 벗기 위해 나는 하루 속히 변론하고 싶은 마음뿐이다. 내가 자유의 적이자 구제도와 공모했다는 것은 거짓말이다. 오늘날 소위 '유혈 사태'라 불리는 혁명을 내가 혐오하는 이유는 '자유롭게 살지 못한다면 차라리 죽음을 택하겠다.'**는 신념에 충실한 공화주의자이기 때문이다.

　나는 보안위원회Comité de sûreté générale의 명령에 따라 니보즈nivôse 8

---

*　République une et indivisible – 국민공회가 왕권을 폐지하자, 프랑스의 내부에서는 왕당파가 중심이 된 방데 반란이 일어나 제1공화정에 반기를 들었다. 해외에서는 프랑스 혁명에 위협을 느낀 유럽 여러 나라들이 프랑스 혁명 정신의 확산을 막기 위해 연합군을 결성한 후, 프랑스로 진격하고 있었다. 이에 국민공회는 왕권에 동조하는 반혁명 세력을 뿌리 뽑고, 민주적 전통을 뿌리내리기 위해서 그리고 혁명을 통해 확립한 공화국을 효율적으로 운영하기 위해서 중앙집권적인 강력한 국가가 필요했다. 이에 '유일불가분의 공화국'이라는 슬로건을 내걸고 중앙집권체제를 공고히 하고자 했다.

**　"Vivre libre ou mourir" – 이 표현은 프랑스 혁명 정신을 고취하는 대중적 표어였다. 혁명가 앙투안 바르나브Antoine Barnave가 늘 착용하던 휘장에 새겨진 문장이다.

일, 이곳에 수감되었다. 프랑스에 온 미국인 네 명이 위조된 아시냐assignat* 지폐로 내게 대금을 지불했다는 사실이 발각되었다는 것이다. 그들 가운데에는 미국에서 파견된 프랑스 주재 공사 토마스 제퍼슨도 포함되었는데, 그는 새로운 시대정신에 매우 우호적인 사람이었다. 미국인들은 모두 석방되었지만, 쇼몽Chaumont 가의 우리 집과 룰Roule 가의 옛 향수 가게 그리고 쉬렌Suresnes의 향수 공장에는 압류 통지서가 붙었다. 새로운 사회질서의 적이자 위조화폐를 유통시켰다는 명목으로 기소된 나는 뤽상부르Luxembourg로 끌려갔다. 나는 잘못된 기소 조항과 나를 시기한 이웃들의 소행이라 짐작되고도 남는 불리한 증언들에 대해 조목조목 반박했다. 서로가 서로를 고발하는 너무나 암울한 시대가 온 것이다. 감옥은 죄수들로 가득 찼다. 모든 상거래는 중단되었고, 장인들의 작업실에는 적막이 감돈다. 무고한 피와 음모 그리고 정치적 야망과 배신이 혁명의 얼굴을 말라비틀어지게 했다.

내 명의의 집과 땅 그리고 무기를 소지했다는 이유로 나는 죄인으로 몰렸다. 정직하게 취득한 집과 땅이 공화국에 반하는 범죄가 될 수 있단 말인가? 내가 구제도 시절의 귀족들에게 향수와 화장품을 공급했다는 이유로 비판을 받았다. 그들을 위해 내가 향수를 만든 것은 사실이다. 그러나 그들은 나름의 취향과 경제력을 가지고 있었기에 자연스레 내 고객이 될 수 있었다. 경박한 언행과 물품 대금을 모조리 빚으로 돌려놓는 그들의 태만함이 나를 힘들게 만들었다. 사업을 유지하기 위해 너무나 많

* 프랑스 혁명 때, 몰수한 교회 재산을 담보로 발행된 화폐다. 재정난을 타개하기 위하여 발행했으나, 남발로 인한 가치 폭락으로 1796년에 총재정부에서 이를 폐지하였다.

은 고난을 겪었다. 나의 애국심을 과연 무엇으로 증명해야 한단 말인가? 내가 정의로운 인간이라는 것을 저들이 인정하게 만들기 위해서 말이다. 혁명재판관들은 단 한순간도 애국심을 잃어 본 적 없는 나와 같은 시민에게 자유와 명예를 되돌려 줄 수 있을까? 체포된 바로 다음날 내 명예를 걸고 선언한 말을 되풀이할 수밖에 없을 것이다. "나는 이 땅에 인간으로 태어나, 마땅히 1789년의 혁명이 쟁취한 자유를 사랑하며 그것을 증명할 수 있다."

아버지와 마찬가지로 나 역시 진보를 추구하는 과학자다. 나의 경험과 지식 그리고 내가 만든 제품들은 정교한 조향 기술로 집약되었다. 파리는 과학과 예술 그리고 유행의 중심지가 되었다. 지난 몇 년간 새로운 발명과 발견을 지속적으로 이루어 온 화학 분야는 아직 개척되지 못한 길을 탐색할 수 있게 해 주었다. 자연을 탐구함으로써 정신의 활동을 자극하고, 잊힌 기억들을 되살릴 수 있는 원자를 향수의 구성 성분 속에서 발견했다. 저들은 지금 내게서 어떤 기술을 기대하는 것인가? 기요틴 주변에 흐르는 피로 향수를 만들기라도 해야 비로소 내 애국심이 증명될 수 있단 말인가?

아! 감옥에서 진동하는 이 역한 냄새를 제발 그만 맡을 수만 있다면! 이놈의 악취가 감옥의 쇠창살보다도 더 단단히 나를 옭아매고 있으니 말이다. 어느 날 불현듯, 이미 사라져 버린 나날들의 감미로운 향기가 불행에 빠진 나를 찾아와 베르사유의 정원과 살롱으로 데리고 간다. 그리고 그곳에는 백합들 사이로 피어난 한 떨기 장미와 고인이 된 왕비가 있다. 그렇다. 솔직히 말해 내가 왕비를 아름다운 여성으로 돋보이게 할 수 있었던 것에 자부심을 느낀다. 그러나 결코 왕비의 시종으로서 그리했던 것은 아니다.

 과거의 향기가 코를 자극하면, 마치 내 삶의 전부가 향수를 만들던 그 시절로 돌아가 비로소 제자리를 찾고 질서가 잡히는 것 같다. 가장 먼저 장조 화음이 연주되고, 그 뒤를 이어 솟구쳐 오르듯 탑 노트가 밀고 나온다. 탑 노트는 마치 한창때의 젊은이처럼 열정적이고 생기에 넘치지만, 자리를 잡지 못하고 금세 날아가 버린다. 이어서 미들 노트가 요동을 치며 꿈틀거린다. 미들 노트는 마치 완성된 인품을 지닌 사람처럼 성숙하면서도 부드럽고 감동적이다. 마지막으로, 오래 지속되며 무겁고 끈적이는 느낌의 베이스 노트가 울려 퍼진다. 베이스 노트는 처음에 느껴진 향이 날아가 버린 이후에도 존재하는 여향餘香이다. 이것이 바로 내 삶이자 나의 예술이었다. 내일이면 내가 이 모든 것을 버려야 할지 알게 될 것이다.

Top note

I
조향사의 탄생
1748-1774년

● 부인복 상점 – 디드로와 달랑베르의 『백과사전』에 실린 판화 작품.
ⓒ 베르사유 시립도서관 소장

● 향수의 기억

● 〈파르종이 몽펠리에에서 제조 및 판매하는 향수와 건강 및 미용과 관련된 희귀하고 신기하고 특별한 상품들의 목록〉의 표제.
ⓒ 툴루즈 문화재연구도서관 소장.

표제의 내용

오를레앙 비전하의 인정을 받아 몽펠리에의 슈발 블랑 가 맞은 편에 위치한 〈바즈 도르Vase d'Or〉를 개업한 약제-조향 장인 파르종이 판매하는 품목: 효능이 뛰어난 의약품 및 향기가 매우 좋은 향수, 포마드, 오일, 에센스 및 화장수 일체를 비롯하여 얼굴을 아름답게 만들어 주는 모든 제품들.

● 루이 15세의 왕비였던 마리 레슈친스카를 위해 장 밥티스트 우드리가 그린 '오감Les Cinq Sens' 가운데 한 편인 '후각Odorat'으로, 마리 앙투아네트의 전용 휴게실 가운데 하나였던 〈살롱 존느Salon Jaune〉에 소장되어 있다.
ⓒ 베르사유궁 소장

● 조향사의 탄생

● 12세의 오스트리아 황녀 마리아 안토니나. 마르틴 반 메이텐스, 1767년~1768년.
ⓒ 쇤부른 궁(오스트리아, 비엔나) 소장.

● 뒤바리 부인. 장 밥티스트 고티에 다고티.
ⓒ 칼루스트 굴벤키안 박물관(포르투갈, 리스본) 소장

● 향수의 기억

● 13세의 오스트리아의 황녀 마리아 안토니나. 조제프 뒤크뢰, 1769년.
ⓒ 베르사유궁 소장.

● 조향사의 탄생

> 후각은 상상의 세계에
> 영향을 주는 감각이다.
>
> 장 자크 루소

향수의 도시, 몽펠리에

태양에 짓눌린 몽펠리에Montpellier의 거리와 골목길 사이로 레몬과 베르가못의 향기가 난다. 주변의 시골 마을들은 백리향과 라벤더 냄새를 뿜어내고 있다. 향료를 거두고 건조해서 증류하는 일꾼들이 벌어 들이는 수입은 제법 쏠쏠하다. 장차 마리 앙투아네트Marie-Antoinette의 조향사가 될 장 루이 파르종이 출현하기에 이보다 더 적합한 장소는 없었다.

프랑스의 국왕 루이 15세는 1748년, 오스트리아 왕위계승전쟁에서 프러시아에 패한 후, 엑스라샤펠 조약Traité d'Aix-la-Chapelle으로 유럽의 전쟁에 종지부를 찍었다. 같은 해에 몽테스키외Montesquieu*는 『법의 정신De l'esprit des lois』을 출간했다. 당시 프랑스인들은 오늘날 우리가 오 드 콜로

---

* Charles de Montesquieu (1689~1755) - 『법의 정신』에서 한 국가의 정치제도와 법의 성격은 기후와 지리적 조건, 산업 발전의 정도 등에 따라 다르며, 입법·행정·사법의 삼권 분립과 상호 견제가 자유를 지키는 최상의 길이라고 주장하였다.

eau de Cologne*라 부르는 매우 훌륭한 향수에 열광하고 있었는데, 이는 프랑스 군대가 쾰른에서 가져온 것으로 알려져 있다.

아이는 장차 조향사가 되기 위해 태어났다고 말해도 과언이 아니다. 그의 가족이 100년 이상 조향사로 일해 왔기 때문이다. 장남으로 태어난 장 루이 파르종은 노트르담데타블Notre-Dame-des-Tables 성당에서 세례를 받던 날, 아버지에게서 세례명을 물려받았다(1748년 8월 12일).[1)]

그의 선조들 중에 모직물 상인이 있었는데, 그의 아들 장 파르종Jean Fargeon이 안느 마리 루이즈 오를레앙Ann-Marie Louise d'Orléans의 약제사이자 조향사apothicaire-parfumeur로서 바즈 도르Vase d'Or**를 연 것으로 알려져 있다(1655년). 또한 약제사이자 조향사인 폴 포르탈레스Paul Portallès 그리고 루르그Rouergue에서 약제사로 활동하는 장 기로Jean Guiraud가 장 파르종과 함께 일했다. 그러나 장 파르종의 자녀들은 아무도 아버지의 소질을 물려받지 못했다. 맏아들은 회계 감사원의 고문이 되었고, 랑베르는 라 로즈La Lauze 지방의 영주가 되었다. 장 루이 파르종은 이들 형제들 가운데 막내인 클로드 파르종Claude Fargeon의 후손인데, 이 집안에서 훗날 조향사가 다수 배출된다.

그들 가운데 당시 조향사로 활동 중이던 앙투안 파르종Antoine Fargeon은 장 루이 파르종의 조부이며, 그는 마리 로즈 루미외Marie-Rose Roumieu

---

* 알코올에 감귤류의 향유를 배합하여 용해시킨 향수로서 상쾌한 향기가 난다.
** '황금 항아리'라는 뜻이다.

와 노트르담데타블 성당에서 1715년 1월 27일에 결혼했다. 1729년에 앙투안 파르종이 세상을 떠나자 미망인이 된 마리 로즈는 리쾨르 장인 밑에서 15개월간 견습 훈련을 받은 조카 앙투안의 도움을 받아 남편의 사업을 계속 이어 갈 수 있었다. 장 루이 파르종의 외조부는 1724년 1월 21일에 노트르담데타블 성당에서 마르그리트 살Marguerite Salles과 결혼식을 올렸다. 그녀의 동생인 잔느Jeanne는 몽펠리에 향수 산업 역사상 가장 중요한 조향사들 중 하나로 꼽히는 마트 라 파뵈르Matte La Faveur 집안의 며느리가 되었다. 장 자크 조제프 마티으 마트 라 파뵈르Jean-Jacques Joseph Mathieu Matte La Faveur는 국왕 전속 조향사가 되어 그라스에서 사업을 펼쳤다.

길드guilde* 에 소속된 장인들은 조향 기술의 기원이 머나먼 고대로 거슬러 올라간다고 말한다. 그러나 장 루이 파르종의 아버지는 향수 산업이 몽펠리에에서 시작되었다는 말을 입버릇처럼 말하곤 했다. 마치 그의 주장을 증명이라도 하듯, 시청에서는 몽펠리에를 찾는 방문객들에게 주는 기념품으로 고장 특유의 과일 잼 대신에, 향긋한 냄새가 나는 액체나 제비꽃 파우더가 담긴 유리병을 비롯하여 다양한 '향기로운 선물'을 준비했다. 아버지는 아주 자랑스럽게 몽펠리에의 향수 산업은 중세 시대로 거슬러 올라간다고 말했다. 『플라멘카Flamenca』라는 프로방스Provence 소

---

* 중세 시대에 상공업자들이 만든 상호부조적인 동업조합이다. 크게 상인 길드와 수공업자 길드로 나뉜다. 서유럽의 도시들에서 발달하여 11~12세기에 봉건 영주의 권력에 대항하면서 도시의 자치권을 획득하는데 크게 이바지했다. 그러나 근대 산업의 발달과 함께 16세기 이후부터 쇠퇴하였다.

설에 따르면, 크리스마스 무렵이면 몽펠리에의 거리 곳곳마다 향기로운 냄새가 진동했다. 몽펠리에 특유의 옛날식 레시피에다 시베트나 머스크와 같은 동물성 향료에서 추출된 깊고 강한 인상을 남기는 향을 추가한 몽펠리에 식 제품들을 언급하는 조향사들도 있었다고 한다. 루이 14세의 조향사였던 시몽 바르브Simon Barbe*는 자신의 포뮬러에서 몽펠리에 특유의 **사이프러스 향 파우더**poudre de cypre를 다음과 같이 언급했다. "꽃에서 추출된 순수한 떡갈나무 이끼의 파우더 2파운드를 넣고, 시베트 알갱이 18개와 머스크 1/2그로를 넣는다." 아울러 몽펠리에 식 화장품에 대해서도 보다 상세히 기술하고 있다. "다음과 같은 아홉 가지 식물성 원료를 풍부히 함유하고 있다. ─ 아이리스, 자단rosewood, 황단, 창포, 기름골, 계피, 클로브 꽃봉오리, 라브다넘 고무를 비롯하여 서로 대조를 이루는 향을 내는 원료 전부."[2]

프랑스에서 조향사 길드가 처음 결성된 것은 1190년이지만, 정관은 이후로도 여러 차례 수정되었다. 파르종 집안에서는 국왕의 특혜를 받아 약제사 및 조향사로 활동했던 장 파르종이 정한 규약을 지침으로 삼는다. 장 파르종은 건강을 위한 약품이냐, 미용을 위한 향장품香粧品이냐에 따라 다수의 품목들을 목록으로 정리하여 레시피를 완성했다(1668년). 엄청나게 많은 포뮬러가 담겨 있는 이 한 권의 레시피가 가문의 명예가 되었다. 그 밖의 다양한 규약들도 큰 영향력을 발휘했다.

---

* Simon Barbe - 루이 14세의 전속 조향사였으며, 『프랑스의 조향사Le parfumeur français』가 1699년에 출간되었다.

앙투안 오르노Antoine Hornot는 파리에서 드장Dejean이라는 필명으로 중요한 저서 두 권을 출간했는데, 그는 향에 관한 이론을 다음과 같이 전개했다. "코로 맡아지는 모든 것에는 휘발성을 가진 성분이 들어 있다. 이것은 미세하고 침투성이 뛰어나 후각 신경을 자극할 뿐만 아니라, 뇌 세포로 고루 전달된다."[3) 오르노와 동시대를 살았던 본 할레von Haller라는 학자는 총 8부로 구성된 『생리해부학 대사전』을 펴냈다. 그는 냄새를 맡는 현상에 대한 완벽한 이해를 돕기 위해 특히 호흡의 원리에 관해 설명하고 있다.

몽펠리에는 의학 분야의 선두 주자로 꼽히는 도시였기에 1572년에 약사 길드가 결성되었지만, 조합의 독립성은 1674년에야 보장받았다. 그들은 '병을 고치기 위한 약물'을 수입하거나 직접 제조했으며, 조향사 길드에는 가입하지 못했지만 향장품을 팔 수 있는 권한을 가지고 있었다. 오십 여 가지의 식물성 약재와 네다섯 가지의 동물성 약재 가운데 일부가 실제로는 향료로 쓰이고 있었다. 몽펠리에는 에그모르트Aigues-Mortes 항구를 갖고 있었지만, 16세기 말부터는 동양으로부터 들여오는 특산물의 수입 항구가 몽펠리에로부터 세트Sète*와 마르세유

---

* 프랑스 남부에 위치한 에로Hérault 주의 항만 도시이며, 석호 입구를 통해 지중해로 나아갈 수 있다. 그뿐만 아니라, 미디 운하Canal du Midi의 종점이기도 하다. 미디 운하는 총 길이 241km로 랑그도크 운하Canal royal en Languedoc라고도 한다. 지중해 연안의 세트 근처에 있는 토 석호Étang de Thau에서 시작하여 툴루즈에 이른다. 툴루즈 다음부터는 가론 강 및 이와 나란히 흐르는 가론 운하Canal de Garonne와 연결되어 대서양으로 흘러든다. 리케가 완성한 17세기의 대공사(1666년~1681년)였으며, 65개의 갑문을 이용한 운하다. 최대 폭 5.5m, 길이 30m의 선박이 운항할 수 있다. 이 운하로 대서양 연안 및 지중해 연안으로 나아가는 발판인 툴루즈의 상업이 발전하였다.

Marseille로 넘어갔다.

외국과의 접촉이 활발한 지역에서는 향료의 가공 산업이 순조롭게 발전할 수 있었다. 몽펠리에를 다음과 같이 묘사한 기록도 있다. "몽펠리에는 화학의 발달 수준이 매우 높아, 우수한 장인들을 도시의 어디에서나 만날 수 있고, 약사들은 보기에도 좋고 냄새도 좋은 물건을 취급하고 있다. 시럽과 **사이프러스 향 파우더**, 화장수와 향수, 향주머니와 같은 온갖 종류의 미용 제품과 그 밖에 수천 가지의 물건들로 가득하다."

이러한 업종에 종사하는 상인들은 소매상 pébrier de mercat과 구별되는 도매상 pébrier sobeyran에 속했다. 향신료를 취급하는 약제사 espicier(épicier)-apothicaire는 치료 효과가 있는 향신료를 팔았다. 이들은 꽃에서 추출물을 얻는 법과 향료의 증류법을 아랍인에게서 배운 것으로 알려져 있으며, 그렇게 해서 향을 다루는 향신료 상인 parfumeur-épicier*이 되었다. 이처럼 약제사와 향신료를 취급하는 약재상 épicier-droguiste이 점차 각각의 전문 분야로 나뉘기 시작했으며, 결국 증류를 통해 얻은 향을 장갑에 먹이는 기술을 가진 장인 gantier-parfumeur-distillateur도 생겨났다.

약제사 길드로부터 출발한 파르종 집안사람들은 조향사가 되기로 결정했다. 같은 구역에 모여 활동을 하고 있던 조향사들은 결혼을 매개로 서로의 유대 관계를 돈독히 하고 있었다. 그들의 가게는 생길렘 Saint-Guilhem 가, 에귀으리 Aiguillerie 가, 그랑드 뤼 Grande Rue 가, 포부르 드 라 소느리 Faubourg de la Saunerie 가 등, 몽펠리에 서쪽의 번화가를 중심으로 밀

---

* 라틴어로는 '아로마타리 aromatarii'라 한다.

집해 있었다. 파르종 가족의 상점은 그르나디에Grenadiers 가족의 상점과 마주한 그랑드 뤼 가에 위치하고 있었으며, 또한 자크 마트 라 파뵈르 Jacques Matte La Faveur의 상점도 슈발 블랑Cheval Blanc 가와 마주하고 있었다.

장 루이 파르종이 일곱 살이 되던 1755년 11월 2일, 오스트리아의 공주, 마리아 안토니아 요제파 요안나Maria Antonia Josepha Johanna가 태어났다. 그녀는 약 20년 후에는 프랑스의 왕비이자, 장 루이 파르종의 가장 중요한 고객이 된다. 그해는 대규모의 지진이 리스본을 황폐하게 만들었는데, 어쩌면 왕비가 될 이 아이의 불행한 운명은 이미 예고된 것인지도 모르겠다.

당시 소학교를 다니던 몽펠리에의 소년은 이러한 엄청난 사건들과는 전혀 다른 세상에 있었다. 그는 읽기와 쓰기는 물론이며, 특히 산수와 같이, 장차 상인이 되기 위해 반드시 익혀야 할 기초 지식과 함께 노동의 참된 의미를 배웠다. 마음은 좋지만 무뚝뚝한 어머니와 늘 일에 치여 사는 아버지를 도와 가게의 자질구레한 일들을 맡아 했다. 거리로 난 가게가 어머니에게는 하나의 왕국이었다.

그곳은 테이블과 찬장을 비롯해 유리문이 달리거나 선반이 있는 가구들로 가득했다. 사다리를 올라가 갖가지 용기를 꺼내기도 했는데, 베르가못 상자, 향료 상자, 뿔로 만든 경첩이 달린 코 담뱃갑, 마개가 달린 작고 갸름한 병들, 철제 통, 목이 가늘고 몸체가 크고 둥근 모양의 병들, 식물에서 추출한 향유香油가 가득 담긴 단지와 같은 것들이었다.

향수의 꽃향기는 장미, 수선화 혹은 이탈리아 산 레몬과 감귤류*의 향유에서 얻어진다. 또한 자단, 백단, 황단 및 계피, 카스카릴라와 같이 향이 나는 동양산 나무들도 활용했다. 강력한 약효를 발휘하는 녹나무에서 얻은 장뇌의 압도적인 냄새는 매우 특별한 강장 효과가 있었다. 오일, 파우더, 향유는 장미, 재스민, 제비꽃, 아이리스, 황수선화, 카네이션, 라벤더를 비롯한 오렌지와 레몬으로 향을 냈다. 호박琥珀과 오렌지 꽃이 애용되었지만, 머스크는 몇 해 전부터 거래량이 감소하고 있었다. 잡화雜花 파우더 및 안젤리카 파우더 그리고 사이프러스 파우더와 함께 제독의 향수eaux à la Maréchale 또는 몽펠리에 약초 향수eaux aux herbes de Montpellier와 같이 백리향이 주로 쓰인 제품들이 가장 인기가 좋았다. 여기에 세정수eau de propreté, 케이퍼꽃봉오리의 향수eau de câpres, 미용 초vinaigre de toilette를 비롯한 비누, 크림, 포마드 역시 잘 팔리는 제품들이었다.

가게에서는 다양한 소품들도 팔고 있었다.⁴⁾ 자수 도구를 보관하는 가방, 분첩, 이쑤시개, 손수건, 애교점mouche, 코 담뱃갑과 심지어 가터벨트도 있다. 그리고 술탄sultan**, 작은 바구니들, 향주머니 등, 비록 어지럽게 뒤섞여 있지만 무심코 지나칠 수 없는 물건들이 진열되어 있었다. 손가락장갑과 벙어리장갑은 가게에서 제법 중요하게 취급되는 품목들 중 하나였다.⁵⁾ 주변의 다른 조향사들은 넓은 의미에서의 향장품뿐만 아니

---

*   레몬, 오렌지, 탱자, 라임, 베르가못, 자몽 등의 나무가 감귤류에 속한다.
** 방향 및 장식을 위한 소품으로 쓰이는 이슬람 식 향로를 가리킨다.

라 올리브와 멸치젓 그리고 흑설탕도 함께 취급하고 있었다. 그러나 파르종의 가족은 향신료 상인들과 사실상 같은 물건을 취급하는 것은 자존심 없는 일이라며 따르지 않았다. 이른바 '제2의 점포'라 불린 가게 뒷방에는 다양한 배달용 포장 용기들이나 궤짝뿐만 아니라, 천으로 예쁘게 꾸며 상품 진열에 활용되는 바구니들도 함께 두었다.

가게 안쪽에는 조향실이 있었다. 이곳이야말로 가게의 자랑거리가 되는 전문적이고 독특한 제품들이 탄생되는 아주 비밀스러운 공간이다. 이곳에서 조향사는 증류기, 압착기, 구불구불한 나선관, 거품을 걷어 내는 데 쓰이는 그물국자와 분쇄기에 둘러싸인 채 분주히 일하고 있다.

어린 파르종에게 향료가 담긴 커다란 나무통은 마치 거인 같았다. 그는 근처의 덤불숲에서 나는 냄새와 동양에서 건너온 향료에서 나는 이국적이고 독특한 냄새에 취하곤 했다. 그는 아마도 머스크, 호박, 시베트 그리고 아라비아 송진, 훈향, 몰약, 백지향opopanax*, 갈바눔galbanum과 같은 이국적인 향기에 대한 기억을 평생 소중히 간직했을 것이다.

파르종의 할머니는 손자에게 자장가와 동요를 가르쳐 주고, 옛날이야기들도 꽤 많이 들려주었다. 그는 특히 헝가리 왕비의 향수eau de la Reine de Hongrie에 얽힌 이야기에 흠뻑 빠지곤 했다. 전해 오는 이야기에 따르면, 14세기경 통풍과 중풍에 걸려 마비가 된 잔느라는 이름의 왕비가 살

---

* 천연 방향 수지의 하나로 향료로 사용한다. 백지향은 두 종류가 있다. 먼저 페르시아 산 감람나무에서 채취하는 감람 백지향이 있고, 남유럽 산 미나리과 식물에서 채취하는 삼형 백지향이 있다.

고 있었다. 당시 72세인 왕비는 어느 수도사로부터 이 향수를 건네받았는데, 그 산뜻하고 시원한 느낌이 무척 마음에 들었다. 향수를 사용한 후 왕비의 활기와 매력이 넘쳐난 나머지, 72세의 나이에도 폴란드의 왕에게 시집을 갔다고 한다. 이후로, 이 헝가리 왕비의 향수는 류머티즘, 귀 울림 증세, 복통과 같은 다양한 증세에 효과적일 뿐만 아니라, 전염병을 예방할 수 있는 만병통치약처럼 여겨지고 있다. 하지만 무엇보다도 이 향수는 아름다움과 젊음을 되찾아 주는 효능이 있는 것으로 여겨진다. 향수 한 병으로 예전의 사랑스러웠던 모습을 기적적으로 되찾은 어느 왕비에 얽힌 옛날이야기가 평생 가슴속에 품게 될 어떤 꿈을 파르종에게 불어넣어 주었을 것이다.

여자를 아름답게 만들고, 피부를 한층 더 빛나게 하는 방법을 발견하여 피부의 생기와 탄력을 유지시키며 약점을 보완하고, 두발을 염색해서 머리 색을 비꾸고, 나이가 들수록 늘어가는 기미와 주름이 사라지게 하는 것이다. 파르종에게 조향사의 일과 화장품 제조 기술은 서로 밀접하게 연관된 것으로 보였다.

평등한 세상을 꿈꾼 아버지

당시 지방의 부르주아bourgeois들과 마찬가지로 장 루이 파르종의 아버지 역시 철학을 가까이했다. 《주르날 데 사방Journal des Savants》*과 《아

---

* 1665년에 발행된 주간지로, 세계 최초의 정기간행물로 인정받고 있다. 당시의 천문학 및 생물학과 화학 등 과학 분야의 최신 연구 성과를 주로 소개하고 있다.

방 쿠뢰르Avant-Coureur》*와 같은 잡지들을 구독하고 있었는데, 매주 월요일마다 발행되는 이 잡지들은 학문과 예술 그리고 기술, 공연, 산업, 문학 등의 분야에 관한 새로운 소식과 정보를 소개해 주었다. 아버지는 가격이 제법 나가는 데도 불구하고, 디드로Diderot**와 달랑베르d'Alembert 등이 집필하여『백과사전Encyclopédie』이라는 이름으로 널리 알려진『과학, 예술, 상공업 분야의 체계적인 사전Dictionnaire raisonné des sciences, des arts et des métiers』을 구입했다.6) 1752년,『백과사전』의 저자들이 "신과 왕권에 대한 도전"이라는 이유로 검열 위원회로부터 고발되어 도서 구입비를 환불받게 되자 아버지는 몹시 속상해 했다. 매우 다행스럽게도 디드로는 계몽 철학자들의 도움을 받아 훌륭한 집필 활동을 당당하게 이어 나갔다. 아들이 견습공의 세계에 발을 제대로 딛기 전에 - 그러나 아들은 이미 조향사가 되기 위한 기초 지식을 갖추고 있었다. - 조향사 아버지는 아들이 제대로 공부하기를 바랐다. 그 때문에 종종 이 문제를 두고 아내와 의견 충돌을 빚기도 했다.

그는 조향사와 같이 섬세한 작업을 하는 사람들의 몸과 마음은 교육을

이후《주르날 데 사방》과 유사한 학술 잡지들이 유럽에서 속속 창간되어 과학에 대한 논의가 활성화되는데 크게 기여했다. 프랑스 혁명 기간인 1792년에 폐간되었다가, 1797년부터 복간되었다.

* 1760년 1월 21일부터 1773년 12월 27일까지 발행된 잡지로, 매주 월요일마다 나오는 주간지다.《주르날 데 사방》보다는 상업적인 성격이 강했다. 과학을 포함한 모든 분야의 신간 및 최신 상연극과 강좌와 같은 대중적인 주제도 다루었기 때문이다. 1767년부터는 주간지들 간의 경쟁이 치열해지자, 상공업 분야의 최신 성과와 신상품 및 문학 관련 소식까지 전하는 주간지로 변모해 갔다.

** Denis Diderot (1713~1784) - 프랑스의 대표적인 계몽 사상가이자 문학가다. 달랑베르와 함께『백과사전』을 집필했다. 이 사전의 발행 취지는 근대적인 지식과 사고 방법을 널리 전파하고 권위, 특히 신학과 교회에 대한 통렬한 비판을 가하는 데 있었다.

받아야 여러모로 이롭다는 점을 분명히 인식하고 있었다. 손님들은 남부 지방에서나 통하는 오크어가 아닌 세련된 말로 설명할 수 있는 조향사를 원하기 때문이다. 반면 그의 아내는 장사에 관해 한층 보수적인 생각을 가진 사람이었다.[7] 과일 가게를 하는 아버지 밑에서 자란 그녀는 상품 진열대와 계산대보다 더 교육적인 곳은 없다고 굳게 믿고 있었다. '불필요한 지식에 공연히 마음을 쓰지 않고, 아버지의 곁에서 일을 배우다가 가업을 잇는 것'이야말로 가장 소시민petite bourgeoisie다운 마음가짐이라 여겼기 때문이다. 그러나 몰리에르Molière* 의 작품에도 '절대 권력은 남자에게 있다.'**라는 표현이 있듯, 결국 부부는 아들이 가게 일을 그만두고 오라토리오 수도회 부속학교에 입학하는 쪽으로 의견을 모았다.

파르종이 가족의 곁을 떠나기 바로 전날, 아버지는 아들을 조향실로 불러 엄숙한 설교를 했다.

○— 얘야, 내일이면 네가 드디어 중학교로 진학하는구나. 너는 아버지보다 더 많이 배운 사람이 되어라. 부디 기대를 저버리지 않길 바란다. 스승들의 가르침을 따르고 가족의 명예를 지켜라. 학교에서 아마도 자작이니, 후작이니 하는 가문의 작위를 자랑하면서 너를 무시하듯 거만하게 구는 아이들을 종종 만나게 될 거다. 네가 평

---

* Molière (1622~1673) - 17세기 프랑스의 대표적인 극작가 중의 한 명이자 배우다. 본명은 장 밥티스트 포크렝Jean Baptiste Poquelin이다. 그는 『타르튀프』, 『동 주앙』, 『인간 혐오자』 등 인간을 도덕적으로 살펴보는 '성격희극'으로 유명하다.

** "Du côté de la barbe est la toute-puissance. (가정에서 주도권을 쥔 사람은 남자다.)"

민의 자식이라는 사실과 언젠가 물려받게 될 이 아버지의 일이 결코 부끄러운 것이 아님을 명심해라. 본래 고귀하게 태어난다는 것은 오직 편견일 뿐이며, 이성의 빛이 비치는 날이 오면 흔적도 없이 사라질 그림자에 불과하다. 이 세상은 오로지 자신의 일과 능력을 가진 자들만이 스스로 일어설 수 있다. 많은 귀족들이 그저 무위도식하는 삶을 살아왔지만, 저들은 언젠가 우리와 같은 평민들에게 자리를 내어 주어야 할 것이다. 너는 훌륭한 조향사가 될 소질을 타고났다. 만약 우리 장남이 노상 코감기에나 걸려 냄새를 잘 못 맡는 녀석이었다면, 이 아버지는 너무도 절망했겠지. 내가 죽고 없게 되면 너는 우리 가족 전체를 데리고 파리로 이사하는 편이 좋을 것이다. 몽펠리에는 사업을 크게 번창시키기에 적합한 곳이 못된다. 부유하고 세련된 취향을 가진 고객들은 파리에 있단다. 내 바람이긴 하다만, 왕실 사람들과 가까이 지내면서 그들의 조향사가 되려무나. 이것이 바로 네가 교육을 받아 세련되고 품위 있는 언어를 구사할 줄 알아야 하는 가장 큰 이유다. 모든 면에서 늘 예의와 품위를 지키며 귀족들을 대해라. 그러나 결코 잊지 말아야 한다. 네가 시종이기 때문에 그들을 위해 일하는 것은 아니라는 사실을. 너는 머지않아 도래할 새로운 시대에 발맞춰 살아나갈 수 있는 진보적인 사람이 되어야 한다. 이 부패한 세상의 폐허 위로 진리와 평등 그리고 박애의 태양이 빛나는 것을 너는 틀림없이 목격하게 될 거다. 애야, 내 말 알아듣겠니?

○— 네, 아버지.

　엄숙하고도 지루한 설교를 마치기 전에 아버지는 가장 중요한 내용만 간추려 반복했다. "인간은 평등하므로 일과 능력 면에서 우수함을 드러내 보인다면 성공은 보장되어 있다."
　계몽 철학서를 애독하던 아버지였지만 철학자들이 예고하던 지혜와 진리의 세상을 보지 못했다. 1760년 7월 29일, 너무 이른 나이에 그는 세상을 떠났다.

　다섯 명의 아이들을 데리고 혼자가 된 그의 아내는 고인의 뜻을 따랐다. 조향실 책임자로는 세트 출신의 장 퐁세Jean Poncet라는 사람을 고용했는데, 그는 미망인에게 큰 힘이 되어 주었다. 또한, 열두 살이 된 장남이 오라토리오 수도회의 부속학교를 계속 다니도록 허락해 주었다. 그는 특출하지는 못했지만 성실한 학생이었으며, 뛰어난 암기력 덕분에 많은 분량의 학과 내용뿐만 아니라 향수 포뮬러도 아주 잘 기억했다. 그는 필요한 지식을 두루 갖추었음에도 성품이 내성적인 탓에 '장차 상인이 될 부르주아에게는 적합지 않은 재능과 지식'을 잘 드러내지 못했다.

코는 영혼으로 통하는 문이다.

파르종는 조향실에서 익힌 레시피에만 만족할 수 없었다. 그는 후각 작용의 원리와 성질을 이해하고 싶었다.

『아카데미 프랑세즈Académie Française』* 는 향기를 다음과 같이 간략하게 정의했다. "향기로운 어떤 것으로부터 가열 혹은 다른 방법에 의해 발산되는 좋은 냄새다."

『백과사전』이 정의 내린 조향사는 다음과 같다. "조향사는 모든 종류의 향을 활용하여 제품을 만드는 장인과 그것을 판매하는 상인을 포괄적으로 일컫는다. 가령, 두발용 분, 비누, 조향장갑, 향주머니, 포푸리pot-pourri 등이 조향사가 취급하는 제품에 포함된다."

장 루이 파르종은『감각에 관한 개론Traité des sensations』도 읽어 보았다. 콩디악Condillac** 은 감각 교육의 역할을 강조하면서, 조물주가 코만 빚어 준 어느 대리석 조각상의 우화를 들려주고 있다. 후각을 계몽철학의 씨앗이라 말할 수 있다면, 이는 조각상이 후각 이외에도 다른 감각 능력까

---

* 프랑스의 재상이자 추기경이었던 리슐리외Richelieu의 지속적인 간청으로, 1635년 2월 22일에 루이 14세가 창설한 학술 단체. 프랑스 혁명으로 해산되었다가 1803년에 부활되어 오늘에 이른다. 아카데미 프랑세즈는 프랑스 고전주의 시대의 프랑스어 문법과 철자를 확립했다. 1698년에는 공식 프랑스어 사전인『아카데미 사전』을 출간했고, 이후 7차 개정판까지 나왔다. 아카데미 프랑세즈의 회원은 '불멸의 지성'이라 불리며, 종신회원 40명으로 구성된다. 따라서 종신회원 가운데 누군가 사망해야 신입 회원을 받아들일 수 있다. 신입 회원은 기존 회원들의 추천을 받아 투표로 선출되는데, 까다롭기로 유명하다.

** Étienne Bonnot de Condillac (1714~1780) - 프랑스의 철학자이며, 로크의 경험론적 인식론을 연구하여 감각론의 대표자가 되었다. 저서에『인식의 기원에 관한 시론』,『감각에 관한 개론』등이 있다. 그는 이 책을 통해 모든 인식의 근원을 감각으로 정의했다.

지 얻은 후에야 비로소 바깥세상을 인지하게 되었기 때문이다. 가령, 장미의 냄새를 맡아도 조각상의 머릿속에는 장미에 관해 떠오르는 것이 아무 것도 없었다. "코로 맡은 것이 무엇이냐에 따라, 조각상의 머릿속에는 장미나 카네이션, 재스민 또는 제비꽃이 떠오를 수 있다. 한마디로 말해, 이 조각상에게 냄새는 단지 냄새 그 자체가 변한 것이거나 혹은 냄새가 나는 방식일 뿐이다."[8]

파르종은 오라토리오 수도회의 학생으로서 이와 같은 이론들을 배우는데 열정을 불태웠다. 지금까지 후각은 오감 가운데에서도 미운 오리 새끼 취급을 당해 왔지만, 아버지가 열광했던 계몽 철학자들이 후각을 부활시킨 것이다. 그래서 디드로는 다음과 같이 쓰지 않았던가. "모든 감각들 가운데에서 시각이 가장 피상적이고, 청각은 가장 오만하며, 후각은 가장 관능적이다. 미각이 가장 맹목적이고도 무의식적이며, 촉각은 가장 심오하고 철학적이다."[9]

라부아지에Lavoisier의 초기 연구는 이른바 '화학 혁명'을 예고했다. 그러한 사실을 책에서 읽어 보았지만, 파르종은 그것이 무엇을 의미하는지는 정확히 이해하지 못했다. 거대한 분야가 조향사를 향해 활짝 열리고 있었다. 사바리Savary가 『상업 사전Dictionnaire du commerce』* 에서 내린 간략한 정의에 따르면, '향기는 단지 코끝을 감도는 좋은 냄새가 아니다.'[10]

---

* 루이 14세 때 세관장을 지낸 자크 사바리 데 브륄롱Jacques Savary des Brûlon (1657~1716)이 원고를 마련하고, 그의 사후 형인 루이 필레몽 사바리Louis-Philémon Savary(1654~1727)가 1723년에 출판하였다. 근대 유럽에서 출판된 최초의 상업 및 상법 전문 백과사전이라 볼 수 있다.

즉, 영혼의 문을 여는 열쇠다.

파르종은 장차 자신이 미적 감각이 뛰어난 고객들을 상대하게 되리라는 것을 예감하고 있었다. 그들은 그윽하고 섬세하며, 이제껏 맡아 보지 못한 새로운 향기만 원하기 때문이다.

파르종은 집으로 돌아오자마자 조향실 책임자인 장 퐁세에게서 조향 실습을 받았다. 그리곤 아버지의 서재에 꽂혀 있던 볼테르Voltaire의 책들을 탐독했다. 이어서 장 자크 루소Jean-Jacques Rousseau의 책도 발견했다.

자연과 감수성의 예찬자인 루소는 '인간은 진리를 스스로 터득한다.'는 중요한 사실을 일깨워 주었다. 루소는 영혼을 북돋우는 향수처럼 운율이 깃든 그만의 독특한 언어로 말을 걸어왔다. 선량한 천성을 지닌 고뇌하는 근대적 인간은 루소의 펜 끝에서 태어났다. 루소는 생각하는 인간보다 감각하는 인간이 더 우월하며, '우리는 상상을 통해 가능성의 영역을 확장시킬 수 있다.'면서, 이성은 상상에 힘입어 더욱 완벽해질 수 있음을 강조한다. 『고독한 산책가의 몽상Rêveries du promeneur solitaire』을 쓴 철학자에게 감각의 교육은 필수 조건이자, 교육의 완성을 위해 없어서는 안되는 것이었다. 루소는 『에밀Émile』* 에서 냄새는 상상의 세계에 영향을 미치는데, 이것은 마치 우리 인간과 비슷해서 이끌리느냐 또는 밀어내느냐를 결정하는 강력한 원인이 된다고 했다. 그가 파리에 처음 도착했을

---

* 『에밀 혹은 교육에 관하여Émile ou De l'éducation』 - 장 자크 루소가 소설 형식으로 집필하여, 1762년에 발표한 교육론이다. 총 5편으로 구성되며, '에밀'이라는 어린이가 출생 이후부터 25세까지 받아야 할 교육 과정을 담고 있다. 교육은 기존의 가치관이나 지식에 물들지 않은 연령이 된 소년의 신체 활동, 즉 자연 속에서 자유롭게 이루어지는 활동에 바탕을 두고 이루어져야 한다는 것이 루소 식 교육론의 핵심이다.

때, 생마르셀Saint-Marcel 인근에서 나는 역겨운 냄새를 맡고 불쾌감을 느낀 경험을 말하면서, '냄새 자체가 일으키는 감각 작용은 대수롭지 않다. 냄새는 감각 기관보다는 상상력을 더 자극한다. 냄새를 맡을 때보다는 그것을 통해 무언가를 예감할 수 있을 때, 상상의 세계에 더 많은 영향을 미치게 된다.'고 말했다.

냄새에 새로운 의미 작용이 부여된 것이다. 즉, 냄새는 마음을 격렬하게 움직일 수 있으며, 사라진 기억을 되살려 주고, 새로운 느낌을 줄 수 있다. "현실의 세계는 유한한 반면, 상상의 세계는 무한하다. 유한한 현실의 세계를 넓힐 순 없으므로, 무한한 상상의 세계를 작게 만들자. 왜냐하면 우리를 불행하게 만드는 모든 고통은 단지 그 둘 사이의 간극에서 비롯되기 때문이다." 파르종은 '후각이란 상상의 세계에 영향을 주는 감각이다.'라는 루소의 말에 큰 감명을 받았다.

미망인의 눈에는 '코는 영혼으로 통하는 문이다.'라고 말한 어느 철학자 덕분에 새로운 인식의 세계를 발견했다고 말하는 아들이 제정신이 아닌 것 같았다.

○─ 우리는 그렇듯 깊게 생각할 필요가 없다! 우리의 일에 최선을 다하자꾸나. 모두가 우리에게 기대하는 바이기도 하지. 철학자란 한낱 몽상가에 불과하다고….

그녀는 라틴어를 배우는 것은 조향사에겐 쓸모없는 일이라고 누누이 말했음에도, 아내의 말에 귀 기울이지 않은 남편을 원망했다. 그럼에도 아들이 쓸모 있는 공부를 한다는 사실을 결국엔 받아들였다. '비록 오크 방언이 매력적이긴 하지만, 자신은 파리 사람들처럼 말해야 하며, 자칫 일하는데 장애 요인이 될 수 있는 지방색이 밴 억양을 없애야 한다.'는 아들의 말은 받아들이면서도, 남불 사람의 명예를 지켜야 하며 결코 고향을 잊어서는 안 된다는 점을 아들에게 간곡히 당부했다.

아들이 학교를 졸업하자마자 조향 기술을 익히는데 열정적인 모습을 보이자, 어머니는 매우 안도했다. 일찍이 파르종의 아버지로부터 견습 훈련을 받은 적이 있는 장 퐁세는 미망인에게 장 루이가 최고의 후각 능력을 가지고 있으며, 대단히 많은 향료들도 쉽게 구별해 낸다는 사실을 귀띔해 주었다. 식물들은 대개 향긋한 냄새로 기분을 좋게 하며 꽃들은 대개 눈과 코를 동시에 즐겁게 하는 장점을 가지고 있지만, 그 향기는 아름다움이 가시면서 함께 날아가 버린다. 단순하거나 혹은 발효된 산성용액의 강한 냄새는 알칼리성 재료가 부패할 때처럼 제법 불쾌감을 준다. 향료를 분쇄기로 빻거나 열을 가해서 추출한 식물성 정유, 즉 향유가 함유되어 향기로운 냄새를 발산하는 휘발성 물질을 가리켜 '에센스essence'[*]라 부른다. 정류된 에센스[**]를 얻는 냉침법과 열침법은 이미 17세기부터 사용되고 있었다. 시골의 작은 마을에 불과했던 그라스는 이 기술을 이용하여 막대한 부를 쌓을 수 있었으며, 이는 그라스의 자랑거리가 되었

---

[*] 저자는 '에센스' 대신에 불어에서 '정신 및 진수眞髓'를 뜻하는 '에스프리esprit'를 사용했다.
[**] 증류를 이용한 정화淨化 방법으로, 용액을 각 성분으로 분리하기 위해 증류하는 것에 해당한다. 에센스는 이미 증류한 용액을 재차 증류하여 얻게 되는 결과물이며, 이와 같은 정류를 통해 순수하고 그윽한 에센스를 얻을 수 있다.

다. 그러나 사실 이 조향 기술은 몽펠리에서도 이미 사용되고 있었다.

비록 견습공이긴 하지만, 파르종은 연금술의 대가가 될 소질을 드러내 보였다. 단순한 향의 꽃 추출물을 비롯해 강한 에센스와 향유를 증류하면서, 귀하고 값비싼 재료들을 마구 섞지 않도록 매우 조심스럽게 작업했다. 그는 어느새 자신만의 향수 오르간orgue à parfums*을 갖게 되어 제품을 구상하는데 특히 도움이 되는 향기들을 차츰 발견해 나갔다. 루주나 파우더와 같은 화장품과 비누를 비롯해 손과 얼굴에 바르는 미백 크림, 치아를 희고 아름답게 해 주는 분말과 치약, 입안을 향기롭게 하는 정제나 양치액과 같이 그의 집안에서 전해 오는 포뮬러를 계속 완성해 나가는 작업도 잊지 않았다. 두발을 위해서는 머리 손질용 오일과 다양한 색조의 파우더에다 포마드와 염색약도 만들었다. 효능이 있으면서도 부작용을 일으키지 않는 제품을 만드는 일이 관건이었다.

마침내 몽펠리에가 자랑하는 장갑 제조 기술을 비롯하여, 프로방스 식으로 장갑을 염색한 후에 오렌지 꽃, 장미, 넛메그, 투베로즈 그리고 재스민과 같이 가죽에 잘 배는 꽃향기를 먹이는데 성공했다.

온갖 노력을 기울여 보아도 매출은 여전히 부진했다.

리쾨르 상인은 스스로 조향사라 자처하면서, 정식 조향사들과 비열한

---

* 향료를 담은 유리병들이 마치 악기의 건반처럼 선반에 놓여 있어 붙여진 이름이다.

경쟁을 벌이고 있었다. 더구나 다수의 향장품 레시피에 여전히 '몽펠리에 식'이라는 꼬리표가 따라다니는데도 몽펠리에는 점차 그라스보다 뒤처졌다. 1750년 이후로는 몽펠리에의 조향사 여섯 명이 파산 신고를 했고, 길드에 소속된 조향사의 수도 점점 줄어만 갔다. 그라스의 조향 산업은 왕실의 특혜를 누리고 있는 반면, 몽펠리에는 동양에서 들여오는 수입품들에 무거운 관세를 물어야 했다. 장 루이 파르종은 아버지의 충고를 떠올렸다. 결국 집안의 몰락을 막기 위해서는 떠나야 했다.

《메르퀴르 드 프랑스Mercure de France》가 모토로 내세우는 '오직 행동하는 자만이 번영을 누릴 수 있다.'* 라는 문구를 읽은 파르종은 마침내 마음을 굳혔다. 1770년 〈5-6월〉호는 마리 앙투아네트의 프랑스 도착 소식과 함께 왕세자의 결혼 축하 예식 및 축제에 관한 이야깃거리를 다루고 있었다. 왕세자비는 미모와 지성을 겸비한 여자로 묘사되었다. 《메르퀴르 드 프랑스》는 다음과 같이 쓰고 있었다. "환희에 들뜬 프랑스인들은 거리로 나와, 지나가는 왕세자비를 향해 경탄하며 그녀에게 열광했다." 몽펠리에 출신의 조향사 청년은 장차 프랑스의 왕비가 될 여인이 파리에 도착했을 때, 길드 대표 비뇽Bignon이 썼다는 찬사의 글도 읽었다. "당신은 이 나라의 명예이며, 온 프랑스인을 환희에 들뜨게 할 것입니다." 파르종은 쏟아지는 찬사에 둘러싸인 왕세자비를 그린 삽화를 가만히 응시했다. 시카르 드 로베르티Sicard de Roberti** 의 시 한 편도 함께 실려 있었는

---

* "mobilitate viget." - 로마 최고의 시인으로 꼽히는 베르길리우스Vergilius가 한 말이다.
** 국왕 전속 병기 제작자이자 문필가다. 1776년에 그는 『모든 작업을 가능한 완벽하게 수행하는 것에 관한 글Essai sur la plus grande perfection possible d'un ouvrage

데, 마치 향수에 은근히 빗대고 있는 듯 했다.

> 당신이 들고 있는 꽃다발의 향기는
> 그것이 싱싱한 꽃일 거라
> 생각하게 만들었지요.
> 서둘러 꽃바구니를 열어 보니
> 영원히 시들지 않을 꽃들만
> 그 안에 가득 담겨 있더군요.

궁궐에서 시작된 소문은 급기야 몽펠리에까지 내려왔다. 프랑스에 도착하자마자 왕세자비가 노아유Noailles 백작부인의 시중을 받았다는 말이 돌았다. 즉시 노아유 백작부인은 '법도를 훈계하는 부인'이라는 별명을 얻었다고 한다. 에스파냐의 두에냐dueña와 달리 프랑스의 샤프롱chaperon*은 관습과 예법을 엄격하게 감시하는 역할을 주로 맡고 있었다. 어느 귀족의 증언에 따르면, '샤프롱은 산만하고 철없는 왕세자비를 보완할 수 있는 조신함과 노련한 사교 생활의 살아 있는 증거였다.'[11] 왕세자비의 침전시녀장première femme de chambre이었던 미즈리Misery 부인 역시 궁궐 법도에 집착한 나머지, 마치 장사꾼의 아내처럼 큰소리로 활달하게 웃는 왕세자비를 못마땅하게 여겼다는 말도 들려왔다.

마음이 무른 사람들은 마리 앙투아네트의 농담이 너무 짓궂다 못해,

quelconque』을 집필했다.

* 공식 행사에 처음 참가하는 왕실 여성을 수행하는 사람을 가리킨다. 대개 나이가 지긋한 귀족 부인들이 샤프롱이 된다.

때로는 듣는 사람의 마음에 상처를 준다고 여겼다. 그래서 아버지인 로렌느Lorraine 공작의 성격을 왕세자비가 그대로 물려받았다는 말이 돌기도 했다. 로렌느 공작은 오스트리아의 여제와 결혼한 이후로도 독일어를 배우는 것을 완강하게 거부한 사람이다. 그는 재치 있고 쾌활한 성향 때문에 다소 가벼운 사람이라는 평판을 얻게 되었다.

파르종은 오직 한 가지 사실만 명심했다. '장차 프랑스의 왕비가 될 왕세자비는 젊고 아름답다. 따라서 그녀에게서 이상적인 고객의 면모가 보인다.' 캉팡Campan 부인도 '열다섯 살의 왕세자비는 누가 봐도 아름답고 생기가 넘쳐 났다. 또한 그녀의 걸음걸이에는 오스트리아의 공주이자 프랑스의 왕세자비다운 몸가짐이 배어 있었다.'[12]고 묘사하지 않았던가? 파리에서는 왕세자의 결혼을 계기로 사치품 거래가 활기를 띠었다. 파르종은 상점에 오는 손님들을 통해 '화장품과 관련된 사안'이 심지어 재무부에서조차 논의의 대상이 되었다는 이야기를 엿들을 수 있었다. 왕과 왕비를 알현할 때마다 귀족 부인들은 궁궐의 법도에 따라 얼굴에 분을 잔뜩 바르고 나타났다. 이렇듯 거듭되는 행사 덕에 매출 증대를 기대한 어느 화장품 상인은 판매 독점권을 노리고, 500만 리브르livre* 어치의 화장품을 귀족 부인들에게 선물했다. 그는 우연히 엿들은 루이 15세와 엘베Elbée 기사**의 대화 내용이 마치 대단한 정보라도 되듯 우쭐대며 퍼뜨

---

* 781년부터 쓰이기 시작하여 1795년에 프랑franc으로 바뀔 때까지 사용된 프랑스의 화폐단위다.
** François Henri d'Elbée de la Sablonnière (1730~1813) - 프랑스 절대왕정 시기 용맹을 떨친 군인으로, 한때 혁명군 장군으로 활약하다 1795년에 퇴역했다.

리고 다녔다.

― 엘베 공, 연간 화장품 매출액이 얼마나 되오?
― 200만 리브르입니다.
― 그렇다면 화장품마다 25솔씩 세금을 물리시오. 그리하여 가난한 전쟁미망인들을 위한 연금으로 충당하시오.[13]

파리야말로 젊은 조향사가 재능도 인정받고, 돈도 벌 수 있는 유일한 곳임은 의심할 바 없었다. 더구나 최근에는 멋쟁이 왕세자비까지 유행과 멋의 중심지인 파리에 왔으니 말이다. 파르종은 자신의 포부를 어머니에게 말했다. 그는 어머니에게 왕세자비를 칭찬하기 위해 뒤르포르Durfort 후작부인의 표현을 빌려 오기도 했다. "어찌나 사랑스러운지, 사람의 정신을 쏙 빼놓는 매력을 가진 분이랍니다."[14]

― 어머니, 저는 마음을 정했어요. 왕실 납품업자가 되겠습니다.
― 궁궐은 퇴폐적이고 타락한 곳이다. 그러니 그런 곳과 거래하면 파산할 위험을 떠안게 된단다. 귀족들이 제대로 대금을 결재해 주는 경우가 없다고 다들 말하더구나.

그러나 몽펠리에가 능력을 발휘할 만한 곳이 못된다는 것을 알기에 어머니는 아들의 결정을 따랐다. 마침 몽펠리에 조향사 집안의 명성이 파리까지 닿아 있었다. 파르종의 사촌이 오리자Oriza* 라는 향수 가게를 운영하고 있었는데, 그는 왕실로부터 하사 받은 작은 영지에서 사업을 펼쳤다. 이곳에서 향수 사업을 시작하게 된 것은 사실 조향장갑을 다루는 조향사gantier-parfumeur들의 길드에서 그를 받아 주지 않았기 때문이다. 그러나 단속에 의한 행정처분과 길드에 소속된 단속반의 통제를 받지 않아도 되므로, 오히려 자유롭게 상점을 꾸려 나갈 수 있었다. 오리자가 파는 상품들은 입소문을 탔다. 그 가운데에서도 특히 니농 드 랑클로Ninon de Lenclos**를 위해 만들었다는 피부의 윤기와 탄력을 유지시켜 주는 제품들이 인기를 끌었다.

파르종은 파리에서 상점을 운영하고 있던 집안사람을 통해, 장 다니엘 비지에Jean-Daniel Vigier의 미망인으로부터 견습을 마칠 수 있다는 소식을 들었다. 미망인의 본명은 마리 주느비에브 부트롱Marie-Geneviève Boutron이며, 생제르맹록세루아Saint-Germain-l'Auxerrois 교구에 속한 룰 가에서 사업을 하고 있었다. 파르종은 왕세자의 결혼식 미사가 열린 성당과 가까운 곳에 상점이 있다는 점에 대해 좋은 예감이 들었다. 어머니는 아들이

---

* 오리자의 원래 상호명은 오리자 루이 르그랑Oriza Louis Legrand이었다. 1720년에 장 루이 파르종의 사촌 형인 루이르그랑 파르종이 세웠다. 오리자는 루이르그랑 파르종이 향장품을 만들 때 주로 다양한 곡류를 활용해 만들어서 붙여진 상호라고 한다.

** Ninon de Lenclos (1620~1705) - 가난한 하급 귀족 집안에서 태어나 15세에 아버지를 여의고, 어머니와 함께 살아남기 위한 방편으로 궁중에 드나들며 왕의 사촌인 콩데 공작 등과 애인 관계였으나, 그들의 재정적 지원 없이 홀로서기를 한 것으로 유명하다. 살롱을 통해 당시의 재능 있는 예술가들을 후원하기도 했다. 17세기 후반에 금단의 에피쿠로스의 철학을 부활시킨 가상디Pierre Gassendi의 영향을 받아 지상에서 행복하게 살아갈 길을 모색하는 글을 썼다.

프로방스 출신 상인들과 이웃하고 있다는 사실을 확인하고 나서야 비로소 안심했다. 그들은 '프로방스 사람들의 막다른 골목'이라 불리는 생제르멩록세루아 수도원 근처에서 단골손님들에게 오렌지 꽃 향수eau de fleur d'orange를 비롯하여 진한 향유와 순한 향유를 팔고 있었다. 이보다 더 반가운 소식은 없었다. 세상을 떠난 장 다니엘 비지에 씨는 국왕 전속 조향사였으며, 파리의 권위 있는 길드에서 활동한 바 있다. 뒤바리Du Barry 부인과 같은 왕실 사람들을 비롯하여 파리의 부유한 상류층을 우수 고객으로 확보하고 있었다. 비지에 부인은 유능한 사업가로 알려진 부유한 집안 출신이었다.

그렇게 해서 파르종의 어머니와 비지에 부인은 '장 루이 파르종은 장인으로서 독립하기 전까지 비지에 미망인 밑에서 견습 과정을 밟는다.'는 내용의 계약을 맺었다. 계약의 조건은 어느 견습공에게나 요구되는 평범한 것이었다. "견습공은 스승을 마치 아버지처럼 존중하고 따라야 한다. 견습 과정에서 알게 되는 어떠한 사항도 결코 누설해서는 안 된다. 동료들과는 사이좋게 지내야 하며, 정직하고 겸손하게 처신해야 한다." 또한 '파르종 가족이 사업 밑천의 일환으로 비지에 부인에게 지불한 40,000리브르는 비지에 부인을 위한 연금으로 쓰여야 하며, 파르종이 견습을 마치고 장인이 된 후에는 환급한다.'는 합의 내용도 포함되었다.

파리의 냄새를 맡는 조향사

1773년, 파르종은 파리행 마차에 올랐다. 앞으로 다가올 영광의 시간을 꿈꾸다 보니 긴 여행조차 짧게 느껴졌다. 기분 좋게 하루를 시작한 파르종은 이른 아침, 오를레앙 대로와 통행 세관을 거쳐 파리에 도착했다. 스물다섯 살 청년이 가진 것이라곤, 호감이 가는 외모와 이미 상당한 수준에 이른 조향 기술이 전부였다. 파르종은 생자크 성문의 건너편에 있는 선술집에 잠시 들러 포도주 한 잔을 마시며 기운을 차렸다.

공기의 느낌은 부드러웠지만, 냄새는 별로 좋지 않았다. 파리는 과연 '진흙탕의 도시'라는 별명을 얻을 만한 곳이었다. 이어 루브르궁과 튈르리궁, 헌법재판소 그리고 팔레루와얄Palais-Royal*에도 가 보았지만 마찬가지였다. 갖가지 오물과 쓰레기가 실려 오는 센Seine 강은 병원과 공장에서 버리는 폐기물과 고블랭Gobelins 하천에서 유입되는 물로 오염되고 있었다. 변기에서 나는 악취는 견딜 수 없을 만큼 지독했는데, 이는 위생 수칙을 준수하는 집이 없었기 때문이다.

파르종은 조금도 개의치 않았다. 그의 영혼은 새로운 사상의 활기가 넘치는 파리의 공기에 취해 있었기 때문이다. 그는 새로이 단장한 루이 15세 광장**을 보기 위해 루와얄 가와 신축 공사 중인 마들렌Madeleine 성당 쪽으로 우회하여 가다가 마침내 룰 가에 도착했다. 튈르리궁의 철문을 따라 걷다 보니 어느새 레알Les Halles 지구의 중심부에 위치한 광장에 도착한 것이다. 광장에 면한 룰 가는 다양한 업종의 상점들이 입점한 건물들이 늘어선 널찍한 거리여서, 파리에서 가장 많은 사람들로 북적이며 거래도 가장 활발한 곳이라는 인상을 주었다.[15] 퐁뇌프Pont-Neuf 다리의 남단은 교통이 비교적 원활한 반면에 다리의 북단은 밀집 지역을 이루고 있었는데, 이는 좁다란 프루베르Prouvaires 가가 생토스타슈Saint-Eustache 성문 쪽으로 향하고 있기 때문이다.

11번가에는 비지에 가족이 사는 4층짜리 건물이 보였다. 발코니와 천장, 지붕의 박공들이 보이고, 가로변에 늘어선 모든 건물들이 서로 닮아 보였다. 이는 파리시가 주택분양계획(1691년)에 따라 획일적으로 설계했기 때문이다. 비지에 부부는 메종Maisons 후작의 저택이 있었던 땅의 한 구획을 얻어 건물을 세웠다.

파리에 막 도착한 청년은 두근거리는 가슴을 안고 상점의 문을 밀었다. 얼핏 보기에는 예전 아버지의 가게와 별반 달라 보이지 않았다. 그러나 이곳은 모든 것이 더 세련되고 고급스러웠다. 진주처럼 흰 벽이 청자색의 나무틀로 둘러져 매우 돋보였다. 마호가니 나무로 만든 선반이 천장까지 우뚝 솟아 있었는데, 천장에는 볼이 통통한 아기 천사가 하늘에서 놀고 있는 모습이 실감나게 그려져 있었다. 선반에는 상자, 유리병, 화장품, 장갑, 가터벨트 이외에도 귀족 부인들이 찾는 모든 것이 놓여 있었다. 그는 조금 전 거리에서 맡은 불쾌한 냄새를 잊게 해 주는 야릇한 꽃향기를 취한 듯 들이마셨다. 가게가 그의 마음에 쏙 들었다. 고객의 마음을 끌려는 의도가 한눈에 보였다.

마흔 살을 갓 넘긴 것으로 보이는 비지에 부인은 매우 씩씩하고 상냥한데다 몸매도 날씬했다. 그녀는 젊은이를 머리에서 발끝까지 꼼꼼하게 뜯어보았는데, 이는 몽펠리에서라면 무례하게 비칠 수 있을 법한 행동이었다. 마침내 그녀가 인사를 건넸다.

─ 만나서 반가워요. 나는 호감이 가는 외모를 가진 사람을 좋아하죠. 나름 단정하고 성실해 보이는군요. 당신이 훌륭한 훈련을 받았다는 사실과 당신 가족의 명성은 잘 알고 있어요. 당신의 사촌들이 내게 여러 번에 걸쳐 큰 도움을 주었지요. 그래서 그들이 당신을 추천했을 때 내 마음이 움직인 것 같아요. 이제부터 조향실은 당신에게 맡기고, 나는 당신의 어머니로부터 받은 연금으로 시내면서 판매와 고객 관리에만 집중하고 싶군요. 당신이 운이 좋다면 고인이 된 남편의 사업을 물려받게 될 거예요. 두 집안이 합의하에 계약을 맺었으니, 장인이 될 수 있도록 도움을 주도록 하지요.

그녀는 파르종이 반드시 유념해야 할 사항들에 대해 길게 설명했다. 그녀의 가게를 찾는 손님의 수는 제법 많지만, 그럼에도 매우 분별력이 있고 신중해야 했다.

다들 왕의 측근을 '향수 냄새가 밴 궁궐Cour parfumée'이라 부르는 덕분에 향수 소비는 꾸준히 늘어갔다. 실제로 1774년에 파리에 온 페르센

Fersen 백작*은 '보석과 향수가 넘쳐 나는군요! 더구나 프랑스의 살롱에서는 아주 독특하고 미묘한 향수 냄새가 납니다!'라고 외쳤다고 한다. 파르종은 몽펠리에에서는 몰랐던 파리 사람들만의 습성을 발견하고는 무척 놀랐다. 파리의 부유한 상류층 사람들은 양파의 불쾌한 냄새를 없앤다는 이유로 실내에 향수를 뿌렸기 때문이다. 그러나 그 양파 냄새란 실은 벽에 바르는 유약釉藥 냄새였다.

비지에 부인은 매우 자랑스러운 표정으로 뒤바리 부인과 왕세자비와 아주 가까운 사이인 게메네Guéménée 공주를 중요한 고객으로 꼽았다. 귀족들이 대금 지불을 잊기가 일쑤지만, 대금을 청구할 때에는 단호하면서도 친절과 예의를 잃지 말아야 함을 강조했다. 또한 고객들의 취향도 매우 다양한데, 특히 생트 에르민느Sainte-Hermine 백작부인은 향을 먹인 가터벤트를 위해 엄청난 돈을 쓰며, 오스몽Osmond 사제는 제비꽃 파우더라면 사족을 못 쓴다고 했다. 파리의 귀족들은 하루 동안에도 상황과 용도에 맞는 다양한 향수를 쓴다고 했다. 1713년, 조향사 바이Bailly는 고형 비누와 향 비누를 처음으로 소개하여 막대한 부를 거머쥐었는데, 마치 성주와 같은 생활을 누렸다고 한다. 비지에 부인이 파르종에게 물었다.

◦— 기억력이 좋은가요?

* Hans Axel von Fersen (1755~1810) - 스웨덴의 정치가이자, 군인이며 외교관이다. 마리 앙투아네트의 연인으로 알려져 있지만, 루이 16세와도 좋은 관계를 유지했다. 그는 아버지에게 쓴 편지에서 마리 앙투아네트를 우아하고 약한 사람을 배려할 줄 아는 따뜻한 사람이며, 자식에게 자상한 어머니로 묘사했다. 그는 평생 독신으로 살며, 마리 앙투아네트를 연모하는 기사로 남았다고 전해진다.

○─ 저를 가르쳤던 오라토리오 수사님들께서 제 기억력을 무척 칭찬
해 주셨지요.
○─ 마침 아주 잘 되었군요. 그렇다면 우리 고객 한 사람 한 사람이 좋
아하는 제품들을 잘 기억하세요. 당신이 배워서 익힌 것들이 이곳
에서 제법 쓸모가 있을 거예요.

어느덧 날이 저물었다. 간소한 저녁 식사를 마친 파르종은 1층과 2층 사이에 위치한 작은 방에 짐을 풀었다. 그리고는 다음날 아침부터 매우 열정적으로 작업에 착수했다. 그는 비지에 부인이 소개하는 중요한 고객들에게 인사를 하러 매번 조향실에서 나와 매장으로 가야 했다. 파르종은 그처럼 부유한 사람들이 몸소 가게로 찾아오는 모습에 적잖이 놀랐다. 비지에 부인은 그들이 가게에서 만나는 것을 선호하기 때문에 직접 찾아오는 것이라고 설명했다. 비지에 부인의 가게에서는 거리낌 없이 속내를 터놓고 말해도 무방하며, 내뱉은 말이 바깥으로 새어 나갈 위험이 없는 소위 '안전지대'이기 때문이다. 그녀는 매사에 신중해야 한다고 조언해 주었다.

○─ 입이 가벼운 상인치고 잘된 사람이 없어요. 이곳에 오는 귀족 부
인들은 쉴 새 없이 서로 다투고 실랑이질을 하지요. 그렇듯 실랑
이를 벌이는 사람들 가운데 어느 누구도 우리에게 반감을 품지 않
도록, 중간에서 유연하고 신중하게 처신할 줄 알아야 해요. 단 한
번의 경솔한 입놀림, 단 한번의 잘못된 처신만으로도 우리는 모든

것을 잃을 수 있으니까요. 이 점을 반드시 유념하세요.

다음날도 또 그 다음날도, 아주 요란하게 멋을 낸 파리의 여자들이 등장했다. 늙은 여우같은 여자들은 서로를 의심하는 듯 입조심을 했다. 그러나 서로 좋은 인상을 주려고 무척 애를 쓰기에 겉으로는 티가 나지 않았다. 반면, 젊은 여자들은 주변의 눈치에도 아랑곳없이 허영과 변덕을 부리고 있었다.[16]

많은 손님들이 파르종의 외모가 훌륭하다며 칭찬을 하거나, 결혼하고 싶은 마음이 있어서 그런 걸로 착각할 정도로 그에게 추파를 던져 댔다. 더욱이 뻔뻔하고 민망한 농담을 거침없이 하는 바람에 그는 부끄러워하며 얼굴을 붉히곤 했다. 파르종은 여자들의 눈빛에서 그의 어머니가 몹시도 경계하던 파격적인 자유와 열정을 발견했다.

몽펠리에의 귀족 부인들은 정숙한 척 새침하게 굴고, 귀족들은 평민들을 무시하는 태도를 노골적으로 드러냈다. 비록 파르종이 아직 젊은 견습공임에도, 파리의 귀족들은 그를 대할 때 예의를 잃지 않았다. 사실, 파리의 귀족들이나 왕실 사람들에 대해 불평할 일은 별로 없었다. 오히려 가난하고 의식이 뒤처진 시골 귀족들이 문제였다. 가진 것이라곤 고작해야 작위뿐인 시골 귀족들은 부르주아 계급의 진정한 우월함에 끝없는 반발심을 품고 있었다. 이는 부르주아들의 부유함과 높은 교육 수준 앞에서 심기가 불편하고 부끄러움을 느끼기 때문이다. 따라서 대개의 경우, 도시적인 세련됨과 예의 바른 태도로 보아 그가 파리의 귀족이나 왕

실 사람임을 알 수 있었다.[17]

　파르종은 그토록 교양이 넘치던 귀족 부인들이 대화 상대가 떠나자마자 토해 내는 거친 험담을 듣고 기겁했다. 공주들의 보모인 마르상Marsan 부인은 왕세자비가 무도회를 좋아하는데다 변덕이 아주 심하다며, 공공연하게 비난했다. 뒤바리 부인은 맹렬한 독설과 험담의 표적이었다. 다들 불경죄에 준하는 말을 겁도 없이 입에 올렸고, 심지어 국왕조차 신랄한 비판의 대상이었다.

　파르종은 아버지가 그려 주었던 귀족들의 모습을 눈앞에 보게 된 것이다. 아버지의 말이 옳았다. 프랑스는 저런 기득권자들 때문에 엉망이 되어 버렸다. 따라서 개혁을 이루는 그날을 꿈꾸던가, 만약 불가능하다면 아예 군주제를 폐지해야 할 것이다. 아버지는 미소를 띠며 이렇게 덧붙이곤 했다. "몽테스키외 선생의 말처럼, 공화국은 진리를 토대로 성립되어야 한다." 그러나 아쉽게도 그 진리가 향수 산업의 발전에 보탬이 되지는 못한다는 것이다.

　비지에 부인의 향수 가게에 온 사람들은 매우 심각하고 중요한 말을 목소리도 낮추지 않은 채, 마치 즐거운 이야기를 하듯 큰소리로 떠들어 댔다. 파르종은 마치 국가의 기밀을 엿듣고 있는 기분이 들었다. '행여 내가 궁궐의 음모에 가담했다는 말이 도는 것은 아닐까?' 이렇듯 염려하는 마음을 비지에 부인에게 털어놓았다.

○─ 당신의 입만 무겁다면 걱정할 필요 없어요. 들은 말을 옮기지 않는

다면 어떤 말이든 들어도 되는 곳이에요.
- 하지만 왕세자 전하에 대해 믿기 어려운 말들을 한다고요! 그분을 사냥이나 즐기고 망원경으로 별이나 관찰하는 멍청한 사람처럼 묘사한다니까요.
- 그분이 그와 같은 취미 생활에다 많은 시간을 할애하는 건 사실이잖아요.
- 심지어 왕세자 부부가 여태 첫날밤도 치르지 않았다고들 해요.

비지에 부인은 짧게 답했다.

- 한 친구가 조심스럽게 말하더군요. 왕세자 전하께서 보이시는 행동만 가지고 말한다면, 그분에게서 나라를 물려받을 후손을 볼 일은 없을 것 같다고요.
- 그런 건 비밀스러워야 하지 않나요?
- 궁궐에선 비밀 같은 건 존재하지 않지요. 설령 비밀이 있다해도 언제나 옷가게나 향수 가게로 새어 나오기 마련이고요. 첩자들이 우리 가게에 들락거리는 것도 다 그런 이유 때문인 걸요. 못 봤어요? 장갑에 관심이 많다는 구실로 노상 가게에서 죽치고 있는 키 큰 남자 말이에요. 에스파냐 대사가 보낸 첩자인데, 항간에 떠도는 소문을 주워듣기 위해 이곳에 오는 거예요. 우리 가게에 장갑을 사러 오는 게 아니라, 정보를 입수해서 윗선에 보고하기 위해 온 거라고요.[18]

뒤바리 부인의 첫인상

장 루이 파르종은 긴장이 되고 가슴이 두근거렸다. 그가 동료들을 제치고 두각을 나타낼 수 있는 기회가 비로소 왔기 때문이다. 뒤바리 부인은 파르종을 좀 보자고 했다. 그녀는 장차 비지에 부인의 사업을 물려 받을 파르종의 재능에 관한 호평을 익히 들어온 터다.

어느 날 아침, 파르종은 좌석에 낡은 쿠션이 깔린 이륜마차를 타고 덜거덕거리는 말발굽 소리에 몸을 맡긴 채, 난생처음 베르사유로 향했다.

베르사유를 본 파르종은 감탄을 금치 못했다. 그러나 궁궐 입구에 들어서자마자, 지독한 냄새가 코를 찔러 정신이 아찔했다. "공원과 정원 그리고 심지어 궁궐 전체에서 진동하는 지독한 냄새로 구역질이 난다. 통로, 안뜰, 건물 내부, 복도를 비롯하여 도처에 배설물이 널려 있다. 매일 아침마다 재상 집무실 바로 아래에서는 도축된 돼지의 피가 흐르고, 고기 굽는 냄새가 진동한다. 생클루 대로는 웅덩이에 고여 썩어가는 물과 고양이 사체로 뒤덮여 있다."[19]

뒤바리 부인을 만나기 위해 안으로 따라 들어간 파르종은 애첩과 함께 있는 왕을 보았다. 서로 편히 오가기 위해 뒤바리 부인은 별궁 내 왕의 침전 바로 위층에 머물고 있었다. 파르종은 왕이 떠나기를 기다리라는 명령에 따라 작은 방에서 대기하고 있다가, 그만 대화를 엿듣고 말았다. 그의 귀에 단 한마디 말이 스치듯 들렸다. 뒤바리 부인이 빈정거리는 어조로 말했다. "설마요, 전하. 국왕도 늙는 법이 다 있나요?"

방에서 나가는 왕이 그의 앞을 스쳐 지나는 순간, 파르종은 대화를 몰래 엿들었다는 오해를 받을까봐 두려웠다. 그는 루이 15세의 모습을 동전이나 판화에서 본 게 다였다. "국왕은 지긋한 나이에도 여전히 멋있었다. 외모에서 풍기는 넉넉함과 위엄이 서로 완벽한 조화를 이루며, 균형 잡힌 몸매와 형용할 수 없는 부드러움은 그의 곧고 강한 시선을 완화해 주었다. 미소는 비할 데 없이 매력적이며, 목소리에서는 사람의 마음을 움직이는 힘이 느껴졌다."[20]

파르종이 방 안으로 들어갔을 땐 왕은 이미 다른 문으로 나간 다음이었다. 뒤바리 백작부인은 아름다운 팔을 드러내 보이려는 듯 머리를 받친 채 긴 소파에 누워 있었고, 매끈한 두 다리가 드러나 보였다. 그녀는 방금 들어선 파르종을 유심히 바라보았다.

- 당신이 바로 몽펠리에 출신의 조향사 청년이 맞나요?
- 네, 맞습니다. 백작부인 마님.
- 아, 그래요. 아주 잘 생겼군요. 다들 당신의 재능 또한 외모 못지않다고 말하던데…. 당신이 만든 것들을 내게 보여 줘요.

파르종은 두근거리는 가슴으로 **키프로스 합성향수**eau de chypre composée가 담긴 유리병을 그녀에게 건넸다. 재스민과 안젤리카, 아이리스, 장미, 네롤리neroli 오일* 에다 껍질을 벗긴 흰색 넛메그의 알맹이 세 개와 호박琥珀 서른 방울을 첨가했다. 호박을 끔찍하게 여기는 사람들조차 이 향수의

* 오렌지 꽃에서 추출된 정유이며, '등화유'라고도 한다. 광귤나무의 꽃을 증류해서 얻은 향유로서 옅은 황색을 띠며, 광범위한 용도로 사용되는 향료다.

조향사의 탄생

냄새는 좋아한다.

뒤바리 부인은 손등에 몇 방울을 떨어뜨린 다음 아름다운 코에 갖다 대더니, 향이 아주 독특하다고 말했다. 이 말에 용기를 얻은 파르종은 다른 신제품도 맡아 보게 했다. 레몬과 네롤리 오일, 아이리스를 코냑과 혼합한 후, 육두구 껍질과 갯당근 1온스를 첨가하여 만든 전혀 새로운 향수였다. 그녀는 아주 좋은 향을 얻은 것을 보니 파르종의 향 배합 기술이 뛰어난 것 같다면서, 마치 강심제를 복용한 듯 온몸에서 활력이 느껴진다고 말했다. 그리고는 향수의 이름을 물었다.

○─ 관능의 향수eau sensuelle라 합니다, 백작부인 마님.

뒤바리 부인은 향수의 이름을 듣더니 미소를 지어 보였다. 파르종은 부인이 자신을 마음에 들어 한다는 것을 알아차렸다. 자연스러운 피부를 위한 메카 발삼을 추천한 다음, 용도에 맞게 바를 수 있는 다양한 색조의 루주 견본이 담긴 여러 개의 작은 통을 보여 주었다. 그는 루주의 아홉 가지 색조에 강한 자부심을 느끼고 있었다. 가장 진한 진홍빛에 텔컴파우더의 양을 1/2온스씩 증가시키면서, 진홍빛 루주 1그로gros* 당 텔컴파우더** 1파운드일 때 만들어지는 가장 연한 진홍빛까지 얻어 냈기 때문이다. 더욱이 파르종은 루주를 바른 후 끈적거리지 않고, 입술이 매끄럽고

---

* 프랑스에서 쓰이던 중량의 옛 단위로, 약 8분의 1온스에 해당한다.
** 가루분보다는 잘 묻지 않으나, 활성이 있어 피부에 닿으면 서늘한 느낌을 주고 매끈매끈한 감촉이 있다. 수렴 작용에 의해 땀과 수분을 잘 흡수하기 때문에 여름철 목욕 후나 땀띠를 예방하기 위하여 쓰인다.

윤기가 흐르도록 올리브기름 몇 방울도 첨가했다. 마지막으로 작은 상자를 열어 보였다. 그 안에는 고무를 입힌 검은색 타프타에 넣고 둥근 모양, 초승달 모양, 별 모양, 하트 모양 등 다양한 형태로 다듬어진 애교점이 들어 있었다.

— 보아하니 파르종 씨는 애교점을 붙이는 사람의 의도에 따라 그 위치가 달라진다는 것은 모르고 있을 것 같군요.
— 그렇습니다, 백작부인 마님.

그는 이렇게 공손하게 말했지만, 실은 애교점의 언어를 잘 알고 있었다.

— 아, 그렇다면 내가 알려줘야겠군요. 애교점을 눈 밑에 붙이면 도발적인 여자로 보이고 싶은 거예요. 입가에 붙이면 키스하고 싶은 욕망을 불러일으키고, 입술 위에 붙이면 애교가 넘치는 여자로 보이죠. 코에 애교점을 붙인다면 당돌해 보이고 싶은 거죠. 이마에 붙이면 근엄해 보이고, 뺨에 붙이면 우아하고 세련된 여자로 보이고, 보조개에 붙이면 쾌활해 보이고, 입술 아래에 붙인다면 신중해 보이죠. 그러니 사파이어를 몰래 훔치고 싶은 여자가 만일 애교점을 활용한다면, 관심을 딴 데로 돌리는 데 효과 만점 아니겠어요?[21]

뒤바리 부인은 머리카락을 본래의 금발에서 더 진하게 염색하고 싶다고 말했다. 이에 파르종은 적절한 염색약을 가져다주기로 약속했다. 염색약의 주성분은 샤프란, 강황, 고추나물, 고사리 뿌리, 용담, 황단, 대황 등이다. 머리를 감을 때마다 주기적으로 염색약을 사용하면 금발이 더욱 진해진다. 하지만 그는 머리 색이 진해지면 더 아름다워 보일 수 있다는 생각엔 회의적이므로 염색약을 신중하게 만들었다. 속이 뻔히 들여다보이는 장사꾼의 감언이설로 들릴 수 있음을 알면서도, 파르종은 '화장품을 적절히 사용하고, 피부를 섬세하게 가꿈으로써 자연미를 유지하는 것이 대단히 중요하다.'는 사실에 뒤바리 부인이 공감하게 만들었다.

두 사람의 대화는 한 시간을 훌쩍 넘겼다. 파르종은 내심 무척 놀랐다. 왕의 애첩에 관한 갖가지 험담이나 나쁜 소문에서 묘사된 이미지와 사뭇 다른 그녀의 진정한 모습과 마주했기 때문이다. 가령, 슈아죌Choiseul 공작부인은 뒤바리 부인과 한통속으로 비치는 것이 끔찍한 나머지, 왕이 주도하는 사교 모임에 참석하는 명예를 이미 오래전에 포기했다. 뒤바리 부인에 대한 너그러운 마음을 버린 왕세자비는 그녀를 줄곧 '요부妖婦'라 부르고 있었다. 파르종은 자신의 눈엔 좋은 사람으로 비친 뒤바리 부인에 대해 그토록 혹독한 비난이 쏟아지는 이유를 이해할 수 없었다. 부이에Bouillé 후작은 뒤바리 부인을 다음과 같이 평가했다. "그녀에게는 초라하거나 천박한 구석이 전혀 없다. 비록 현란한 말재주를 구사할 능력은 없지만, 사람들을 즐겁게 하는 재기를 갖추었다. 그녀는 말하기를 좋아하는데다 기분 좋게 말할 줄 안다. 친절함은 그녀만의 장점이다. 천성이 착해서 타인에게 기쁨을 주면서 보람을 느끼고, 원한을 품지 않고, 사람들이 그녀에 대해 노래를 부르면 가장 먼저 웃어 보인다. 그녀를 한번만 만나 보면 이러한 뛰어난 인품을 확인할 수 있기에, 실망하고 씁쓸한 마음으로 돌아서는 일은 결코 없을 것이다. 그녀는 왕실 여인에게 요구되는 우아함과 교양을 갖추었다. 뒤바리 부인은 교육을 받아 책도 많이 읽었기에 아름다운 여인을 넘어 고상함이 느껴진다. 또한 대단한 재담가인지라 치장을 마친 후에는 늘 많은 시간을 할애하여 흥미로운 대화를 나눈다."[22]

비지에 부인은 파르종이 중요한 고객의 마음을 사로잡았다는 소식을 듣고 몹시 기뻐했다. 평민 출신으로서 왕의 애첩이 되었지만, 주변 사람들을 늘 즐겁게 해 주는 어여쁜 뒤바리 부인에 대한 귀족들의 편견을 받아들이지 않았다. 오히려 편협한 그들을 혐오했다.

마침내 장인 명부에 이름이 오르다.

파르종은 장인 심사 준비를 위해 하루를 바쳤다. 그는 많은 시간을 할애하여 조향사에 관한 다양한 정보가 담긴 두꺼운 책에 몰두했다. 4년의 견습 기간을 채우고 나서 3년간 직인compagnon*으로 활동해야만, 조향장

---

* 중세 이래의 수공업 조직인 길드에서 전문화된 작업을 맡던 기술자다. 또한 생산과 직업에 필요한 지식과 기능을 배우기 위해 스승의 밑에서 일하는 도제의 교육을 맡았다.

갑을 취급하는 조향사로 승인받을 수 있다. 장인으로 인정받기 위해서는 '작품' – 이는 달리 말해 '시험'이기도 하며, '작품'과 '시험'은 본질적으로 같은 뜻으로 통한다. – 을 완성해야 한다.

생각을 거듭한 끝에 파르종은 마침내 결정했다. '몽펠리에 식 트왈레트'를 완성하기로 한 것이다. 이는 대대로 전해 오는 파르종 집안의 가업을 빛낼 기회라는 의의가 있기 때문이다. 비지에 부인은 발상이 매우 훌륭하다고 말하고는, 파르종이 모두를 깜짝 놀라게 할 만한 것을 준비하고 있다며 단골손님들에게 자랑했다. 이에 파르종이 은근히 눈치를 주자, 그녀는 '장사를 할 줄 아는 상인은 앞으로 선보일 신제품에 대한 손님들의 관심을 자극하고 싶기 마련이지요.'라고 답했다. 이에 파르종은 지체 없이 머릿속에 그려진 구상대로 트왈레트의 작업에 착수했다.

오늘날에는 화장의 의미로 통하는 '트왈레트 toilette'는 본래 투알 toile, 즉 고급스러운 향을 먹여 만든 천에서 비롯된 것으로, 쪽매붙임이나 고급 목재로 만든 테이블 위에 치는데 사용되었다. '몽펠리에 식 트왈레트'의 완성도를 높이기 위해서는 향의 종류를 바꾸는 것이 아니라, 향의 성분을 개선하거나, 일부 성분은 줄이고 다른 성분을 추가하는 등, 성분의 비율에 변화를 주어야 했다. 아울러 인내심도 반드시 필요했다. 그는 자신의 비법을 포뮬러 수첩에 다음과 같이 정리했다.

1. 사용하지 않은 깨끗한 천을 준비한다. 올이 너무 촘촘하지 않고 적당히 성긴 것이어야 한다. 트왈레트를 만들기에 적당하다고 판단되

는 너비만큼 잘라서 사용한다.

2. 천을 깨끗한 물에 여러 번 빨아, 천에 묻었을 수 있는 불순물을 제거한다.

3. 천을 펴서 건조시키며, 건조된 이후에는 안젤리카 수와 장미수에 24시간 동안 담가 놓는다.

4. 담가 놓았던 천을 건져 내어 약하게 물을 짜낸다. 하룻밤 동안 걸어서 건조시킨다.

5. 다음과 같은 재료로 조제물을 만든다. 말린 오렌지 꽃 1/2파운드, 캄파나 뿌리 1/2파운드, 피렌체 아이리스 1/2파운드, 안젤리카 브랜디 2온스, 자단 4온스, 기름골 1온스, 라브다넘 고무 1/2온스, 클로브의 꽃봉오리 1/2온스, 창포 1/2온스, 계피 2그로.

6. 이 모든 재료를 안젤리카 수에 적신 트래거캔스 고무와 함께 막자사발에 넣고 분쇄한 후, 반죽을 만든다. 천의 양 끝에 반죽을 세차게 문지르면, 부스러기가 되어 천에 들러붙은 반죽이 남는다.

7. 반 건조시킨 후, 천의 양 끝을 안젤리카 수 또는 잡화수에 적신 스펀지로 다시 문질러 더욱 고르게 한다.

8. 마지막으로 건조시킨 후 접는다.

9. 트왈레트의 안감으로는 대개 타프타가 사용되며, 겉감으로는 타비 tabis* 또는 새틴이 많이 쓰인다.

10. 비단을 반으로 접은 다음, 반드시 그 사이에 넣어 보관해야 한다.

11. 말린 오렌지 꽃 1파운드, 피렌체 아이리스 1파운드, 캄파나 뿌리

---

* 롤러에 눌러 물결무늬를 넣은 비단을 가리킨다.

1/2파운드, 안젤리카 브랜디 12온스, 말린 레몬 껍질 2온스, 기름골 2온스, 클로브의 꽃봉오리 1온스, 말린 오렌지 껍질 1온스, 창포 1온스, 라브다넘 고무 1온스, 계피물 1온스.

이 모든 재료에다 충분한 양의 트래거캔스 고무를 넣고 막자사발에 차례로 섞은 후, 가루로 만든다.

12. 장미수에 적신 후, 빻아서 반죽을 만든다.
13. 천의 양 끝에 반죽을 묻힌다.
14. 건조시킨 후, 다음과 같은 성분을 배합하여 천에 다시 바른다. 머스크 1그로와 사향고향이의 향 1/2그로를 막자사발에 넣고 잘게 빻는다. 이미 준비된 반죽 1스푼을 넣고 녹인다. 잡화수 혹은 안젤리카 수로 점차 농도를 높인다.
15. 준비된 조제물을 스펀지에 묻혀 문지른다. 이는 천을 최대한 부드럽게 만들기 위한 과정이다.
16. 마지막으로 건조시킨다. 아직 축축하므로, 두 겹의 비단 사이에 넣어 보관한다.

이렇게 해서 소위 '트왈레트'라 불리는 고급 천이 완성된다.

자신의 레시피에 매우 만족한 파르종은 비지에 부인에게 얼른 알리고 싶어 조바심이 났다. "잔향이 아주 훌륭하답니다. 경쾌하고 강렬한 향을 발산하지만 불쾌한 냄새는 아니므로, 꽤 훌륭한 향이 만들어질 것 같아요."

파르종은 자신의 새로운 방법을 이번에는 네글리제négligé*에도 활용해 보면 어떨까하는 생각이 들었다. 물론 이것이 우선순위가 될 수는 없지만, 그의 기량을 더욱 빛낼 수 있을 것 같았다. 귀족 부인들은 대개 화장할 때 얇고 선정적인 네글리제를 걸치기 때문이다. 그뿐만 아니라, 아침마다 감미롭고 우아한 향기를 선사해 줄 향주머니 – 일명 '향 지갑' – 도 만들어 그 안에 자신의 신제품을 넣어 보기로 했다.

1774년 3월 1일 아침,[23] 파르종의 가슴은 격렬하게 고동쳤다. 장인 심사를 받는 날이기 때문이다. 하지만 불안한 마음이 들지는 않았다. 능력과 해박한 지식에 대한 자신감이 있었기 때문이다. 길드를 대표하는 네 명의 수석 장인들과 심사 위원들이 규약의 준수를 재차 강조했다. 모든 심사 위원들의 임기는 2년이며, 그들 가운데 가장 오래된 두 사람은 매해 새로운 인물들로 교체된다. 그들은 특히 네글리제를 위한 새로운 작품에 많은 관심을 보이며, 파르종의 독창성을 높이 평가했다.

마침내 심사를 통과한 파르종은 샤틀레Châtelet에 위치한 파리 고등법원에서 열린 성대한 의식에 참석했다. 그곳에서 〈길드 규약 8조〉에 따라 장인으로 승인 받고, 모든 길드 규약을 성실히 준수할 것을 서약했다. 또한, 〈국정자문회의 1745년 법령〉에 근거하여 '조향장갑 및 향장품 제조 장인maître gantier-parfumeur-poudrier'으로 승인되었다. 마침내 장인 명부에 장 루이 파르종의 이름이 오른 것이다.

---

* 귀족 부인들이 실내에서 격식에 얽매이지 않고 편하게 입던 실내복이다. 불어에서 네글리제négligé란 '아무렇게나 입는 혹은 허술한'을 뜻한다. 루이 14세의 애첩 몽테스팡 부인이 임신을 숨기기 위해 고안한 것이라 전해진다.

비지에 부인은 파르종에게 진심 어린 축하의 말을 건네며 결혼을 넌지시 권유했다. 파르종도 그녀와 생각이 같았다. 독신으로 지내며 상점을 홀로 운영할 수는 없기 때문이다. 비지에 부인은 파르종이 제안을 받아들일 마음의 준비가 된 것으로 판단했다. 그리곤 생토스타슈 교구에 사는 빅투아르 라부아지에Victoire Ravoisié라는 아가씨를 염두에 두고 있다고 말했다. 그녀의 아버지는 국왕 전속 총포 제조상인 기욤 루이 라부아지에Guillaume-Louis Ravoisié며, 어머니 프랑수아즈 샤를로트 구엘 Françoise-Charlotte Gouël의 친정도 형편이 제법 괜찮았다. 그녀의 오빠 장 아르노Jean-Arnault는 건축가이며, 남동생 가브리엘 루이Gabriel-Louis는 파리 고등법원의 검사다. 비지에 부인은 아가씨가 아주 좋은 교육을 받고 자랐으며, 현재 어머니와 함께 아버지의 가게에서 회계를 맡고 있으니, 장차 유능한 상인이 될 소질을 타고난 것이 분명하다고 힘주어 말했다.

　아가씨의 이름이 '승리'를 뜻하는 빅투아르라는 사실이 파르종에게는 파리에서의 성공을 보장하는 좋은 징조로 여겨졌다. 그리하여 비지에 부인에게 좀 더 적극적으로 중매에 나서 줄 것을 부탁했다. 이 이야기를 은밀히 전해 들은 아가씨의 어머니는 파르종이 가장 끌릴 만한 이야기만 늘어놓았다. 가령, 빅투아르 집안사람들 가운데에 파리시 행정관, 건물 관리인, 국왕 전속 보석 세공사, 전 외과 전문 군의관을 비롯하여 국왕으로부터 작위를 받은 친척들도 있다고 했다. 빅투아르의 가족과 친분이 두터운 사람들로는 고등법원의 변호사, 연금 지급 감독관 그리고 직물 상인이 있다고 했다. 비지에 부인 역시 파르종의 가족이 지닌 장점들을 모두 나열하면서 그의 성실함과 일에 대한 열정을 장담했다.

이렇듯 분위기가 무르익자, 파르종은 빅투아르 라부아지에를 직접 보기 위해 생토스타슈 성당의 미사에 몰래 참석했다. 미사가 진행되는 동안 신붓감을 찬찬히 살펴볼 수 있었다. 아름답다기보다는 귀엽고 자태가 고운 여자였다. 금빛이 도는 갈색의 풍성한 머리카락은 만티야mantilla* 로 얌전하게 정돈된 모습이었다. 좀 더 가까이에서 보기 위해 성수반 앞에서 잠시 멈추었는데, 바로 곁을 스치는 순간 그녀의 아름다운 혈색이 한눈에 들어왔다.

그는 코퀴에르Coquillère 가에 사는 라부아지에 양의 가족으로부터 초대를 받았다. 구혼자로서 신붓감의 가족들과 정식으로 인사를 나누는 자리였다. 그는 즉시 어머니에게도 이 사실을 알렸다. 어머니가 이 결혼을 매우 반길 것을 확신했기 때문이다. 마침내 본격적인 구혼에 들어갔는데, 당시 관례에 따라 신붓감의 가족 가운데 고모(혹은 이모)와 사촌 언니 등이 동석했다. 그러나 이들은 대체로 다른 볼 일이 있기에, 그는 장차 아내가 될 여인과 거실에 단 둘이 앉아 오랜 시간을 보낼 수 있었다.

빅투아르는 자신에게 푹 빠져 있는 남자를 감탄의 눈으로 바라보았다. 품위와 매너를 갖춘 그는 지금까지 보아 온 다른 젊은이들과 달랐다. 그녀는 장차 자신에게 일어날 일들에 대해 궁금해 하며, 삶에 커다란 변화

* 에스파냐 여성들이 머리에 쓰는 스카프 모양의 쓰개를 가리킨다.

가 일어날 것이라고 말했다. 어릴 적부터 늘 검과 총에 둘러싸인 아버지의 무기 상점에서 지내왔기 때문이다.

○─ 향수와 꽃으로 둘러싸인 곳에서 당신의 자리를 찾게 될 거예요.

파르종은 남자의 그럴 듯한 말 한마디에 얼굴을 붉히는 빅투아르의 모습에 내심 기뻤다. 그녀는 자신도 직접 향수를 사용해야 하는지 물어보았다. 이에 파르종은 그녀를 위해 계절에 따라 만들어 주는 향수들만 있으면 충분할 것이라고 말해 주었다.

빅투아르는 실은 지금껏 한번도 향수 가게에 가 본 적이 없어서 조향사가 어떤 일을 하는지 전혀 모르지만, 알고 싶은 마음은 있다고 했다. 그러자 파르종은 열정이 가득한 눈빛으로 자신의 일에 대한 자랑을 시작했다.

○─ 고급스러움과 화려함에서 태어난 모든 기술 가운데, 조향사의 기술만큼 사람을 행복하게 만들어 주는 것도 없답니다. 조향사는 방향성 식물에 속하는 꽃과 나무 그리고 껍질로부터 향기를 열심히 모은 다음, 추출된 향기로 향수나 오일, 향유를 만들지요. 조향사는 자신의 취향에 따라 보다 나은 느낌을 줄 수 있는 새로운 향뿐만 아니라, 언제나, 어디서나 그리고 누구나 즐길 수 있는 향수를 만든답니다.

○─ 매우 힘든 일이겠군요?

○─ 정말 그래요. 조향사의 일은 창의력을 요구하는 예술에 가깝기 때문에, 지속적인 성공과 인정을 원하는 사람들에게는 결코 만만한 길이 아니랍니다. 조향사는 향료로부터 향을 추출하고 보존하는 방법, 친화력을 보이는 향들을 배합하는 방법 등을 알아야 하는데, 특히 배합된 향이 후각을 자극했을 때 일어나는 효과가 무엇인가를 알아야 합니다. 그래야 기분을 좋게 해 주는 아주 향긋한 냄새를 만들 수 있을 테니까요. 이처럼 향의 기초 이론을 이해하고, 과거부터 오늘날에 이르기까지 화장품과 향수가 제작되어 온 방법들을 연구하는 등, 이론적 지식을 갖추는 것이야말로, 조향 기술을 숙달하고 더 나아가 가장 뛰어난 조향사가 되고자 하는 사람들에게 꼭 필요한 일이라고 볼 수 있답니다.[24]

그날 이후, 파르종은 신붓감을 만날 때마다 매번 다양한 향유를 선물했고, 그녀가 냄새를 제법 잘 맡으며 기본적인 향을 쉽게 구별하는 모습을 보면서 기분이 좋았다.

그러던 어느 날, 그는 빅투아르에게 함께 일하다 보면 가게를 찾는 귀족 부인들의 수다를 자주 엿듣게 되지만, 들은 내용을 어느 누구에게도 옮겨서는 안 된다고 말해 주었다.

○─ 그런 문제라면 걱정하실 필요 없어요. 본래 사람은 수다를 떨다보면 다른 사람 험담까지 하게 되니까요. 그러니 그 정도는 굳이 고해성사가 필요 없는 잘못으로 보이네요.

● 조향사의 탄생

빅투아르의 대답을 들은 파르종은 비지에 부인이 자신의 신붓감으로 정말 괜찮은 아가씨를 소개해 주었다는 확신을 갖게 되었다.

보충 자료

I
몽펠리에의 조향사

❖ 몽펠리에의 거의 모든 상인들은 향기로운 액상 제제와 분말을 팔았는데, 특히 약제상들은 두 가지 품목을 함께 취급했다. 1572년에 처음으로 약제상 길드가 만들어졌지만, 길드의 독립성은 1674년에 가서야 보장되었다. 이들은 약재를 수입하거나 제조했다. 비록 몽펠리에시의 상인 길드에 속하지는 않았지만, 그럼에도 약제상들은 향수를 만들어 판매했다.

❖ 1653년에 몽팡시에Monpensier 공작부인, 즉 안느 마리 루이즈 오를레앙Ann-Marie Louise d'Orléans의 약제상이자 향장품 상인인 장 파르종Jean Fargeon도 이 경우에 해당한다. 증류상, 약재상, 청량음료 상인 그리고 리쾨르 상인은 음료와 시럽 그리고 술을 제조했다. 그러나 열매든 방향성 식물이든, 이용되는 증류법은 마찬가지였다.

❖ 1691년부터는 이발과 가발제조 그리고 욕실 관리 및 두발 건조 기술을 가진 가발 및 미용 장인barbier-perruquier-baigneur-étuviste들이 '용도와

분야에 따라, 화장비누, 향유, 화장 분, 크림 및 그 밖의 유사한 물건'을 독자적으로 만들 수 있는 허가를 받았다. 결국엔 잡화상과 옷감 및 리본 상인들도 향이 좋으면서 미용에 효과적인 제품들을 만들어 팔 수 있었다.

❖ 본래 몽펠리에서도 1551년부터 장갑 장인들이 활동해 왔으며, 1750년부터는 '조향장갑 및 향장품 상인 maître gantier-parfumeur'이라 불렸다. 이들은 장갑을 만드는 데 필요한 가죽을 다루기 위해 다양한 재료로 무두질을 했는데, 그중에서도 도금양 잎 제품을 이탈리아 식 제조 방법에 따라, 장갑에 얇게 발라 악취를 제거했다. 가죽 상인들은 참나무 잎 분말보다 도금양 잎 분말을 선호했다. 가죽 제품에 향이 그대로 남아 있기 때문이다. 그럼에도 무두장이의 수는 그라스에 더 많았다.

❖ 1680년에 작성된 국세 장부에 '왕실에 향수를 납품하는 몽펠리에의 조향사'라 기재된 마르크 앙투안 들로슈 Marc-Antoine Deloche의 이름을 통해, '조향사'라는 직종이 이 시기부터 등장했음을 알 수 있다. 몽펠리에에서 가장 유서 깊고 부유한 조향사들은 들로슈 집안과 파르종 집안이었다.

❖ 1722년 11월, 몽펠리에시에 세금을 내며 활동했던 조향장갑 상인은 여섯 명이었다. 1669년부터 18세기 중엽까지 열네 명의 장갑 상인이

'장인'으로 인정받았다. 따라서 몽펠리에의 조향사 길드는 1724년에야 처음 만들어진 그라스의 그것보다 훨씬 앞선 것이다. 16세기말 이래로 간판에 '조향사'를 올린 작은 상점들이 줄줄이 생겨났다. 모든 상인들은 상점 뒤쪽에 조향실과 증류 시설을 갖춘 제조 장인에서부터 단순한 소매상에 이르기까지 다양했다. 그들은 도시에서 가장 번화하고 목이 좋은 거리에 상점을 열었다.

❖ 1738년경에는 집안의 가장과 고인이 된 남편을 대신하여 가업을 잇는 미망인에다가 아들까지 포함하면, 조향사의 수가 100명에 이르렀다.

❖ '조향사'는 증류상, 향장품 상인, 조향장갑 및 향장품 상인, 리쾨르 상인과 향기로운 액상 제품을 취급하는 리쾨르 제조장인과 같이 서로 연관된 여러 다양한 활동들을 폭넓게 아우르는 공용어다.

II
장갑 장인 및 조향사의 보호를 위한 길드 규약 및 특권
(1656년 개정, 파리와 파리 근교 지역)

제1조 : 장인의 임명과 임기는 보호 받는다.

제2조 : 감독관은 길드에 소속된 모든 상인 및 장인의 집과 상점을 불시에 수색할 권한과 '수준 이하의 제품'을 압류할 권한을 가진다. 압류가 발생하는 경우, 그로부터 24시간 내에 검찰에 신고해야 한다. 압류된 제품을 만든 장인(또는 상인)에게는 6리브르의 벌금형에 처하며, 그중 절반은 국왕에게, 나머지 절반은 길드에 귀속된다.

제3조 : 상점을 내거나 운영하기 위해서 길드 소속 장인 한 사람과 함께 지내면서 4년간 견습 과정을 거쳐야 한다. 그리고 그 사실을 2주 내에 감독관에게 신고해야 한다. 신고를 하지 않았다가 발각되는 경우, 장인은 12리브르, 견습공은 3리브르의 벌금형에 처한다.

제4조 : 견습공은 한 명만 둘 수 있다.

제5조 : 정당하거나 합리적인 이유 없이 견습공을 해고한다면, 견습 시간과 장인에게 보고한 내용을 기록하는 도제 실습 장부에 그 사실을 기

록하고, 견습공에게 서면으로 통보할 의무가 있다.

제7조 : 매우 중대한 잘못을 범한 견습공은 장인이 될 수 없다.

제8조 : 장인이 되고자 하는 모든 견습공은 장인으로 구성된 4명의 감독관이 보는 자리에서 작품을 제작해야 한다.

제10조 : 견습공이 제출하는 다섯 가지 작품들 중에는 장갑 및 여성용 장갑 그리고 그중 일부는 가죽으로 안감을 댄 장갑이 반드시 포함되어야 한다.

제11조 : 장인이 된 견습공은 길드의 모든 감독관들에게 사례금을 내야 하며, 그기 도움을 받은 장인에 대해서와 마찬가지로 국왕에게도 세금을 내야 한다.

제12조 : 장인의 아들인 경우에는 장갑 두 켤레를 자율적으로 만들어 제출하는 것으로 충분하지만, 세금을 내야 한다.

제13조 : 만일 전술한 조건을 모두 충족시키지 못했거나 장갑을 한 켤레만 제출했을 경우에는 장인이 될 수 없다.

제14조 : 장인 및 상인의 미망인은 상점을 운영할 수 있다. 이 예외 규정

은 미망인의 재혼 이전까지만 적용되며, 미망인은 4년 이내에 고인으로부터 배운 견습공 이외에 다른 견습공은 둘 수 없다.

제15조 : 신선하고 올바른 좋은 품질의 가죽으로만 장갑을 만들어야 한다.

제18조 : 수가 놓이거나 장식 끈이 달린 장갑에 가짜 금이나 가짜 은을 사용할 수 없다.

제19조 : 호박이나 사향을 포함한 모든 종류의 향장품을 취급해야 한다.

제20조 : 상점에 모든 종류의 여성 장갑을 비롯하여, 일반적으로 손을 보호하는 모든 제품을 갖추고 충분히 공급할 수 있어야 한다.

제21조 : 모든 종류의 생가죽과 가죽 제품을 도매 또는 소매로 팔 수 있다.

제22조 : 하나 이상의 상점이나 노점상을 운영할 수 없다. 다만, 가게를 이전하거나 이전 신고가 이루어진 경우에는 예외를 인정한다.

제23조와 제24조 : 일요일과 교회 축일에는 방문 및 매장 판매와 전시를 일체 금지한다.

제25조, 제26조, 제27조 : 도시로부터 반출되거나 혹은 노점 상인들이 반입한 제품은 감찰을 통해 통제할 의무가 있다.

제30조 : 장인이 아닌 자는 장갑을 재단하거나 만들 수 없다. 자격이 없는 자가 제작한 물건은 압류된다.

제31조 : 장갑 장인이 아닌 자는 장갑을 만들거나 장갑을 장식물로 꾸밀 수 없다. (1473년 4월 14일의 칙령을 참조하시오.)

서명인 – 파스키에Pasquier, 위그 드 상리스Hugues de Senlis, 알라르Allard, 샤스텔렝Chastellain, 로르페브르J. Lorfevre, 노르게Norgué, 볼라르A. Vollard.

검토자 – 국왕자문회의, 드뢰 도브레Dreux d'Aubray

1656년 5월 23일 고등법원에 등기했으며, 이어 국왕이 승인했다.

Middle note

II
절정, 꽃은 지기 전에 가장 아름답다

1774-1782년

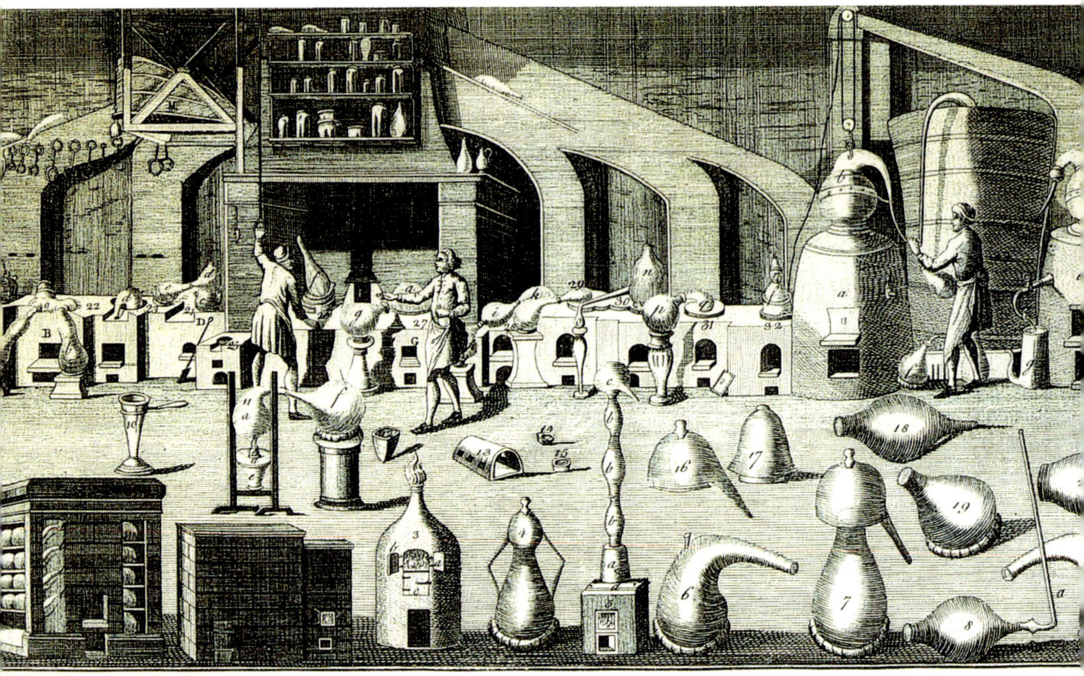

● 조향실의 풍경. '지보당 - 루르Givaudan - Roure' 소장품(판화).
  ⓒ 개인 소장

● 장갑 조향 장인의 문장(紋章) - 『문장 총람』 제 23권 가운데 일부.
  ⓒ 장 밥티스트 리에츠탑

● 향수의 기억

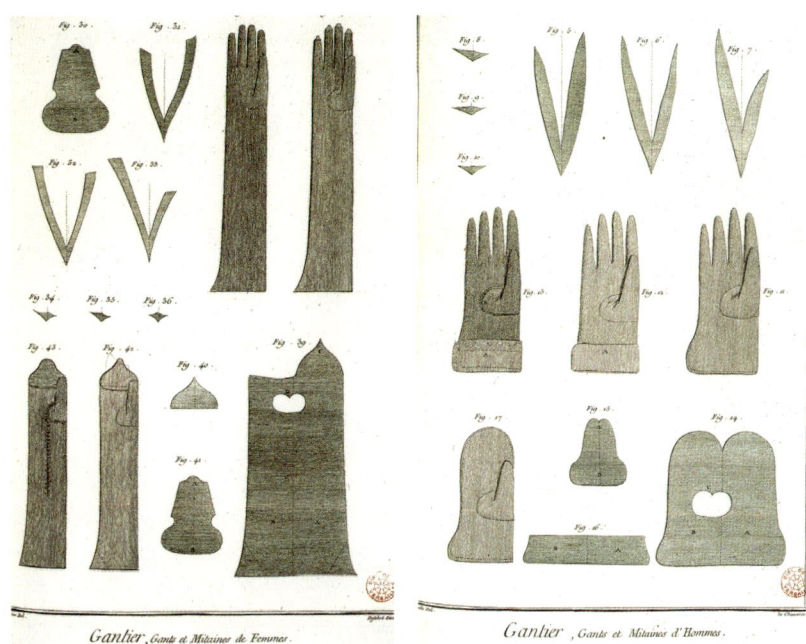

● 여성용·남성용 장갑 및 벙어리 장갑-디드로와 달랑베르의 『백과사전』에 실린 판화 작품.
ⓒ 베르사유 시립도서관 소장

● 장갑 장인의 작업실-디드로와 달랑베르의 『백과사전』에 실린 판화 작품.
ⓒ 베르사유 시립도서관 소장

● 일명 "장미를 든" 마리 앙투아네트 왕비. 엘리자베스 루이즈 비제 르브룅, 1783년.
ⓒ 베르사유궁 소장.

● 절정. 꽃은 지기 전에 가장 아름답다

● 향로 – 프티 트리아농의 정원 내 음악 별궁 Pavillon de musique의 프레스코 기법으로 그려진 천장화 및 벽화의 일부.
ⓒ 베르사유궁 소장.

● 오스트리아 왕실 근위대의 마구를 갖춘 말을 타고 사냥에 나선 마리 앙투아네트.
루이 오귀스트 브룅.
ⓒ 베르사유궁 소장.

● 향수의 기억

● 왕비가 입던 드레스의 직물 견본. 《가제트 드 라 렌느》에서 발췌.
ⓒ 베르사유 시립도서관 소장

- 프티 트리아농(복원된 이후) 내, 왕비의 소극장에 놓인 가구에 드리웠던 장식천들. 꽃이삭이 수놓인 장식천. (왼쪽)
  ⓒ 베르사유궁 소장.

- 절정, 꽃은 지기 전에 가장 아름답다

이토록 꽃을 좋아하는 당신께
이 꽃다발을 건네오.

루이 16세가 마리 앙투아네트에게

유행을 선도하는 프랑스의 왕비

뒤바리 부인은 파르종이 궁궐에서 신망을 얻을 수 있도록 왕에게 적극 추천하겠노라 약속했다. 그러나 루이 15세는 그녀의 말은 신경도 쓰지 않았다. 파르종의 이름이 장인 명부에 오른 지 한 달이 못된 1778년 4월의 어느 날 저녁, 사냥을 나갔던 루이 15세가 환궁 길에 심한 열병을 얻었다. 주치의들은 왕의 증세를 천연두로 진단했다. 당시에 천연두는 발병한 지 9일이 지나도 낫지 않으면 죽는 병이었다. 또한 치료제도 마땅치 않아, 누구든 한번 걸리면 어김없이 자국을 남기는 아주 고약한 병이었다.[25)] 그해 5월 9일, 왕은 종부성사*를 받았다. 그의 몸에 생긴 종기를 직접 목격한 사람의 말에 따르면, 마치 모르Maure 치즈의 표면처럼 구릿

---

* 로마 가톨릭의 7성사 가운데 하나로, 죽음을 앞두고 받는 중요한 의식이다. 생전에 마지막으로 치러지는 의식이라는 뜻에서 '종부성사終傅聖事'라 불렸다. 이때는 기름을 바르는 '마지막 도유식塗油式extrême onction'이 행해졌다. 제2차 바티칸 공의회 이후부터는 '병자성사'라 불린다.

빛 내지는 짙은 갈색의 뾰루지인데, 도저히 견디기가 힘들 정도로 냄새가 고약했다고 한다. 왕은 다음날 승하했다.

룰 가에서는 베르사유에서 일어나는 일들에 대해 이러쿵저러쿵하는 말들이 수없이 오갔다. 어느 젊은 장인의 경우엔, 병세가 위독한 루이 15세와 뒤바리 부인의 이별 장면을 목격한 시녀에게서 들은 이야기라며 큰 소리를 치기도 했다. "부인, 내 상태는 내가 가장 잘 알아요. 공연한 소란은 되풀이하지 맙시다. 나는 신과 백성들에게 헌신해야 할 의무가 있는 몸이니, 이제 그만 궁을 떠나 주세요."라고 왕이 말했다는 것이다. 뒤바리 부인은 뢰이Rueil로 떠나기에 앞서 눈물을 글썽이며 왕의 손에 입을 맞추었다고 한다. 파르종은 꿈을 이룰 수 있는 기회를 바로 눈앞에서 놓친 것 같아 실망했다. 그러나 비지에 부인은 파르종에게 이렇게 말했다.

―'전화위복轉禍爲福'이라는 말이 있잖아요. 비록 뒤바리 부인은 떠났지만, 갓 즉위한 왕비가 있으니까요. 그분은 향수 애호가인데다 옷차림과 외모에 무척 신경을 쓰거든요. 씀씀이가 몹시 헤픈데도 국왕은 왕비가 원하는 것이라면 무엇이든 다 들어준다는 소문이 있더군요. 앞으로 왕비의 덕을 제법 볼 것이라 기대해도 될 것 같아요.

왕위를 물려받았던 당시에 루이 16세는 스무 살, 마리 앙투아네트는 열아홉 살에 불과했다. "신이시여, 너무 이른 나이에 왕좌에 앉은 저희를 이끌어 주시고 보호해 주소서!" 갓 왕위에 오른 루이 16세는 이렇게 탄식했다. 다들 새로운 왕비 마리 앙투아네트를 대단한 미인이라 칭찬하며 그녀에게 열광했다. 왕비의 옷차림과 화장은 모방의 대상이었고, 그녀의 걸음걸이 하나까지도 사람들의 입방아에 오르내렸다. 그러나 파리에서는 왕비에 대한 적대감이 반영된 노래가 돌고 있었다.

> 스무 살짜리 어린 왕비님,
> 그런 식으로 계속 못되게 굴면 말이죠,
> 당신의 나라로 추방될 거예요![26)

온갖 비방과 중상이 그녀를 공격하기 시작했다. 파르종은 대관식이 열리던 날, 《누벨 에페메리드 Nouvelles Ephémérides》* 에 실린 보도 Baudeau의 글을 읽었다. "다들 왕과 왕비에 대한 악담을 함부로 지껄이고, 온갖 비난을 퍼붓고 있다. 이는 루이 15세 시절에 재상을 지낸 르네 오귀스탱 드 모포 René Augustin de Maupeou**를 주축으로 한 예수회 패거리와 늙고 편협한 고모들이 왕비를 폐위시키기 위해 나쁜 소문을 퍼뜨리고 다니는 것이다."[27)

사태를 제대로 파악하지 못한 마리아 테레지아 황제는 딸에게 다음과

---

* 가톨릭 신학자이자 경제학자인 니콜라 보도 Nicolas Beaudeau가 발행한 프랑스 최초의 정치경제 전문 월간지다. 이 잡지는 자유주의 경제 사상을 확산시킬 필요성을 강조한 튀르고 Turgot의 요청에 의해 발행되었다. 1774년 12월호를 창간호로 하여 1788년 3월까지 발행되었다.

** René Nicolas Charles Augustin de Maupeou (1714~1792) - 구제도 시기 행정가이자 정치가였으며, 루이 15세 시절 재상을 지냈다.

같은 편지를 보냈다. "왕비에 관해 들려오는 이야기를 들으니 형용할 수 없는 기쁨에 젖게 된답니다. 온 세상이 황홀경에 빠져 있다지요! 그럴 만합니다. 스무 살의 왕과 열아홉 살의 왕비라! 말 한마디, 표정 하나에도 자비와 관대함과 신중함 그리고 현명한 생각들이 넘쳐 나니까요."

'어린' 왕비는 자신을 헐뜯는 소리를 농담처럼 가볍게 흘려버렸다. 그녀는 이렇게 답장했다(1775년 12월). "풍자적인 글과 노래가 유행이 되어 버렸습니다. 저라고 예외는 아닌 것 같습니다. 모두들 제가 이중적인 취향을 가졌다고 거리낌 없이 말하네요. 제가 양성애자라고 말입니다."

왕비의 친구인 랑발Lamballe 공주*와 의상 디자이너인 로즈 베르텡Rose Bertin에 대한 왕비의 호의가 동성애로 비딱하게 비춰진 것이다. 왕비는 이것을 근거 없는 중상모략으로 치부하며 크게 신경 쓰지 않았다. 왕비가 자신에 대한 험담을 심각하게 받아들이지 않은 것은 분명 잘못된 일이었다. 그러나 그 어떠한 냉철하고 합리적인 명분이 있다 한들, 젊고 발랄하며 어여쁜 왕비의 지나친 씀씀이를 멈추게 할 도리가 있었겠는가? 오직 남편이나 어머니가 그녀를 만류할 순 있지만, 왕은 왕비의 뜻을 꺾을 만한 사람이 못되었다. 그는 아내가 원하는 것은 무조건 들어주는 남자였다.[28)]

왕실 전속 상인들이 보인 행동도 왕에 못지않았다. 어느 보석상은 상

---

* 본명은 마리 테레즈 루이즈 드 사부아Marie Thérèse Louise de Savoie (1749~1792). 마리 앙투아네트의 명예시녀이면서도 왕비의 친구와 다름없는 각별했던 사람으로서 혁명 이후에도 마리 앙투아네트를 저버리지 않았지만, 9월 학살 때 비극적인 죽음을 맞이하게 된다.

어가오리의 가죽을 덧댄 단순한 보석함을 만들었는데, 거기에 왕과 왕비의 초상화까지 그려 넣었다. 이처럼 기발하고 독창적인 물건들은 '근심을 달래 주는 위안거리'라 불리기도 했다. 로즈 베르텡은 당시의 상황과 분위기에 맞춘 '푸프pouf*'라는 아주 기발한 머리 장식을 만들어, 사람들을 깜짝 놀라게 했다. 장식의 왼편에는 커다란 삼나무를 심고, 그 둘레에는 우울하고 비통한 분위기를 연출했는데, 미망인들의 검은색 베일을 삼나무의 밑동에 둘러, 복잡하게 뒤엉킨 뿌리를 표현했다. 오른편을 보면, 포도와 멜론, 무화과를 비롯한 다양한 모형 과일들이 쏟아질 듯 가득 담긴 일명 '풍요의 뿔' 위에 커다란 밀단이 놓여 있는데, 흰색 깃털 장식과 한데 어우러져 있었다. 이는 루이 15세를 잃은 고통과 슬픔이 모든 신하들의 가슴속 깊이 뿌리를 내렸지만, 새로이 등극한 루이 16세가 약속하는 풍요와 부를 의미했다. 이처럼 의미심장한 고도의 비유법을 구사하는 푸프의 뒤를 이어 **종두 기념 푸프**pouf à l'inoculation가 재빨리 등장했다. 1774년 6월 18일에 루이 16세가 맞은 천연두 종두의 효능이 로즈 베르텡에게 신선한 자극을 주었던 듯하다. 올리브 나무에 주렁주렁 달린 올리브가 떠오르는 햇빛을 받고 있는 풍경에서 착안했다. 올리브 나무를 휘감고 있는 뱀 한 마리가 둘레가 꽃으로 장식된 지팡이의 머리 부분을

---

* 18세기 프랑스에서 시작한 머리 모양이면서 동시에 그 형태를 아름답게 꾸미거나 유지하기 위한 장치를 일컫는 말이다. 머리카락을 커다란 장식 핀으로 이마 위로 들어 올리는데, 과일, 꽃, 채소, 밀짚으로 만든 새, 인형 등 아주 다양한 요소들이 장식 핀으로 이용되었다. 푸프가 유행한 데에는 마리 앙투아네트가 유행을 선도한 측면도 있지만, 당시의 상류층 여성들이 푸프를 통해 자신만의 취향과 감성을 표현할 수 있었기 때문이다.

떠받치고 있었다. 이는 얼핏 보아도 아스클레피오스* 의 지팡이에 감긴 뱀이며, 새로운 군주가 내리는 광영이자 올리브 나무가 상징하는 평화로써 천연두와 같은 병마를 퇴치함을 의미했다.

장 루이 파르종의 결혼식은 관례에 따라 신부가 다니던 생토스타슈 성당에서 치러졌다. 1774년 7월 26일,[29] 조향사 폴미에Paulmier 앞에서 결혼 서약이 이루어졌다. 그들은 당시 파리의 관습에 따라 동산과 부동산을 공유하기로 했다. 신랑과 신부는 증인들로 둘러싸였다. 신부 측 증인으로는 상인들과 고등법원 변호사, 전 영사 그리고 연금 감독관이 참석했다. 신랑 측 증인들 중에는 루이 세바스티앙 메르시에Louis-Sebastien Mercier가 보였는데, 그는 대학에서 인문학과 철학을 가르치는 교수이자 『파리의 그림Tableau de Paris』의 저자이기도 하다. 또한 국왕의 초상화가인 에티엔 숄레르Etienne Chaulair와 몽펠리에 의과대학 교수인 피에르 기로Pierre Guiraud도 참석했다.

신혼살림은 룰 가의 향수 가게 2층에 차려졌다. 빅투아르는 새로운 역할을 완벽하게 소화해 냈다. 환심을 사기 위해 아첨하거나 아양을 떨지 않으면서도, 상냥하고 공손한 태도로 손님들을 대했다. 부부는 사업의 미래에 관해 이야기를 나누었다. 조짐은 나쁘지 않았지만, 결코 만만치 않은 경쟁자들을 상대해야 했다.

---

* 로마 신화에 등장하는 의술의 신이다. 아폴론의 아들로, 죽은 사람을 소생시키는 능력을 가졌다고 한다.

길드로부터 장인으로 인정받지 못한 수공업자들과 직공들의 경우에는 사복 경찰의 밀착 감시를 받는 대상이 되어 한정된 구역 내에서만 조향사로서 일할 수 있었다. 그렇게 해서 한정된 상업 지구 내에서 치열한 경쟁이 시작된 것이다. 포부르 생토노레faubourg Saint-Honoré 가에서 활동하는 정식 조향사들이 가장 막강한 경쟁자들이었다.

루이 14세 왕실의 전속 정원사였던 르노트르Le Nôtre* 는 당시 재상이었던 콜베르Colbert의 제안에 따라, 불로뉴 숲을 관통하여 에투왈Étoile 언덕까지 펼쳐지는 전망이 한눈에 들어오도록 길게 뻗어난 대로를 만들었다. 대자본가들과 대지주들은 고급 호텔 주변에 새로 형성된 상가 일대에서 성장하고 있었는데, 그들의 무대는 급기야 샹젤리제Champs-Élysées까지 뻗어 나가고 있었다. 그러다 보니, 이들의 단골손님들에게 접근하려는 조향사들이 샹젤리제 인근을 둘러싸고 밀집하게 되었다.

샤로Charost 공작부인의 후원을 받고 있던 장 프랑수아 우비강Jean-François Houbigant** 은 포부르 생토노레 가 19번지에 코르베유 드 플뢰르Corbeilles de Fleurs를 열었다. 그리고는 곧이어 **우비강의 화장수**eau d'Houbigant를 출시했는데, 오로지 꽃 성분으로만 배합되어 상큼하면서도 진정 효과가 뛰어난 것이 특징이었다. 신제품에 대한 그의 자부심이 어

---

* André Le Nôtre (1613~1700) - 루이 14세의 왕실 전속 조경사였다. 프랑스의 지형과 풍토에 알맞은 평면원 수법의 정원 설계를 고안하여, 베르사유궁에 기하학적이고 정연한 정원 양식을 만들었다. '왕의 정원사이자 정원사의 왕'이라는 평가를 받아 왔다.

** Jean-François Houbigant (1752~1807) - 루이 16세의 전속 조향사였다. 1775년에는 프랑스에서 두 번째로 오래된 향수 회사인 *우비강*Houbigant을 설립했다. 코르베유 드 플뢰르*Corbeilles de Fleurs*(꽃바구니)라는 이름의 상점을 열어 다양한 꽃을 활용한 탁월한 화장품으로 인정을 받았다.

찌나 대단했던지, 감히 그와 경쟁할 자는 없을 것만 같았다. "마치 꽃잎에 맺힌 아침 이슬처럼 아름다운 얼굴을 만들어 주는 화장수입니다. 피부에 생기와 탄력을 주며 또한 부드럽고 촉촉한 피부로 만들어 줍니다. 아주 예민한 피부에 발라도 전혀 자극적이지 않고, 피부병으로 변색된 혈색도 감추어 줍니다. 목욕할 때 사용하시면 몸에 활력과 에너지를 줄 것입니다."[30]

우비강은 잡화 추출물로 만든 가발용 분, 장갑과 부채, 향초 그리고 자신의 후원자인 샤로 공작부인에게 감사의 뜻을 전하기 위해 공작부인의 포마드pommade à la Duchesse도 만들었다. 소문에 따르면, 그는 왕비에게 '마리 앙투아네트'와 '마리 테레즈'라는 이름을 붙인 두 가지 향수를 보냈다고 한다. 그러나 왕비는 우비강의 아부가 너무 심하다고 여겨서 그랬는지는 몰라도, 선물을 수락하지 않았다고 한다.

파르종은 스스로에게 다짐했던 목표 의식을 잃지 않았다. 즉, 예술품처럼 빚은 화장품으로 여자의 빛나는 아름다움을 더욱 두드러지게 하고, 노화라는 자연의 섭리가 가져오는 치명적인 결점을 보완하는 것이다.[31]

파르종은 귀족들에게 굽실거리지 않는 아내의 모습에 흡족해 하면서도, 그녀가 상점의 물건들에 익숙해지기를 기대하는 마음도 가지고 있었다. 빅투아르는 새색시임에도 불구하고, 남편이 궁궐식 화장을 연습할 수 있도록 기꺼이 시간을 내주곤 했다.

그러던 어느 날 아침, 파르종이 아내의 얼굴을 유액으로 정성스레 닦아낸 후, 아스트린젠트 로션을 바르고 있었다. 이어서 묽은 백색 유향 반죽을 붓을 이용하여 매우 능숙하게 바르기 시작했다. 그는 진행 과정의

매 단계마다 일일이 아내에게 설명해 주었다.

○─ 직사광선을 조심해야 해. 직사광선을 쪼이면 얼굴에 바른 유향 반죽이 말라서 부스러기가 될 테니까. 흰 이마가 가장 눈부시게 빛나면서 돋보여야 하고, 푸르스름한 빛을 띤 관자놀이 근처는 아주 살짝 갈색을 띠는 것이 좋아. 입술 주위는 아주 화사해 보여야 해.

유향 반죽을 바르는 데에만 너무 오랜 시간이 걸리자, 빅투아르는 인내심을 잃어버렸다. 매일 아침마다 화장에 이렇게 많은 시간을 들이는 여자라면, 막상 중요한 일들은 해낼 수 없을 것 같았다. 파르종은 피부가 마치 옻칠을 한 듯 반질반질해 보여야 햇볕에 그을린 자국을 감출 수 있다고 설명했다. 그는 유향 반죽을 골고루 잘 펴 바른 후, 루주가 담긴 작은 단지들을 꼼꼼하게 점검했다.

○─ 루주의 색조는 언제나 고객의 상황과 특성에 맞춰 골라야 해. 진홍빛 루주는 야외용이라서 숲으로 산책하러 나갈 때에는 적합하지만, 샹들리에 아래에서는 흉측해 보일 테고, 어중간한 진홍빛 루주는 잠자리에 들기 전에만 바르는 거야. 궁궐에서 사용하는 루주는 당신에게는 바르지 않겠어. 정숙한 여자에게는 어울리지 않으니까. 이런 말도 있잖아. "오직 타인의 시선을 끌고 싶은 여자만 주홍색 루주를 짙게 바른다. 몸에 고통을 가하면서 매력적으로 보일 수는 없다."[32] 당신에게는 가장 옅은 진홍빛 루주를 발라 줄게.

이번에는 빅투아르의 눈가에 검정색 윤곽선을 가늘게 그렸다. 이어서 작고 부드러운 브러시를 이용하여 결을 다듬은 속눈썹과 눈썹 그리고 입술에 포마드를 바르자 반짝거렸다. 아내에게 거울을 비춰 주자, 빅투아르는 남편의 손끝에서 태어난 아름다운 백작부인의 모습을 보고는 한 걸음 물러섰다.

○— 이건 내가 아니잖아요!
○— 화장을 한 당신의 모습이지. 내가 장담하는데, 당신이 궁궐에 가면 모두의 질투와 부러움을 사게 될 걸. 왜냐하면 당신은 자연스러운 아름다움을 간직하고 있으니까. 거울에 비친 당신의 모습은 아직 완성된 게 아냐. 아직 머리 손질이 남아 있거든. 하지만 머리 손질은 내 전공이 아니잖아. 물론 우리가 미용사들에게 파는 파르종의 분poudre à la Fargeon은 제외하고 말이지. 어느 귀족 부인이 실크로 만든 커다란 분첩을 가지고 있는 가발 미용사와 시녀로 하여금 매일 같이 머리 손질을 받고 분을 발랐는데, 글쎄 가발과 머리카락이 온통 분으로 뒤덮였다지 뭐야. 그래서 흰 구름처럼 피어오르는 분가루를 피하기 위해 커다란 깔때기로 얼굴 앞을 가리게 되었는데, 이것을 두고 다들 '화장 깔때기'라 부르고 있지. 가장 평판이 좋았던 분은 제비꽃을 원료로 한 제비꽃 분poudre de violette이었어.
○— 진짜 내 얼굴을 돌려줘요!

빅투아르가 울상을 지었다. 파르종은 쌀뜨물로 만든 화장수를 듬뿍 사용하여 자신의 작품을 허물면서, 미인은 분을 오래 바르고 있으면 안된다고 말했다. 분은 대개 피부를 부식시키는 무기물을 함유하며, 최악의 경우에는 피부에 매우 치명적인 결과를 초래할 수도 있기 때문이다.[33) 화장을 지울 때에는 통보리, 렌즈 콩, 백합 화장수를 사용하거나, 아몬드 유를 묽게 혹은 진하게 배합한 화장수로도 가능하다. 이 모든 것이 피부에 유익한 것들이며, 포마드의 경우도 마찬가지다. 순한 아몬드 유와 박하를 포마드의 원료로 쓰기도 하며, 옥수수 및 카카오의 지방이나 고래 기름 그리고 네 가지 씨앗에서 짜낸 기름으로도 포마드를 만든다.

파르종은 자신이 경계하는 것에 대해 말하면서 화장의 모든 과정을 마무리했다. 그는 정맥의 핏줄을 두드러지게 하여 피부가 더욱 희게 보이려고 애쓰는 귀족 여자들을 흔히 보게 된다면서, 그보다 더 부자연스러운 일은 없다고 말했다.

빅투아르도 남편의 의견에 동의했다. 그녀는 신비에 싸여 있던 궁궐식 화장의 세계를 제대로 알게 되었다며 자신 있게 말했다. 더 나아가 판매에도 관심을 보이면서, 낭트Nantes와 보르도Bordeaux에 지점을 개설하려는 남편의 구상을 적극적으로 지지했다. 그 두 곳에 지점을 연다면 앤틸리스 섬으로 나아가는 발판을 마련할 수 있다는 유리한 측면 때문이다. 실제로 파르종은 아주 독특하고 훌륭한 향유를 추출할 수 있는 바닐라와 같은 열대 원료를 현금 대신에 받기도 했다.

영국은 당시 유행의 중심지였다. 볼테르는『영국 편지Lettres anglaises』*에서 영국식 정원과 자유롭고 계몽된 분위기의 영국 사회를 칭찬했다. 젠트리gentry**의 호화스런 생활양식은 프랑스인들 사이에 이미 널리 알려져 있으므로 훌륭한 고객들을 끌어모을 수 있을 것 같았다. 결국 파르종은 영국에 가 보기로 결심했다.

그는 도버Dover 항에 내린 후, 켄트Kent를 가로질러 런던London에 도착했다. 대륙보다 부드럽고 연한 풀로 뒤덮인 시골의 아름다움에 감탄했다. 어쩌면 틸리Tilly 공작***이 가진 첫인상에 공감했을지도 모르겠다. 틸리 공작은 대부분의 영국 여자들이 아주 예쁘지만, 일부는 다른 어느 나라의 여자들보다도 못생겼다고 했다. 또한 남자들은 꽤 부유하게 차려입었는데, 수를 놓은 정장 차림에 검을 찬 모습이 멋스럽기보다는 불편해 보인다고 했다.34) 부유하면서도 편안함을 추구하는 영국인의 생활 모습에는 다소 촌스러운 구석이 있었다. 뿐만 아니라, 영국인들은 프랑스인들보다 위생과 청결에 훨씬 더 세심한 신경을 쓰고 있었다. 그들은 매일

---

* 볼테르가 어느 귀족과의 결투가 빌미가 되어 영국으로 추방되었다가 프랑스로 귀국하여 쓴 철학서이다. 볼테르는 영국 생활을 통해, 종교의 자유가 과학의 순조로운 발전을 가능케 하여, 결국 국가의 번영에 이바지한다고 보았다. 뉴턴의 철학 및 로크 등의 경험주의와 과학 사상을 프랑스에 소개한 이 책은 프랑스의 구제도에 대한 비판서로도 평가받고 있다.

** '젠틀맨gentleman'으로도 불린다. 중세 후기에 영국에서 신분적으로는 평민이지만, 수장령으로 국유화된 수도원의 토지를 사들여, 이를 기반으로 부를 쌓은 계층이다. 절대왕정 시대에는 영국 하원에서 다수를 차지하고, 지방에서는 치안판사를 맡아 지방행정을 장악했다. 특히 유명한 법률가나 상인들이 토지를 매입하여 젠트리가 되는 경우도 있었는데, 그럼으로써 영국 사회에서 계층 간의 유동성이 커졌다고 볼 수 있다.

*** Jacques-Pierre-Alexandre, comte de Tilly (1761~1816) - 프랑스의 탐험가이자 문필가다. 당시 영국의 식민지였던 미국을 시작으로 유럽의 여러 나라를 여행했으며, 그에 관한 기행문을 여러 잡지에 기고했다.

손과 얼굴을 씻었고, 일주일에 두세 번은 전신 목욕을 했다. 집에 욕조를 갖춘 영국인들이 많았는데, 이는 그들에게 목욕이 신체 단련의 보조 수단이었기 때문이다.

영국의 향료는 오랜 전통을 자랑하고 있었다. 엘리자베스 1세 여왕 시절, 영국인들은 베네치아의 상인들을 통해 수입된 동양과 아랍의 다양한 향신료를 비롯하여 박하와 동물성 향료에 열광하고 있었다. 후앙 파메니아스 플로리스Juan Famenias Floris* 라는 에스파냐의 메노르카Menorca 섬에서 온 청년이 1730년부터 런던의 일류 멋쟁이들에게 라벤더 제품을 팔고 있었다. 그는 라벤더Lavender라는 이름의 향수와 함께 라벤더 포마드는 물론이며, 베르가못과 백리향의 향유 그리고 장미향과 바닐라 향 포마드 등, 상류층 고객들을 만족시킬 수 있는 모든 것을 취급하고 있었다. 장 루이 파르종은 그의 가게로 찾아가 장차 도움이 될 만한 것을 직접 알아보기로 했다. 그는 런던에서 사업을 펼치게 될 그날이 오면, 자신에게 도움을 줄 만한 사람들을 모두 만나 본 후에야 런던을 떠났다.

---

* Juan Famenias Floris - 영국의 향수 브랜드인 플로리스의 설립자(1730년). 아내 엘리자베스와 함께 향수와 빗 그리고 면도 용품을 판매했다. 조지 4세로부터 왕실 전속 납품업자로 승인받았다.

괴팍하지만 독창적인 로즈 베르텡

파리에서는 마치 행운의 여신과 같은 왕비의 주변에 대담하고 기발한 아이디어를 가진 사람들이 모여들었다. 로즈 베르텡은 가장 뛰어난 의상 디자이너로 인정받을 만한 신제품을 선보였다.

서른 살을 갓 넘긴 피카르디의 농촌 마을 출신으로, 열두 살부터 재단사의 길을 걸어왔다. 처음 발을 디딘 곳은 여성복 전문 상인인 파젤Pagelle 양이 운영하는 트레 갈랑Trait Galant이었다. 로즈 베르텡이 이곳에서 맡은 일은 귀부인들에게 트윌 원단(능직)으로 제작된 드레스를 배달하는 것이었다. 콩티Conti 공주는 심부름 온 아가씨의 재잘거리는 입담을 무척 즐거워했는데, 그녀는 거의 기적에 가까운 신분 상승의 기회를 로즈 베르텡에게 안겨 주기도 했다.

베르텡의 신작은 젊은 귀족 여자들이 머리 뒤에 꽂고 다니는 깃털이 달린 장식품이었다. 극작가 보마르셰Beaumarchais가 마렝Marin[*]을 비꼬아 쓴 『그 뭐지, 마렝?Quèsaco, Marin?(케자코, 마렝?)』이라는 책이 최근에 나왔

---

[*] Louis Marin (1721~1809) - 파리 고등법원의 변호사이자, 국왕 직속 언론·출판 검열관이었다. 볼테르의 책이 스위스와 네덜란드로부터 프랑스로 수입되는 과정에서 검열을 통과할 수 있도록 도와주기도 했다. 1773년, 당시 검열관이었던 마렝은 고문관이었던 괴즈만에 대한 고발 사건을 중심으로 보마르셰와 대립하게 된다. 이에 화가 난 보마르셰는 마렝 특유의 우스꽝스러운 말투를 이용하여 복수한다. 마렝은 말하는 도중에 프로방스 방언을 아무 때나 끼워 넣는 습관이 있었는데, 보마르셰는 마렝을 겨냥하여 쓴 비방문의 마지막 부분을 '그 뭐지, 마렝?Quèsaco, Marin'으로 장식한다. 이는 '그것은 무엇입니까?Qu'est-ce que c'est?'와 의미는 같으면서, 그보다 더 익살스러운 어감을 주는 프로방스 방언이다. 왕실과 귀족들이 보마르셰의 편을 들어주자, 마렝은 궁궐 안팎에서 놀림거리가 되었고 '그 뭐지, 마렝?'이 풍자 노래가 되어 유행하자, 그는 끝내 파리를 떠날 수밖에 없었다.

는데, 베르텡은 깃털 장식의 이름을 이 책의 제목에서 따왔다. 문제가 된 풍자문은 냉소적인 파리 시민들 사이에서 큰 인기를 얻었다. 어느 날 마렝은 팔레루와얄을 산책하다가 줄행랑을 쳐야 하는 아주 딱한 경우를 당했는데, 사람들이 그를 향해 '케자코, 마렝?'을 귀가 따갑도록 외친 것이다. 표현 속에 숨겨진 의미를 이해한 마리 앙투아네트는 프로방스의 지방색이 물씬 풍겨나는 이 문장을 반복하며 즐거워했다.

베르텡은 틀어 올린 뒷머리에 꽂는 세 가지 깃털을 만들어 도약의 새로운 발판으로 삼았다. 거대한 장식 핀을 이용하여 머리카락을 이마 위로 들어 올렸다. 앞머리는 굽슬굽슬하게 말고, 뒷머리에는 큼지막한 고리를 만들어 여러 가닥을 만든 그 뭐지?에 '고슴도치'라는 별명도 따라다녔다. 의상의 문제라면 일시적인 현상이었겠지만, 머리 모양만큼은 중요한 문제가 되었다. 곧이어 감성에 맞는 푸프pouf aux sentiments가 등장했다. 그 뭐지?보다는 나중에 선보였지만, 베르텡이 탁월한 재능과 기교를 발휘하여 변화를 추구했다는 점 그리고 장식 소품으로 다채로운 재료가 사용되었다는 점에서 볼 때, 그 뭐지?보다 훨씬 더 뛰어난 작품이다. 이 머리 장식이 '푸프'라 불리는 이유는 사용된 소품들을 마구 뒤섞어 놓았기 때문이며, '감성에 맞는' 이유는 사람들이 가장 좋아하는 것을 반영했기 때문이다. 당시 모든 여성들이 푸프에 열광하며 간절히 하고 싶어 했다. 이 푸프는 과일, 꽃, 채소류와 밀짚으로 만든 새, 인형 등, 매우 다양한 천연 재료들을 한데 모아 놓았기에, 여성들은 푸프를 통해 자신의 취향과 감성을 표현할 수 있었다.

왕비의 전속 미용사는 그 이름도 유명한 레오나르Léonard였다. 그는 머리카락 사이로 거즈 퍼프를 끼워 넣는 기술이 아주 뛰어났다. 어느 날에는 한번에 14온aune*이나 되는 길이의 천을 사용하여 거의 곡예에 가까운 힘겨운 작업을 해낸 적이 있었다. 귀족 부인들은 서로 앞다투어 괴상 망측한 모양의 머리 손질을 받았다. 로젱Lauzun 공작부인은 온갖 풍경을 얹은 푸프를 하고 데팡Deffant 후작부인을 방문했다. 바다에는 물결이 일고 바닷가에는 오리들이 헤엄을 치고 있으며, 매복한 사냥꾼이 사냥감을 노려보고 있고, 머리 꼭대기에는 사제에게서 유혹을 받고 있는 여주인이 있는 물레방앗간도 보였다. 귀밑에는 아내가 몰래 바람을 피우는 것을 모르는 가련한 방앗간 주인이 고집이 센 당나귀의 고삐를 잡아당기고 있었다.

파르종은 귀족 부인들에게 가져다줄 향수를 작은 사기병에 따르고 있었다. 꽃과 로기유 양식**이 규칙적으로 얽힌 장식이 달린 이 예술품들은 신화, 낭만적인 사랑, 전원을 주제로 한 미니어처로 장식되어 있었다. 큐피드Cupid, 바쿠스Bacchus, 베르툼투스Vertumtus, 포모나Pomona 게다가 양치기 소녀 질Gilles을 유혹하는 양치기 소년 아를르켕Arlequin 그리고 주변에서 흔히 볼 수 있는 동물들과 이국적인 새들에다 금색 글씨로 쓰인 사랑에 관한 문구들도 곁들여 있었다. "나는 한 남자만 사랑한다.", "사랑

---

* 프랑스에서 길이를 측정하는 옛 단위다. 프랑수아 1세 때 도입되어 1837년에 폐지되었다. 미터법으로 환산하면 약 1미터 18센티미터에 해당하며, 지역에 따라 약간씩 그 길이가 다르다.

** '로코코Rococo 양식'으로도 불린다. 로카유 양식은 조개 무늬 장식을 뜻하는 '로카유Rocaille'에서 유래했다. 루이 15세 시대에 유행했으며, 구불구불한 곡선 장식이 두드러지면서 화려하고 섬세한 것이 특징이다.

은 빛이 바래므로 덧없지만, 우정은 영원하다.", "나는 자유로워야 비로소 한 남자만 사랑할 수 있다." 가면을 쓴 사랑은 '나는 용기 있는 사람을 선택한다.'는 슬로건 위의 징집 하사관 모양 요란한 소리를 내고 있었다. 파르종은 어떤 병에 금색 글씨로 '나는 사랑을 찬미한다.'고 쓰인 알쏭달쏭한 표현의 속뜻을 짐작하면서 혼자 즐거워했다.

꾀가 많은 어느 귀족 부인이 '그의 신세가 부럽다.'는 문장이 쓰인 가터벨트 속으로 숨어 버린 벼룩 한 마리를 찾고 있었다. 여자를 밝히는 어느 수도사가 그녀를 보고는 자신의 수도원으로 데려가기 위해 몰래 밀단에 넣어 등에 지고 가고 있었는데, 갑자기 여자의 벗은 아랫도리가 밀단에서 불쑥 튀어나왔다고 한다. 루이 15세의 애첩 퐁파두르Pompadour 부인은 보석 세공술의 전통을 부활시켰다. 화장품을 담는 작은 사기병과 함은 카메오로 장식되었고, 함의 겉표면에는 상어 가죽을 입혔다. 1750년부터는 영국에서 개발된 납 크리스털 유리 덕분에 테두리에 금과 은을 두른 병을 다량으로 제작할 수 있게 되었다. 귀족들은 가장 인기 있는 최고급 향수만 뿌리고 다녔다. 덕분에 그런 향수들이 이곳저곳에서 판매되었고, 후작부인은 온몸으로 호박 냄새를 몰고 다니며, 젊은 귀족은 사이프러스 냄새가 나고, 어느 재판관은 '담비'라는 별명까지 얻을 만큼 진한 머스크 향을 풍기며 다녔다. 당시 모럴리스트moraliste*들은 이처럼 향을 남용하는 세태를 공공연하게 비난했지만, 향수와 화장품, 크림과 분으로

---

* 16~18세기에 프랑스에서 인간성에 대한 성찰을 주제로 하여 에세이나 격언집 혹은 우화 등을 쓴 일련의 프랑스 작가들을 가리킨다. 모럴리스트들은 현실적으로 존재할 수 있는 인간상을 즐겨 그렸고, 인간과 인간의 심리를 쓰는 가운데 개인이 잘 사는 길을 모색했다. 몽테뉴와 파스칼 등이 대표적인 모럴리스트들이다.

겉치장에 열을 올리던 귀족들은 그런 비난조차 별로 개의치 않았다.

루주를 미친 듯이 짙게 바르세요!

모두들 왕비의 스타일을 따라 했으며, 이는 즉시 유행으로 번져갔다. 옷차림뿐만 아니라 심지어 그녀의 몸짓과 말투마저 모방의 대상이 되었다. 왕비는 오늘날로 말하자면, 대중의 호기심과 감탄을 한몸에 받는 스타와 다름없었다. 또한 마드리드에서부터 상트페테르부르크에 이르는 유럽의 모든 주요 도시의 귀족들로부터 감탄과 부러움을 샀다. 마리 앙투아네트를 볼 기회를 미처 갖지 못한 사람들은 《주르날 데 담므Journal des dames》에 실린 기사를 통해 왕비의 스타일을 알 수 있었다.

그러나 딸의 초상화를 본 마리아 테레지아 황제는 유행의 아이콘이 된 딸에 대해 몹시 화를 냈다. "아니, 무언가 잘못된 게야. 이건 배우를 그린 것이지 프랑스의 왕비가 아니라고!"[35] 오빠 요제프 2세는 동생이 새로운 유행이나 몰고 다닌다며 비난했으며, 또한 '루주를 바른 동생의 모습에 눈이 도저히 적응을 못할 지경'이라며 통탄했다.

어느 날, 평소보다 루주를 더 짙게 바르고 음악회에 참석한 왕비의 모습을 본 요제프 2세는 루주를 대단히 짙게 바르고 온 다른 귀족 부인을 가리키면서 이렇게 말했다. "눈가에도 (루주를) 좀 바르지 그러세요. 저기 계시는 부인처럼 미친 듯이 짙게 말이에요." 이에 왕비는 그런 짓궂은 농

담은 삼가야 하며, 더욱이 그런 농담은 부디 자신에게만 해달라고 오빠에게 간청했다.[36]

왕비는 장미, 황수선화, 라일락, 제비꽃, 백합과 같은 꽃을 매우 좋아했다. 파르종은 그러한 왕비의 취향을 염두에 두고서 향수와 분 그리고 포마드를 만들었다. 그러나 그녀의 관심과 취향은 하루가 멀다 하고 수시로 바뀌었다. 1775년 어느 여름날, 왕비가 입은 드레스의 색상이 벼룩의 색과 같다며, 왕이 감탄사를 연발했다고 한다. 그러자 곧바로 파리와 지방 곳곳에서 왕비가 입었던 드레스의 색을 모방했는데, 염색 장인들은 늙은 벼룩의 색, 어린 벼룩의 색, 벼룩의 배와 등 그리고 다리의 색과 같이 다양한 색조로 벼룩의 색을 만들기도 했다. 심지어 궁궐을 처음 방문한 사람은 누구든 다음과 같은 말을 듣기도 했다. "예복과 상의를 벼룩의 색으로 입고 자신 있게 궐내를 활보하세요."[37] 파르종의 상점에 온 귀족들은 재상 모르파Maurepas의 재기 넘치는 발언을 흉내 내곤 했다.

어느 날, 왕비가 온통 초록색 차림으로 당시 재상이었던 모르파 백작을 접견하고 있었다. 사실 그는 왕비가 나랏일보다는 옷차림에 신경쓰기를 바라고 있었다. 왕비가 재상에게 말했다.

* Jean Frédéric Phélipeaux, Comte de Maurepas (1701~1781) - 프랑스의 정치가다.

"보세요, 제가 얼마나 단순하게 살고자 애쓰는지 말이에요. 온통 단색으로 입었잖아요. 하물며 새틴 슬리퍼까지 완전히 초록색이지요." 그러자 모르파가 허리를 굽히며 이렇게 대답했다. "온 우주*가 마마의 발밑에 있다는 사실이 별로 놀랍지 않습니다."[38]

한번은 왕비의 머리 색에 가까운 잿빛이 감도는 금색 옷감이 왕의 눈에 띈 적이 있었다. 즉시 왕비의 머리 타래를 잘라 내어 고블렝과 리옹Lyon으로 보낸 다음, 왕비의 머리 색과 똑같은 색상으로 염색하라는 명이 내려졌다. 그리하여 오로지 왕비의 머리 색으로 염색된 비단, 벨벳, 모직물, 덮개만이 제값에 거래될 수 있었다.

낭비와 막대한 지출을 일삼는 왕비의 경솔한 행동에 대한 비난은 눈덩이처럼 불어났는데, 이미 흔들리기 시작한 왕좌는 장차 가시방석이 된다. 모두들 '유행이나 일으키고, 마치 애첩 모양 돈을 흥청망청 써대는 그러한 행동은 결코 왕비답지 않다.'며 수군덕거렸다. 1776년, 왕은 487,000리브르에 상당하는 왕비의 빚을 갚기 위해 왕실 재산을 군말 없이 내주었다. 프랑스의 모든 여자들이 왕비를 따라 하다가 전 재산을 탕진할 것이라는 소문도 돌았다. 이 사실에 대해 아데마르Adhémar 백작부인은 왕비의 입장을 변호하기 위해 입을 열었다. 그러나 그녀의 변론은

루이 15세 때인 1749년부터 1774년까지 장기간 해군성 대신이었으나, 루이 15세의 애첩이었던 퐁파두르 부인과의 불화로 궁정에서 추방되었다. 루이 16세의 즉위와 함께 1774년에 재상에 임명되었으나, 튀르고의 개혁에 반대하여 1776년에 재상의 자리에서 물러난다.

* '온통 초록색으로만'에 해당하는 'uni vert[위니베르]'와 발음이 매우 유사하면서도 그와 뜻이 전혀 다른 어휘인 'univers(우주)'로 재치 있게 바꾸어 말한 것이다.

– 본인은 왕비에게 도움이 되었다고 철썩 같이 믿고 있지만 – 도리어 왕비에게 부담만 주는 꼴이 되었다. "왕비가 치장에 보인 열렬한 관심은 측근들 가운데 뒤에서 흠집을 잡고 싶어 하는 이들을 멀리하기 위해 사용한 아주 노련한 전략이었다. 겉으로만 보면 왕비가 오로지 푸프에 달릴 깃털의 숫자와 색깔 또는 크기에나 관심을 두는 것 같다. 이는 즉시 모든 왕실 미용사들의 기준이 되어 버렸으며, 왕비의 머리에 달린 것이라면 깃털이든 무엇이든 간에 엄청난 유행이 일었다. 모자와 보닛에도 매우 기발하고 독특한 장식들이 달렸는데, 그 바람에 마차의 지붕은 최대한 높이고 좌석은 최대한 낮춰야 했다. 그렇지 않으면 마차에 오른 후에 무릎을 꿇어야 했다. 여기에 페티코트까지 입은 경우에는 아예 마차에 오를 수도 없었다."39) 깃털에 대한 반감을 담은 풍자적인 그림과 글이 등장한 것을 보면, 왕비의 남다른 패션을 비난한 이들이 단지 왕의 고모들만은 아니었던 것으로 보인다.

파르종은 요란하지 않고 자연스럽게 마리 앙투아네트의 아름다움을 가꿔 주고 싶었다. 뒤바리 백작부인의 마음을 얻었던 것처럼, 이번에는 왕비를 매혹적인 여인으로 만들어 주고 싶었다. 그러기 위해선 왕비의 마음이 돌아서기 전에 하루라도 빨리 실력을 드러내어야 했다. 그러나 뒤바리 부인이 보여준 잠깐의 호의를 왕비가 의혹의 눈으로 바라볼까봐 마음을 졸였다. 왕비가 뒤바리 부인을 가리켜 '매춘부'라 부르곤 했기 때문이다. 그러나 빅투아르는 그런 부분은 조금도 염려하지 않아도 된다며 남편을 안심시켰다.

- 뒤바리 부인이 당신의 실력을 인정했을 무렵은 당신이 궁궐에서 알려지기 전이잖아요. 뒤바리 부인이 납품업자들에 대해 얼마나 까다로운지는 알 만한 사람들은 다 아는 사실이고요. 그런 그녀가 당신의 손을 잡아 주었다는 건 바람직한 일이지, 결코 불리하지는 않아 보여요. 아무튼 게메네 공주와 거래할 수 있는 좋은 기회를 얻었으니, 그녀를 발판으로 삼는다면 당신은 궁궐에서 신임을 얻게 될 거예요.
- 게메네 부인에게 그런 호의를 부탁할 순 없어. 사람을 놀리는 것이 그녀의 취미라는 것은 당신도 잘 알잖아. 만일 게메네 부인한테서 거절당한다면 너무나 창피할 것 같아.
- 당신이 남다른 사람이라는 사실을 그녀에게 보여 줘요.

게메네 부인은 숙모인 마르상 부인의 뒤를 이어서 왕자와 공주들의 보모를 맡게 되었다. 왕비와 각별한 사이가 된 그녀는 파리와 몽뢰이 Montreuil에 있는 본인 소유의 영지에서 매우 성대한 파티를 열곤 했다. 왕은 매일 밤 정각 11시만 되면 잠자리에 들었지만, 왕비는 랑발 부인의 집에 가는 경우를 제외하고는 게메네 부인의 집으로 가서 저녁 시간을 함께 보내곤 했다. 실은 그곳에서 폴리냑 백작부인을 만날 수 있으리라는 기대 때문이었다.

욜랑 드 폴리냑 Yoland de Polignac은 처음부터 왕비의 마음에 쏙 들었다.

제멋대로라는 인상을 주었을 법한 폴리냑 부인의 매력적인 걸음걸이와 무심한 듯 느긋한 자태가 유독 왕비의 눈길을 끌었던 걸까?[40] 왕비는 냉소적으로 쏘아 대는 그녀의 말투를 몹시 좋아했다. 그래서 불현듯 마음이 내키거나 랑발 부인의 집에 가지 않는 날이면, 폴리냑 부인의 집에서 저녁 식사를 함께 하고, 랑스크네lansquenet*를 즐기고, 노래를 부르거나 신나게 웃고 떠들기도 하고, 클라브생도 연주했는데, 특히 담소를 나누곤 했다.

그러다 거액의 판돈이 걸린 도박까지 했다. 프랑스를 잠시 들렀을 때 이 모습을 본 요제프 2세의 표현을 빌리자면, "실제 도박장 같았다." 밤샘 파티가 열리던 어느 날, 왕비는 새벽 네 시까지 파라오 카드놀이를 즐겼는데, 다음날에도 새벽 세 시까지 이어졌다. 그럼에도 루이 16세는 왕비가 그리하도록 내버려 두었다. "저녁 내내 방 밖으로 나가는 일이 없으며 도박 같은 것은 즐기지 않는 왕이었지만, 그럼에도 왕비를 즐겁게 하는 것이라면 무엇이든 허락할 만큼 아내를 극진히 배려하는 마음 때문에, 이런 경우에도 그는 왕비에게 아무런 말도 하지 않았다."[41]

어느 날, 주문품을 전달하러 게메네 공주의 집으로 간 파르종이 공주를 만나서도 입 뻥긋도 하지 않자, 공주는 몹시 놀라워하며 물었다.

○─ 저런, 파르종 씨! 무슨 일이라도 있나요? 요즘 인기 있는 가수들 모양 당신도 목소리가 사라져서 힘든가요?

---

* 독일식 카드놀이다.

그는 왕비를 고객으로 모시고 싶은 마음을 솔직히 털어놓았다.

◦— 그게 다예요? 당신이 만든 제품들을 내가 먼저 사용해 본 다음에 왕비 마마께 당신을 추천할게요. 마마께서는 내 판단을 믿어 주시는 착한 분이니까요.

집으로 돌아온 그는 아내에게 이 엄청난 희소식을 전했다.

◦— 그분이 먼저 당신에게 손을 내밀게 될 거라 내가 말했잖아요. 궁궐에서 일어나는 큰일은 로앙Rohan 가문 출신인 그녀가 쥐락펴락한다는군요. 왕비가 그녀를 전적으로 신뢰하니까요.

어떤 제품으로 게메네 공주와 왕비를 깜짝 놀라게 할까 고민한 끝에 파르종은 마침내 장갑으로 결정했다. 상류층 사람들과 다름없이 파르종 역시 장갑이 어떤 물건인지를 잘 알고 있었다. 장갑이란 얼핏 생각하면 잊히기 쉬운 물건인 것 같지만, 고객들의 기억에 남기 위해서는 반드시 장인의 고유한 마크와 향수 또는 인장을 남겨야 한다. 악수를 위해 손을 내밀어야 하거나 잡았던 손을 슬쩍 빼내고 싶을 때, 장갑이 손을 대신하기도 했다.

왕비는 밝은 색의 장갑을 좋아했다. 그녀의 화장이나 옷차림과 어울리는 색이기 때문이다. 한 달에 최소 열여덟 켤레 이상의 장갑을 프레보

Prévost에게 주문했는데, 하나같이 흰색이거나 연한 회색뿐이었다. 그러나 조향장갑만큼은 몽펠리에의 특산품이다. 파르종은 다른 경쟁자들처럼 장갑에 향을 먹이는 수준에 만족하지 않았다.

그는 장갑을 만드는 비법을 알고 있었다. 즉, 가죽을 선택하고 처리하는 법 그리고 가죽을 다양한 색조로 염색하는 최고의 방법을 알고 있었다.[42] 이렇듯 파르종은 이 분야에서 가장 뛰어난 기술을 보유하고 있었기에, 왕비의 사냥용 장갑으로 결정할 수 있었다.

왕비가 사냥을 즐긴 것은 단지 승마복을 입는 것이 좋아서였고, 애마에는 헝가리 기사들의 근사한 마구를 달았다. 마리아 테레지아 황제는 딸에게 보낸 편지에서 '말을 타면 피부를 망칩니다.'라고 쓰기도 했다. 실은 왕비가 승마를 즐기다가 자칫 국왕의 대를 이을 왕세자를 낳지 못할까 염려하기 때문이었다.

그러나 어머니의 편지는 역효과를 가져왔다. 소식을 접한 왕비는 짜증을 냈다. 그녀의 가슴속 깊이 자리한 진정한 장애물은 몸에 해로울 수 있는 승마가 아니라, 아내에게 무관심한 남편의 태도였기 때문이다. 왕비와 '행복한 이벤트'를 갖기 위해 왕은 아무런 노력도 기울이지 않았다.

파르종은 왕비의 승마복과 잘 어울릴 만한 새끼 염소의 가죽과 셈 가죽*을 활용했다. 당시 상류층에서는 흰색 장갑이 얼마나 인기가 많았던지 다른 색상의 장갑들은 외면 당할 정도였다. 그러나 왕비는 유행을 따르지 않고 자기만의 스타일을 만들었다.

파르종은 장갑에 제비꽃과 히아신스, 진홍색의 카네이션 그리고 '왕

---

* 무두질한 염소와 양의 안쪽 가죽을 가리킨다.

비의 황수선화'로 알려진 머스크 향이 나는 수선화처럼 단순한 꽃향기를 먹이기로 했다. 이러한 종류의 꽃들은 건기 동안 일출 한 시간 후 또는 일몰 한 시간 전에 따 주어야 한다. 꽃잎이 뭉개지지 말아야 하며, 제비꽃은 시들지 않은 것을 이용해야 하고, 투베로즈의 줄기는 중간 높이에서 잘라야 한다. 그렇게 해야만, 자연의 순수한 향을 그대로 간직할 수 있다.

  이어서 갓 딴 싱싱한 꽃잎으로 두 겹짜리 층을 만든다. 층과 층 사이에 나무틀을 끼워 넣은 후, 그 위에 장갑을 늘어놓는다. 이는 장갑에 꽃향기가 완전히 스며들게 하려는 것이다. 이어서 장갑에 조제물을 바르는데, 이렇게 하면 손의 부드러움과 윤기를 간직해 주며, 손이 말고삐에 닿았을 때 쓸리지 않도록 보호해 주는 효과가 있기 때문이다. 천연 백랍, 순한 아몬드 유, 장미수를 혼합한 조제물을 장갑의 겉면에 바른다. 그런 다음, 장미 꽃잎과 생 육두구를 낄아서 만든 층 위에 장갑을 죽 늘어놓는다. 이는 장갑에 향기가 스며들게 하는 마지막 작업이다. 이와 같이 처리된 장갑은 마치 밤새 끼고 자면 손이 예뻐지는 미용 장갑처럼 편안한 느낌을 준다.

베르사유의 꽃으로 살다.

왕비의 장갑을 납품한 날로부터 며칠이 지난 어느 날, 왕비 처소의 치장시녀*는 며칠 전에 납품한 것과 똑같은 장갑 여러 켤레와 파스텔 색상의 장갑을 추가로 주문했다. 이 희소식을 전해 준 게메네 부인은 파르종에게 왕비가 지나는 길목을 지키고 있으라고 조언해 주었다. 미사에 참석하러 가는 왕비에게 감사의 인사를 하라는 뜻이었다. 게메네 부인은 왕비가 언제 미사에 갈 예정인지 미리 알려 주겠노라고 약속했다.

○— 왕비 마마께서 틀림없이 파르종 씨에게 친절하게 대해 주실 거예요. 마마께서는 당신의 장갑이 아주 훌륭하다고 칭찬하시면서, 사냥을 나가실 때마다 항상 그것만 끼시더군요.

다음 주 일요일, 파르종은 설레는 마음을 안고 베르사유로 향했다. 의례는 늘 그랬듯이 똑같았다. 왕비 처소의 시녀들 몇 명이 침실 입구에 모이는가 싶더니, 어느새 무리를 이루었다. 그렇게 비칠 수도 있었던 것이 인원수가 제법 많기도 했지만, 다들 로브 아 파니에robe à panier**를 입고 있었기 때문이다. 이윽고 랑발 공주가 왕비가 치장 중인 방으로 들어왔

---

* 치장시녀dame d'atours는 왕실 여성들의 옷과 액세서리를 담당하던 시녀다. 당시의 시녀들은 모두 왕실과 가까운 귀족 가문의 부인이나 미혼 여성들 가운데 추천에 의해 임명되었다.
** 고래 등뼈로 만든 틀 위로 입는 페티코트처럼 부풀려진 드레스를 가리킨다. '파니에panier'는 원래 바구니를 뜻하지만, 스커트의 폭을 최대한 넓히기 위해 허리에 넣는 틀이나 페티코트를 가리킨다.

다. 잠시 후, 문지기가 큰소리로 '알현이오!'라고 외쳤다. 그러자 왕비에게 문안 차 온 다른 부인들이 시녀 네 명과 함께 들어왔다. 왕비가 미사에 가는 길에 지나치게 될 오락실salon de Jeu에는 이미 왕비와 독대한 적이 있거나 혹은 일부 특혜받은 사람들 – 이들은 외국인을 데려와 소개하는 것을 허락받았다. – 의 출입은 허용되었다. 접견은 오후 12시 40분까지 계속되었다. 그때 문이 열리면서 문지기가 알렸다. "전하께서 오십니다!" 왕비는 일어나 왕을 맞이했다.

이윽고 미사에 가기 위한 행렬이 만들어졌다. 왕비 처소의 시종장과 친위대장을 비롯한 여러 친위병들이 왕의 친위대장과 함께 앞장서 걸었다. 그 뒤로 왕과 왕비가 길고 넓은 복도에 마치 울타리처럼 길게 늘어서 있는 귀족들과 한마디씩 나누면서 천천히 걸어갔다.

파르종은 다가오는 왕비의 모습을 먼발치에서 바라보았다. 미래의 고객에서 아주 사소한 부분이라도 놓치지 않겠다는 생각에 사로잡힌 나머지, 왕을 바라볼 여력이 없었다. 왕비의 걸음걸이와 자태에는 더할 나위 없는 고상함과 매력이 공존했다. 그녀는 눈부시게 아름다운 얼굴과 고고한 자태를 뽐내고 있었다. 왕과 왕비는 친분이 있는 사람들과 인사를 나누며 다가오고 있었다. 파르종은 왕비가 소개 받은 이들에게 건네는 친절한 인사말을 들었다. 감정에 복받친 그의 앞으로 마침내 왕비가 다가섰다. 왕비는 마치 방금 인사를 나눈 사이인 양 그를 바라보며 미소를 띠었다. 그리고는 그의 앞을 지나쳐 갔다. 왕비는 파르종에 대한 호감을 이미 표현한 것과 다름없었다. 파르종은 게메네 부인에게 고맙다는 인사를 하러 갔다. 그녀는 파르종을 축하해 주었다.

○─ 왕비 마마께서 당신을 좋게 보셨어요. 그분은 첫인상으로 모든 것을 결정하시죠. 첫인상이 안 좋았던 사람은 두 번 다시 만나지 않으세요. 마마께서는 당신이 장갑뿐만 아니라 향기로운 목욕 제품도 가져오길 바라시더군요.

파르종은 베르사유에 올 때 몇 가지 입욕제를 가져왔는데, 주머니마다 각 제품의 성분과 용법 등을 미리 적어 두었다.

○─ 껍질을 벗겨 달콤한 향이 나는 아몬드 4온스,[43] 목향 1파운드, 잣 1파운드, 아마씨 4줌, 접시꽃 뿌리 1온스, 백합의 알뿌리 1온스를 넣었습니다. 물레방앗간에서 떠온 물을 목욕에 적합한 온도로 따뜻하게 데워 드리세요. 목욕하기에 알맞게 물이 데워지면 욕조에 부으시면 됩니다. 마마께서 입욕제가 든 큼지막한 향주머니 위에 앉으시면, 겨를 넣어 만든 주머니 두 개를 이용하여 마마의 몸을 닦아 드리면 됩니다. 마마께서 호박, 소합향, 안식향을 별로 안 좋아하신다니 유감스럽군요. 이런 성분들은 본래 피부를 희고 깨끗하게 만들어 주며, 나쁜 냄새를 없애주는데 효과적이랍니다.

○─ 만일 왕비 마마께서 제품의 이름을 물어보시면 뭐라고 답해야 하죠?

○─ **검소한 목욕**bain de modestie이라 말씀 드려 주십시오.

파르종은 왕비가 좋아할 만한 이름이라 확신하고 있었다. 그녀 자신은 허례허식을 싫어한다고 끊임없이 주장한다는 말을 들은 적이 있기 때문이다. 왕비의 목욕과 목욕 후 건조를 담당하는 시녀들은 파르종에게 호의적인 태도를 보였다. 왕비가 그를 좋게 본다는 소문이 돌고 있었기 때문이다.

    욕실은 2층에서 왕비의 침실 뒤쪽에 있는 오침방Salon de la Méridienne*과 가까운 곳에 있었다. 타일이 깔린 바닥은 배수를 위해 약간 비스듬했다. 욕실로 연결된 관을 통해 냉수와 온수를 욕조로 공급했다. 파르종은 욕실의 검소함에 놀랐다. 루이 15세의 욕실 – 이후 루이 16세의 개인 재산을 보관하는 금고로 사용되고 있었다. – 을 꾸민 루소Rousseau 형제**의 장식물을 제외하면 조금도 호화스럽지 않았다.

    목욕 시녀장은 왕비의 어머니인 마리아 테레지아 황제가 딸에게 일찌감치 목욕 습관을 들였다고 설명했다. 위생***을 매우 중요시하는 오스트리아의 상류층 사회에서는 목욕할 때 밀기울 수에 적신 리넨으로 몸을 마찰한다는 것이다. 이러한 목욕법이 공주를 스파르타 식으로 교육하는 데는 효과적이었을지는 몰라도 왕비에게는 적합치 않았다. 처소에 작지만 최신식으로 위생적인 수도 시설을 갖추고, 마호가니 나무로 영국식

---

*   마리 앙투아네트의 내밀한 사생활이 이루어진 공간이며, 베르사유 궁내에서 가장 매력적인 방이기도 하다.

**   당시의 대표적인 왕실 전속 실내장식가 형제다. 베르사유의 실내에 설치된 장식품들 가운데 다수가 이들의 조각칼에서 탄생했다.

***   18세기 후반부터 유럽에서는 세균이 전염병을 퍼뜨리는 위험한 존재라는 새로운 인식이 생겨나기 시작했다. 그때까지는 물로 손과 얼굴만 닦았고, 몸에서 나는 냄새는 호박과 머스크를 혼합한 사이프러스 분과 독하고 진한 향수로 감추었다. 당시 프랑스 의사들은 상류층의 위생 수준이 매우 낮은 것을 유감스러워했다.

화장실을 만들 정도로 취향이 매우 세련된 왕비답게 향기로운 목욕을 즐길 줄 알았다. 캉팡 부인의 말에 따르면, 험담을 즐기는 누군가는 이것을 소재로 삼아, '왕비는 욕조에 앉은 채 점잖고 연로한 성직자들을 접견했다.'라고 쓰기도 했다. 왕비는 소매가 길고 헐렁한 플란넬 속옷을 입고 단추는 거의 턱밑까지 잠근 채 목욕했다. 목욕이 끝나면 침전시녀장이 수건을 매우 높이 드리운 다음, 어깨에서부터 그녀의 몸을 감싼다. 이어서 왕비를 둘러싼 목욕시녀들이 수건으로 몸을 닦아 준다. 그런 다음, 옷 전체에 레이스가 달리고 앞이 트인 긴 속옷을 입은 다음, 레이스로 짠 욕실용 슬리퍼를 신는다. 의상시녀femme de garde-robe가 침대를 덥히고* 나면, 왕비는 잠옷 차림으로 침대에 든다. 목욕시녀들과 시동들이 목욕에 사용된 모든 물품을 치우는 동안, 왕비는 책이나 수를 놓던 벽걸이 자수를 집어 든다. 이른바 '목욕의 날'에는 욕조에 쟁반을 걸쳐 놓은 채 목욕을 즐기면서 점심을 먹기도 했다.

자연미에 대한 확고한 신념을 가진 파르종은 목욕이야말로 여성이 아름다움을 유지하는 데에 크게 기여한다고 믿었다. 목욕은 피부를 북돋워 주어 건강에도 좋기 때문이다.

사람들마다 자신에게 맞는 규칙을 정하여 목욕하고 있었다. 어떤 이는 1주일에 한번 목욕을 하고, 다른 이는 2주마다 한번씩, 또 다른 이들은

---

* 잠자리를 예열하기 위해 마치 다리미처럼 생긴 작은 '온열기bassinoire'를 사용했는데, 긴 손잡이가 달려 있고 뚜껑에는 구멍이 여러 개 나 있는 철제 기구다. 그 안에 숯불을 넣어 뚜껑을 닫은 후 이불과 침대보 사이에 넣고 다림질하듯 움직여 침대를 골고루 데웠다.

한 달에 한번 그리고 드물긴 하지만, 1년에 한번 하되 목욕하기에 가장 좋은 시기를 잡아 1주일에서 열흘 동안 매일 목욕하는 경우도 있었다. 집이나 공중목욕탕에서 목욕했는데, 공중목욕탕은 다양한 편의 시설과 목욕 도구를 갖추어 놓고 있어서, 번거롭지 않고 또한 다칠 위험 없이 제 모할 수 있었다. 그럼에도 대부분의 사람들은 이른바 '가정식 목욕'을 선호했다.

목욕에는 세 가지 방식이 있었다. 첫 번째는 턱밑까지 몸 전체를 물에 담그고 목욕했다. 두 번째는 반신욕인데, 배꼽의 약간 위까지 물에 담그고 앉아 있었다. 세 번째는 족욕으로, 종아리까지 물에 담그는 목욕을 했다.[44)]

파르종은 왕비의 치장이 진행되는 과정과 방법을 단시간 내에 익혔다. 치장의 초기 단계는 비공개로 진행되며, 정오에는 이른바 '공개 치장 toilette de représentation'이 진행된다. 트왈레트toilette는 본래 '화장대'를 의미했다.* 왕비는 침실 한가운데에 놓이는 이 화장대를 저녁에 내의로 갈아 입을 때에도 사용했다. 치장이 시작할 때 침전시녀장이 홀로 왕비를 거들고 있었다면, 그녀가 왕비에게 내의를 입혀준다. 그리고 명예시녀** 들

---

* 트왈레트는 처음에는 작은 천 조각에 염색을 하거나 향을 먹여 화장대나 가구 위에 치는 덮개 천을 가리켰지만, 그 위에 화장 도구를 올려놓고 사용함으로써, 점차 화장대와 화장 도구로까지 그 의미가 확장되었다.

** 명예시녀dame d'honneur는 왕비의 옷차림이 궁중 법도에 맞는지 그리고 드레스와 의상은 행사의 성격에 맞게 구비되었는지를 관리·감독하는 시녀. 명예시녀는 왕비의 이름으로 초대장과 편지를 쓰고, 왕비 처소의 회계장부를 관리하고, 시녀들의 수당을 지급했다. 또한 무도회, 축하연, 야회, 연극 공연, 여행, 장신구, 보석, 가구 등의 관리도 맡았다.

이 대기하고 있다가, 치장에 필요한 다른 물품이 도착하는 즉시 왕비에게 가져다준다. 24시간 동안 시중을 든 부인들은 정오가 되면 예복을 입은 부인 두 명과 교대를 한다. 중요한 손님들은 치장 시간 동안 왕비를 알현할 수 있었다. 대시녀*와 명예시녀들 그리고 치장시녀들과 함께 왕자와 공주들의 보모**도 보조 의자가 놓인 왕비의 주변에 둘러앉는다. 수행시녀*** 들은 왕비가 미사를 위해 방에서 나가는 시간이 되면 일을 시작했다. 커다란 대기실에서 기다리고 있다가 치장이 끝난 후에야 비로소 들어갈 수 있었다.

공주나 친위대장과 같은 왕실 귀족들이 줄줄이 방으로 들어가서는 왕비의 치장 시간 내내 아첨을 떨었다. 왕비는 고갯짓을 해 주거나 몸을 굽혀 그들과 인사를 나누었다. 또한 화장대에 기대는 동작으로 자리에서 일어나도 된다는 의사도 표현했다. 그러나 이는 오로지 왕자들에 한해서만 그들을 예우하기 위한 몸짓이었다. 왕의 형제들은 관례에 따라 왕비가 머리를 손질하는 동안 곁에 와서 아첨을 떨었다.

마리 앙투아네트가 왕비가 된 처음 몇 해 동안에는 궁궐 예법에 따라

---

* 대시녀surintendante는 왕비 처소에 소속된 모든 시녀들의 역할, 지위, 고용 여부를 결정했고, 다툼과 소송이 일어나는 경우 사건을 최종적으로 판결했으며, 휘하의 시녀에 대한 정직 처분이나 벌금형을 내릴 수도 있었다. 대시녀는 심지어 다른 처소의 시녀도 해고할 수 있었다.

** 보모gouvernante는 왕실에 왕세자나 왕자 혹은 공주가 태어날 때마다 임명된다. 이들은 왕실의 자녀에게 젖을 먹여 키우고 훈육하는 임무를 맡았다. 왕자와 공주의 나이가 7세경이 되면, 학식이 뛰어난 사람을 개인교수로 삼았다. 하지만 한번 보모로 임명된 시녀는 왕자와 공주가 왕위에 오르거나 성인이 된 이후에도 조언을 하는 비서와 같은 역할을 맡았다.

*** 수행시녀dames du palais는 왕비의 재산을 관리하고, 평민 출신의 시녀들을 관리하며, 그들에게 연금과 수당을 지불하는 임무를 맡았다. 왕비의 패물을 맡아 관리하는 임무도 맡았으므로 왕비 처소의 실무를 담당하는 귀족 시녀에 해당한다.

침실에서 치장이 진행되었다. 이때 명예시녀가 속옷을 입히고, 손을 씻을 물을 따라 준다. 의상시녀는 드레스의 치마와 상의를 입힌 다음, 숄을 두르고 옷깃을 여며 준다. 그러나 머리 장식의 높이가 상당해서 속옷을 딛고 설 수밖에 없었다.

이윽고 왕비는 치장하는 동안 베르텡이 와 주면 좋겠다고 말했다. 그러자 시녀들은 왕비를 모시는 영광을 그녀와 나눌 수 없다며, 왕비의 요청을 거절했다. 마침내 치장의 모든 절차가 왕비의 침실에서 마무리되고 나면, 왕비는 방 안에 있는 모든 사람들과 인사를 나눈 후, 치장을 마무리하기 위해 자신의 옷방으로 물러난다.

왕비의 치장은 궁궐 예법의 결정체이자 가장 아름다운 걸작이다. 치장의 모든 단계에는 정해진 규칙이 있었다. 명예시녀와 치장시녀가 함께 있는 경우에는 왕비의 침전시녀장 및 다른 시녀들의 보조를 받아 왕비와 관련된 중요 사안을 처리한다. 그러나 각자가 맡은 일은 다르다.

치장시녀는 왕비에게 치마와 드레스를 입힌다. 명예시녀는 왕비가 손을 씻을 수 있게 물을 따라 주고 내의를 입힌다. 이때 만일 공주가 함께 있다면 명예시녀 대신 공주가 내의를 입힌다. 그렇더라도 공주에게 그 일을 직접 맡기는 것은 아니다. 명예시녀가 내의를 일단 침전시녀장에게 건네고, 그런 다음에 비로소 공주에게 전달된다.

모든 시녀는 자신에게 맡겨진 임무를 다른 사람에게 빼앗기지 않기 위해 신경을 쓰며 왕비가 치장을 하는 내내 자리를 지킨다.

어느 겨울날, 왕비가 옷을 벗은 채로 내의를 기다리고 있었다. 캉팡 부인이 내의의 주름을 펴고 있는데, 치장시녀가 들어왔다. 그녀는 황급히 장갑을 벗어던지고 내의를 집어 들었다. 그때 문을 살며시 두드리는 소리가 들리더니, 오를레앙 백작부인이 들어왔다. 백작부인도 장갑을 벗고 내의를 잡기 위해 몸을 내밀었다. 그러나 명예시녀가 백작부인에게 내의를 직접 건네는 일은 예법에 어긋나므로, 캉팡 부인으로 하여금 백작부인에게 그것을 전달하게 했다. 그때 또 다시 가볍게 문을 두드리는 소리와 함께 프로방스Provence 백작부인이 들어오자, 오를레앙 백작부인은 내의를 그녀에게 건넸다. 그러는 사이에 왕비는 가슴 위로 팔짱을 낀 채 추위에 떨고 있었다. 왕비가 추위에 떨고 있는 모습을 본 프로방스 백작부인은 자신의 손수건을 바닥에 떨어뜨리고는 손에는 장갑을 든 채 내의를 왕비에게 건네주었다. 하지만 그 과정에서 그녀의 머리카락이 헝클어졌다. 인내심의 한계를 감추기 위해 왕비는 웃음을 터뜨렸지만, 실은 벌써부터 입술을 깨물며 이렇게 되풀이하고 있었다. "아, 정말 지긋지긋하구나! 너무도 성가시고 귀찮은 일이야!"[45]

치장시녀는 침전시녀장의 명령에 따라 왕비의 몸단장에 필요한 물품들을 다림질하거나 개는 일을 했다. 두 명의 의상시종과 그를 보조하는 시동 역시 마찬가지였다. 의상시동은 왕비가 낮 동안 걸칠 옷과 액세서리를 담아 초록색 타프타로 덮은 바구니를 왕비의 처소로 배달하는 일을 맡는다. 드레스와 예복 또는 실내용 드레스 등의 견본이 딸린 작은 책자를 전달 받은 침전시녀장은 이 책자를 실 꾸러미와 함께 왕비의 머리맡에 놓아둔다. 왕비는 낮 동안 입고 싶은 옷의 견본에 핀을 하나씩 꽂아둔다. 가령, 예복에 하나, 오후에 입을 실내용 드레스에 하나, 그리고 놀이를 하거나 별궁에서 간단한 야식을 먹을 때 입을 반짝이는 장식이 달린 드레스에도 하나를 꽂아 둔다.

의상시녀에게 일단 이 책자를 돌려보내고 나면, 그리 오래지 않아 왕비가 골랐던 옷들이 타프타 덮개에 싸여 도착한다. 의상시녀들 가운데 속옷 담당 시녀가 바구니에 두세 벌의 속옷을 담아 손수건과 마사지용 수건으로 덮어 가져온다. 아침에 배달되는 바구니는 '하루의 준비'라 불렸다. 저녁에는 캐미솔camisole*과 나이트캡 그리고 아침에 신을 스타킹이 담긴 또 다른 바구니가 배달되었는데, 이는 '취침 준비'라 불렸다. 치장을 마치는 즉시 의상시종과 시동들을 들어오게 하여 옷장에서 불필요한 물건들을 내가게 한다. 그리고는 주름을 다시 잡은 후, 옷걸이에 걸거나 세탁한다. 이러한 작업에 깃든 정성과 깔끔한 손질 덕분에 정말 놀랍게도 마치 새 옷처럼 광택이 났다.

왕비는 프랑스 왕실로 시집을 올 때, 마리 조제프 드 삭스Marie-Josèphe de Saxe 왕세자비의 커다란 진홍빛 화장대를 물려받았는데, 이는 루이 15세의 명에 따라 왕실 재산의 일부로 보관되었다. 이 화장대는 마리 앙투아네트를 위해 금은 세공사인 자크 로에티에Jacques Roëttiers와 자크 니콜라 로에티에Jacques-Nicolas Roëttiers 형제**에 의해 복원되었다. 이들 형제는

* 소매가 없고 길이는 허리 아래까지 내려오며, 페티코트와 같이 입거나 바지 차림일 때 상체에 입는 여성용 속옷이다.
** Jacques Roëttiers(1707~1784)와 Jacques-Nicolas Roëttiers(1736-1788) - 프랑스

당시 파리에서 활동하던 금은 세공사들 중에서도 가장 뛰어난 장인들로 평판이 나 있었다.

왕비의 겨울 차림으로는 대개 화려한 예복 열두 벌과 '판타지 드레스'라 불리는 가벼운 드레스 열두 벌 그리고 별궁에서 놀이를 즐기거나 간단한 야식을 먹을 때 입기 위한 '로브 아 파니에' 열두 벌이 마련되었다. 여름에 걸쳤던 의상과 장신구들은 가을에도 계속 사용되었다. 왕비의 의상은 철이 지날 때마다 모두 옷장에서 치워졌다. 다만 왕비가 특별히 소중히 여기는 일부 의상은 그대로 보관되었다. 모슬린과 퍼케일*을 비롯한 다른 종류의 옷감으로 된 드레스는 옷장 안에 끼어들 자리도 없었다. 가장 유행하는 옷만 갖춰 놓았기 때문이다. 가운은 여러 해 동안 입을 수 있으므로 계절마다 새로 장만되며, 그 개수는 헤아릴 수 없었다.

파르종은 향수 가게로 돌아오자마자, 블루베리와 모과 그리고 수련 오일이 혼합된 향에다 백일홍과 감송향 성분이 배합된 독창적인 포뮬러를 연구하기 시작했다. 파르종은 혼합물을 작은 공처럼 둥글게 빚으면서,

---

의 금은 세공사 형제다. 특히 보석 세공 솜씨가 뛰어나다는 평가를 받았다. 형인 자크 로에티에는 조각가로도 명성이 높다. 그는 '왕립 회화 및 조각 아카데미 Académie Royale de Peinture et de Sculpture'를 마친 이후, 1732년에 런던으로 유학하여 메달 조각 기술도 공부했다. 이듬해 귀국하여 왕실 전속 금은 세공사가 되었다. 1773년에는 프랑스 회화 및 조각 아카데미의 종신회원이 된다.

* 모슬린은 소모사를 써서 평직으로 얇고 보드랍게 짠 모직물이다. 여기서 '소모사'란 길면서도 품질이 좋은 양털 섬유를 잘 빗어서 짧은 섬유와 불순물은 제거하고 섬유를 나란히 꼬아 만든 실이다. 퍼케일 천은 올이 곱고 촘촘한 직물이다.

피부의 청결과 미백에 효과가 있으며 향긋한 냄새가 은은하게 남는 효과가 있을 것이라 확신했다.[46]

그는 여러 달 동안 장갑과 향주머니만 왕비에게 납품했다. 향수와 머리 손질이 함께 가는 것은 매우 자연스러운 일이므로, 빅투아르는 왕비의 전속 미용사인 레오나르와 손을 잡아 보라고 남편에게 조언했다. 그녀는 레오나르가 몽펠리에서 피부와 두발의 미용을 위한 분과 포마드에 관해 공부한 적이 있으므로, 파르종에게 도움이 될 것이라 여긴 것이다. 실제로 레오나르는 귀족 부인들의 머리에 말총이나 거즈로 만든 퍼프를 넣은 후, 머리를 빗질해서 높게 들어 올리고, 퍼프를 완전히 덮을 만큼 머리 전체에 골고루 포마드를 발랐다. 이어서 향을 먹인 가루를 머리에 뿌리고, 스팽글*을 덧붙이곤 했다.

파르종과 레오나르가 만나는 과정은 조금도 어색하지 않았다. 파르종이 레오나르를 무척 존경하며, 그와 꼭 알고 지내고 싶다는 말을 단골손님이 중간에서 건네주었기 때문이다. 레오나르는 자신을 '미용업계와 의류업계의 아카데미 프랑세즈 회원이다.'라는 거창한 말로 표현했다. 이러한 레오나르의 모습은 몰리에르의 작품에서 '나는 머리와 영혼의 작업을 하는 사람이다.'라고 말하는 못난 후작을 연상시켰다.

파르종은 미용사들과 경쟁이 아닌 협업을 원한다고 말했다. 즉, 미용사들의 영역을 침범하려는 것이 아니라, 오히려 도움을 줄 수 있다고 설명했다. 미용사들이 지금까지 사용해 온 것보다 훨씬 더 고급스럽고 우

---

* 반짝거리는 얇은 장식용 조각을 가리킨다.

수한 제품을 파르종으로부터 공급받을 수 있기 때문이다. 레오나르는 파르종의 말뜻을 이해하고 제안을 받아들였다.

사실 그 두 사람이 협업하게 되면 이득을 보는 쪽은 파르종이 아니라 레오나르였다. 레오나르는 대금 결제에 있어 극도로 인색했기 때문이다. 실제로 그는 문제가 불거질 때마다, '나중에! 나중에!'라고 외치며 화를 내곤 했다. 그는 파르종의 포마드와 분을 높이 평가하며, 주변 사람들에게 그의 제품에 관한 칭찬을 아끼지 않았다. 그럼에도 번번이 대금을 결제하지 않을 빌미만 찾았다. 베르텡과 마찬가지로 레오나르 역시 왕비의 편애와 관심을 듬뿍 받고 있었다. 레오나르는 결제에 관한 대화를 피하기 위해, 자신의 밑에서 일하는 수석 직공인 일명 '미남 줄리앙'을 파르종의 가게로 보내곤 했다. "그(줄리앙)는 별로 인상적이지도 않고 재미있지도 않았지만, 그와 마주하고 있으면 어느새 기분이 좋아지곤 했다."[47]

로즈 베르텡과 손을 잡다.

레오나르와 손을 잡긴 했지만, 결과는 별로 신통치 않았다. 따라서 파르종은 베르텡의 인정을 받거나, 안된다면 적어도 그녀의 지지를 기대하는 쪽으로 생각을 바꿨다. 아데마르 백작부인의 말마따나 '공주들을 자신과 동급으로 대하는'[48] 베르텡에게서 인정을 받는 것은 결코 쉬운 일이 아니었다.

어느 화창한 아침, 파르종은 당당한 걸음으로 그의 향수 가게에 들어

오는 베르탱을 보고 깜짝 놀랐다. 그리고 그녀의 뒤로, 밀랍을 칠한 커다란 나무 상자를 든 하인이 따라 들어왔다. 베르탱은 게메네 부인으로부터 파르종을 소개 받았다는 말을 하고는, 가져온 상자를 열게 했다. 상자 안에는 온갖 종류의 아름다운 꽃이 들어 있었다. 이 꽃으로 대체 무얼 하라는 걸까? 놀라워하는 파르종을 본 베르탱은 미소를 지으며 설명했다. 이탈리아의 어느 수녀원에서 만든 꽃인데, 생화生花가 아니라 얇은 바티스트*와 타프타, 석고를 바른 거즈로 '만든 꽃'이라는 것이다. 이런 조화彫花에는 향이 없으므로, 파르종이 향기로운 조화로 만들어 주길 바란다고 했다.

이러한 제안을 받게 되자, 고마운 마음이 들면서도 파르종의 머릿속은 복잡해졌다. 장차 그의 명성을 보장해 줄 수 있을 일감이기 때문이다. 베르탱은 왕비의 친절한 성품을 강조하면서도, 워낙 새로운 것에 열광하기에 매일 독창적이고 참신한 것을 왕비에게 선보여야 한다고 했다. 파르종은 '조화에 향을 내기 위해서'라는 명분으로 베르탱이 서른 명의 재봉사를 데리고 일하는 오 그랑 모골 Au Grand Mogol** 의 단골손님이 되었다. 사실 물건을 구입한다는 구실로 이곳에 출입하는 것은 상류층의 세계에 한쪽 다리를 걸치는 것과 다름없기 때문이었다. 베르탱이 개발한 파리의 최신 유행복을 걸친 인형*** 은 세련되고 멋스러운 프랑스의 고급 의상을 유럽의 여러 왕실들에 선보이기 위해 수출되기도 했다. 베르탱은 이와

* 얇은 삼베를 가리킨다.
** '위대한 무굴제국'을 뜻한다.
*** 오늘날 흔히 '마네킹'이라 불리는 의상 선전용 인형에 해당한다.

같은 방식으로 왕실과 귀족들을 자신의 고객으로 끌어들일 수 있었다.

파르종은 차츰 베르텡을 알아갔다. 변덕스럽고 주위가 산만하지만, 의리를 아는 아가씨였다. 자신이 하는 일의 가치를 빛낼 줄 아는 예술가로서 파르종을 인정하며, 그녀 자신과 동등하게 대우해 주었다. 베르텡은 아이디어가 늘 넘쳐 나고 또한 대부분은 매우 훌륭했지만, 때론 상식에서 벗어나기도 했다. 머릿속에 떠오르는 것이라면 무엇이든 쉴 새 없이 스케치하면서도, 가게를 운영하는 문제에는 지극히 무관심했으며 돈의 가치를 제대로 이해하지 못했다. 더욱이 베르텡은 고집이 센 싸움꾼이었다.

이곳저곳에서 대단한 인기를 얻게 되자, 그녀는 자신이 원하는 것은 무엇이든 해도 될 것 같은 생각이 들었던 모양이다. 그녀는 심지어 최상류층의 귀족들조차 얕잡아 보았다. 그러다 보니 왕비는 프러시아 왕의 시구를 그녀에게 몇 번이고 반복해야 했다. "아! 나와 우리 귀족 부인들의 사이가 틀어지게 하지 말아요!"[49]

오버키르히Oberkirch 남작부인은 바로 이런 상황을 두고, 짧지만 아주 독한 말로 표현했다. "이 아가씨의 횡설수설하는 독특한 말투는 정말 흥미로워요. 우아함과 저속함의 아주 독특한 결합인데, 사실상 무례한 것과 다름없지요. 아무도 그녀의 자유를 구속하지 않았고 꼼짝 못하게 하지 않았는데도, 저렇듯 맹랑하게 굴지 뭐예요."

베르텡과 퀴노 양의 다툼은 모두가 기억할 정도로 유명하다. 심지어 왕비가 둘 사이를 중재해야 했다. 한때 오페라 가수였던 퀴노 양은 느베르 공작과 결혼하여 궁궐 사람들의 사랑을 한몸에 받고 있었다. 어느 날, 퀴노 양은 베르텡의 **감성에 맞는 푸프**를 간절히 하고 싶은 마음에 베르텡에게 사람을 보냈다. 그러나 베르텡은 퀴노 양의 부름에 꿈쩍도 하지 않았다. 느베르 공작부인 처소의 시녀가 베르텡을 찾아가 비난을 하자, 베르텡은 다음과 같이 답했다. "왕비 마마를 위해 일하는 영광을 아는 사람은 뒷방에 물러앉은 한물간 오페라 가수를 위해 굳이 힘들이지 않는 법이지요." 귀족 부인들이 그처럼 거만한 베르텡에게 벌을 주라고 왕비에게 간절히 부탁했지만, 왕비는 베르텡을 불러 귀족 부인들에게 사과하라는 명을 내렸다. 결국 왕비의 명령대로 되기는 했지만, 그 사건 이후 베르텡은 6주 동안 침대에 앓아누워 버렸다.

또 다른 일도 있었다. 어느 부활절 날, 왕과 왕비가 대신들과 부활절 인사를 마치고 돌아오는 길목에 서 있던 베르텡은 인파들 가운데 예전에 자신의 가게에서 일했던 피코 양을 알아보았다. 당시 피코 양은 독립하여 베르텡과 경쟁하고 있었다. 화가 난 베르텡은 피코 양의 얼굴에 침을 뱉으며 이렇게 말했다. "내가 약속했지! 난 말한 것은 그대로 한다니까." 피코 양은 베르텡을 고발했지만, 베르텡은 상식에서 벗어난 혐오스러운 행동을 했다는 말에 대해, '반사적인 행동이었다.'며 응수했다. "대체 피코 양의 친구들이 무슨 헛소문을 퍼뜨리고 다니는 건지 모르겠군요."라고 말하면서 다음과 같이 덧붙였다. "하지만 확실한 점은 그들 중 어느 누구도 제가 피코 양의 얼굴에다 침을 뱉는 것을 보았다고 말한 사람도, 말할 수 있는 사람도 없답니다. 제가 그토록 저속한 짓을 하다니요!"

베르텡의 철없는 돌출 행동에 관한 이야기를 남편에게서 전해 들은 빅투아르는 '제아무리 사업이 번창할지라도 상인은 호화롭게 살거나 타인의 시기심을 자극해서는 안된다.'며 베르텡에 대한 실망감을 드러냈다.

베르텡은 왕실의 총애와 관심을 한몸에 받고 있었다. 1775년부터 1781년에 이르기까지, 바야흐로 인생의 절정기를 맞은 왕비는 그녀에게 제공되는 온갖 즐거운 일들을 만끽하고 있었다.[50] 파르종은 왕실 사람들에게 그들 각자의 취향에 꼭 맞는 향수를 만들어 납품하고 있었다. 왕의 고모들은 베르사유궁의 1층에서 지내고 있었는데, 그곳에서 가장 규모가 큰 방은 정원사 르노트르가 만든 인공 연못 파르테르 도 Parterre d'eau의 테라스와 북쪽 화단 두 곳을 향해 나 있었다. 바깥에서 일어나는 일을 염탐하거나 궁에서 떠도는 소문을 옮기는 귀족 부인의 수다에 푹 빠진 이들이 방의 창문 너머로 보였다.

파르종은 '마음씨 좋은 고모님들'의 의견을 묻기 위해 종종 그들의 처소로 행차한 왕이 떠나기를 기다려야 했다. 그러다 보면, 조카며느리의 새로운 패션이나 머리 스타일 그리고 기발하고 엉뚱한 부분들에 대한 고모님들의 독설과 혹평을 꾹 참고 들어야 했다. 그들은 화장품, 분첩, 향수, 이쑤시개를 비롯하여 루이 15세를 추억하기 위한 이른바 '왕의 오렌지 꽃 향수'와 라벤더 향수 등을 주문했다. 고모님들은 쩨쩨하기가 이루 말할 수 없을 만큼 지불에 인색했으며, 그들의 머리는 물품 청구서에 적힌 숫자가 커질수록 계산을 해내지 못했다.

이어서, 마음씨 좋고 한결같은 고객이자 왕의 형님인 부르고뉴Bourgogne 공작을 만나러 갔다. 가는 길에는 꽤나 지저분한 복도와 조잡하고 보기에 흉측한 여러 개의 문을 통과해야 했다. 그를 위해 **파르종의 분**보다 화려한 느낌이 나는 **나리의 분**poudre de Monsieur을 만들었다. 부르고뉴 공작 부부는 오렌지 꽃과 투베로즈의 향기를 좋아했으며, 라벤더 향수를 애용했다. 다른 많은 귀족들과는 달리 부르고뉴 공작은 지불을 제때에 해 주었으므로, 그를 '디망슈 씨Monsieur Dimanche*'에 빗댈 필요는 없었다. 그의 집사에게 청구서를 전달하면 빠른 시일 내에 결제가 이루어졌다.51)

주문품을 전달하러 간 파르종은 악취가 진동하는 곳에서만 벗어나면, 베르사유에도 제법 괜찮은 특유의 냄새가 난다는 것을 깨달았다. 후추의 매캐한 냄새와 머스크 향을 베이스로 한, 약간 역하지만 다른 곳에서는 결코 맡을 수 없는 냄새였다. 장소가 부족한 탓에 많은 귀족들은 지붕 밑 다락방처럼 어두침침하고 불편한 집에 만족해야 했다. 그러나 베르사유 궁에서 지낸다는 사실 하나만으로 귀족들은 모든 불편함을 잊을 수 있었다.

그날 이후부터 파르종은 겨울이면 시베리아의 추위가 군림하는 통로와 계단에서 더는 헤매지 않아도 되었다. 아르트와Artois 백작 부부와 엘리자베스Elisabeth 공주 그리고 왕비의 명예시녀인 디안 드 폴리냑Diane de

---

* 극작가 몰리에르의 「돈 주앙Dom Juan」에 등장하는 상인이다. 디망슈 씨는 돈 주앙에게 빚을 받으러 갔다가 스가나렐에게 내쫓긴다. 그는 귀족들에게 고급 명품을 공급하면서도 대금을 제때에 받지 못하는 상인으로 그려진다.

Polignac*은 오랑주리l'Orangerie와 맞닿아 있으면서 궁의 측면에 위치한 남쪽 별관의 2층 전체를 차지하고 있었다. "궁궐 내 집들이 아무리 넓다 하더라도, 사실상 여러 개의 캐비닛에 불과하며 복도로 새어 나온 불빛은 매우 어두웠다."52)

마르상 부인이 파르종을 왕의 여동생인 엘리자베스 부인**에게 추천한 적이 있었는데, 이 매력적인 공주님은 파르종에게 특히 라벤더 향수와 오 드 콜로뉴 그리고 오렌지 꽃 에센스를 주문했다. 아르트와 백작을 위해서는 아르트와의 분poudre à la d'Artois을 특별히 만들었다. 파르종은 오를레앙 공작의 처소로 가기 위해 친위병 대기실Salle des Cent-Suisses***과 왕자 처소의 층계참으로 연결되는 건물 내부의 층계를 이용했다. 왕자 처소의 작은 안뜰에는 폴리냑 부인의 처소가 있었다. 폴리냑 부인은 궁궐의 귀족 부인들 가운에서도 향수를 쓰지 않는 드문 경우에 속했다. 이 점에 대해 파르종은 매우 유감스럽게 여겼지만, 폴리냑 부인을 피해 다니는 데에는 다른 이유가 있었다. 독화살 같은 말로 상대방의 자존심과 명예를 땅에 떨어뜨리기를 즐긴다는 것을 알고 있기 때문이다. 남쪽 별관

---

* Diane Louise Augustine, comtesse de Polignac (1746~1818) - 마리 앙투아네트의 최측근으로, 프티 트리아농의 농가에서 왕비와 함께 거주하기도 했다. 1778년 5월 7일에는 루이 16세가 폴리냑 부인을 마리 앙투아네트의 명예시녀로 임명하였다. 프랑스 혁명이 일어나자 망명하여 러시아의 상트페테르부르크에서 생을 마감했다.

** Élisabeth Philippine Marie Hélène de France (1764~1794) - 루이 16세의 막내 여동생으로, 엘리자베스 부인으로 불렸다. 루이 16세가 극진히 아끼던 동생이었다. 루이 16세와 마리 앙투아네트의 바렌느 도주 때에도 함께 했으며 그들이 처형될 때까지 곁을 지켰다. 엘리자베스 부인 자신도 혁명재판을 받고 단두대에서 생을 마감했다.

*** 베르사유궁의 국왕 친위대가 숙직과 당번을 서기 전에 쉬던 방이다.

의 가장자리는 게메네 부인의 처소가 있었는데, 랑발 공주의 처소 역시 매우 훌륭했다. 왕비의 대시녀였던 랑발 공주는 1778년부터는 마리 테레즈 공주의 보모를 맡았다.

파르종의 가게에서 조달한 품목이 어찌나 다양했던지, 화장품과 미용 제품들로 점원들과 하인들의 허리가 다 휠 지경이었다. 즉, 레몬 포마드, 단지에 담거나 막대 모양으로 만들어진 크림, 오렌지 꽃수를 두 배 농축한 포마드, 영국식 타프타 천, 에틸알코올이 들어간 수렴 화장수, 고른 숨을 유지하기 위한 혀 긁개, 칫솔, 카네이션 분, 오이 포마드, 브러시, 얼레빗, 스펀지, 고급 도자기, 수놓인 향주머니, 분첩, 루주, 이발용 스펀지, 손을 부드럽게 만드는 미용 장갑, 다양한 모양의 애교점, 외상 치료제이자 강심제로 쓰이는 레몬밤 향수eau de mélisse, 산호로 만든 상자 그리고 그 밖의 자질구레한 장신구들이 포함되었다.

빅투아르는 빠뜨린 것은 없는지 확인하고, 물건값을 열심히 계산했다. 그동안 파르종은 대금을 얼마나 정확히 결제하느냐에 따라 '귀족'과 '부르주아'로 고객을 분류했다. 결제를 잘 해 주는 사람들로는 왕비와 그 직계 가족들, 왕의 형제들과 엘리자베스 부인 그리고 보석 세공사 뵈머Boehmer 등이었다. 언제 결재할지 알 수 없다 보니, 계산서 작성이 사실상 무의미한 경우는 귀족들 가운데에서는 그리 많지 않았다. 대금을 제때에 지불하지 않으면 왕의 미움을 사기 때문이다. 또한 불량 고객들도 있었는데, 왕비의 개인교수인 라보르드 양처럼 돈은 없으면서도 물욕은 반드시 충족시켜야 하는 사람들이 그러했다. 오를레앙 공작과 미용사 레오나르도 같은 경우에 해당했다.

왕비가 좋아하는 향수들

왕비 처소의 주문 건수는 어머어마했다. 1778년 한 해 동안 청구된 계산서 금액만 200,000리브르를 넘었다. 왕비 처소에서 발생한 결손액을 메우기 위해 왕실 재산에서 인출된 현금을 조달하는 일이 잦아졌다. 그 이후로, 모든 납품 상인들은 먼저 치장시녀를 거쳐야 했다.

파르종은 왕비의 취향을 정확히 알고 있었다. 화려함을 광적으로 좋아하는가 하면, 비지에 씨가 루이 15세에게 바쳐서 '왕의 향수'라는 별명을 얻게 된 오렌지 꽃 향수처럼 단순한 느낌의 향수를 높이 평가했다. 단순한 느낌의 향수란, 식물성 혹은 동물성 향료 한 가지만 증류해서 얻어지는 향수를 가리키며, 진정 효과가 뛰어난 것으로 알려져 있다. 왕비는 20년 넘게 많은 사랑을 받아 온 라벤더 향수와 레몬 향수를 즐겨 쓰고 있었다. 이 두 가지 향수를 욕조와 향로에 몇 방울씩만 떨어뜨려도 맑고 상큼한 냄새가 집 안에 감돈다.

왕비는 오렌지 꽃이나 라벤더의 향이 함유된 비네그르$_{vinaigre}$*를 즐겨 사용했다. 그래서 왕비의 시녀들은 손만 뻗으면 닿을 만한 곳에 작은 용기에 담긴 비네그레트$_{vinaigrette}$**를 늘 보관하고 있다가, 왕비가 충격을 받거나 불안해 하며 심신의 상태가 나빠지면, 즉시 그 냄새를 맡게 했다. 그래서 왕비는 아로마 소금***보다 비네그레트를 더 좋아했다.

---

* 초산 성분이 함유된 각성제를 가리켜 '비네그르'라 불렀다. 극도로 흥분하거나 기절한 사람에게 그 냄새를 맡게 하면 안정을 되찾는 효과를 보이기 때문이다.
** 휴대하거나 사용하기 편리하도록 작은 용기에 담은 비네그르(각성제)를 '비네그레트'라 불렀다.
*** 정류된 아세트산에 적신 황산 주석에서 얻은 물질이다.

파르종은 마리 앙투아네트를 위해 장미, 제비꽃, 황수선화 혹은 투베로즈를 아주 오래 달인 후에 알코올을 넣어 향수를 만들었다. 그런 다음, 머스크, 호박 또는 백지향으로 강한 인상을 주었다. 왕비가 진한 향을 좋아하므로 독한 에센스esprit ardent를 만들어서, 왕비가 이미 가지고 있던 톡 쏘는 에센스esprit perçant와 이름을 바꾸어 부르는 재미를 선사했다. 사실 이 에센스는 증류를 지속적으로 반복한 결과물이었다. 워낙 많은 원료가 드는데다 제조 시간도 길어져, 가격이 많이 올랐다. 그럼에도 치장 시녀는 개의치 않고, 방향제와 향초 그리고 잡화로 만든 포푸리를 자주 주문했다.

왕비는 아주 멋진 화장품 캐비닛에 향수를 보관하고 있었다. 여행을 떠날 때에는 향수로 화려한 여행용 화장품 함nécessaire de voyage을 가득 채웠다. 그 안에는 아름답게 조각된 채색 유리로 된 몸체에다 은제 병마개가 달린 병들이 담긴다. 왕비는 당시에 아주 인기가 많았던 향주머니를 좋아했다. 향주머니를 만들기 위해 파르종은 피렌체에서 수입한 타프타 천 조각을 새틴이나 실크로 덮은 다음, 취향에 따라 포푸리와 식물성 향을 먹인 파우더나 솜을 넣었다. 마리 앙투아네트는 가까운 사람들에게 각자의 개성에 어울리는 향주머니를 선물하기를 즐겼다.

왕비는 피부 관리에 매우 신경을 썼다. 비둘기 미용수eau cosmétique de pigeon로 화장을 지웠고, 피부에 탄력을 주는 아스트린젠트로는 5월에 수확한 포도로 빚은 브랜디가 들어간 매력의 화장수eau de charmes를 사용했다. 안젤리카 화장수eau d'ange로는 깨끗하고 투명한 피부를 유지했다. 마리 앙투아네트는 혈색이 아주 좋아서, 피부의 노화를 방지시켜 준다는 **니농 드 랑클로 화장수**eau de Ninon de Lenclos는 전혀 필요치 않았다. 피부의 갈라짐과 터짐을 방지해 주는 **왕실 크림**pâte royale을 발라 매끈한 손을 간직할 수 있었다. 그녀는 장미, 바닐라, 프랑지파니frangipani*, 투베로즈, 카네이션, 재스민을 비롯한 잡화로 만든 포마드를 아주 좋아했다. 목욕할 때는 허브와 호박 그리고 베르가못 또는 포푸리로 만든 비누를 사용했다. 희고 빛나는 치아를 유지하기 위한 분말과 치약도 주문했다. 파르종은 오로지 왕비를 위하여, 그녀의 취향에 맞는 파우더와 포마드만을 만들었다. 루주는 마르탱Martin 양의 제품을 사용하고 있었지만, 파르종은 입술에 바르면 아주 예뻐 보이는 립밤의 견본품을 왕비에게 보냈다. 그러나 왕비가 그것을 사용했는지 여부는 확인할 수 없었다.

1778년은 왕비와 파르종 두 사람 모두에게 축복이 내려진 해였다. 비슷한 시기에 베르사유와 룰 가에서 경사가 난 것이다. 그동안 왕비는 불임이라는 악성 소문에 시달리며 벙어리 냉가슴을 앓아야 했다. 베르텡은 피카르디의 몽플리에르Monflières 성모상에 9일 기도를 제안했다.

그러던 어느 날 아침, 왕비는 느닷없이 왕의 침소로 건너갔다. 왕은 왕비의 말을 도저히 믿기 어렵다는 듯 몹시 놀라워했다.

---

* 중앙아메리카 중부에 자생하는 식물로, 그 꽃은 여러 가지 색을 띠며 향료로 쓰인다. 중앙아메리카에서는 꽃에서 추출한 향을 머리카락에 뿌리거나 리넨 및 의류에 향이 나게 하는데 사용했다. 프랑지파니의 향은 붉은 재스민의 향에 가까우며 유럽에서는 주로 장갑용 향료로 쓰였다.

◦ 전하, 저를 몹시 난폭하게 대한 어느 신하에게 벌을 주십사 부탁을 드리고자 왔습니다.

◦ 왕비, 무슨 말씀이시오? 그럴 리가요.

◦ 전하, 정말입니다. 심지어 저를 때렸답니다.

◦ 아니, 이런! 농담 마세요!

◦ 전혀 그렇지 않습니다, 전하. 매우 불손하게도 제 뱃속에서 힘껏 발길질도 했으니까요.

왕은 그제야 눈치를 채고 기쁨의 탄성을 질렀다. 빅투아르도 파르종이 장차 아버지가 될 것을 알렸지만, 왕비보다 연기력은 좋지 않았다. 그러나 파르종의 기쁨은 왕의 그것보다 결코 덜하지 않았다. 장차 향수 가게와 향수 제조법의 비밀을 물려받게 될 장남의 이름은 앙투안 루이 Antoine-Louis였다. 파르종은 아내의 임신 기간 동안 임산부에게 꼭 필요할 만한 여러 제품을 연구하고 만들어서 왕비에게 선보일 수 있는 좋은 기회로 삼기로 했다.

그해 여름은 불볕더위가 극성을 부렸다. 더위에 시달린 마리 앙투아네트는 정원을 한참 거닐며 시원해진 밤공기를 마시고, 음악가들이 연주하는 잔잔한 음악을 듣고 나서야 비로소 잠들 수 있었다. 왕비의 지친 심신을 달래기 위해 파르종은 헝가리 왕비의 향수뿐만 아니라, 레몬과 계피, 안젤리카, 클로브와 고수가 들어간 레몬밤 향수를 적극 추천했다. 그는 톡 쏘는 에센스의 사용을 중단하고, 대신에 아이리스와 자단, 황단, 안식향 나무, 창포 그리고 때죽나무의 꽃에서 얻은 소합향을 원료로 한 안젤리카 수를 권했다. 그러나 이번에는 머스크는 생략하고, 단지 호박 향유만 몇 방울 섞었다. 다른 향기가 제대로 느껴질 수 있어야 하기 때문이다. 그는 안젤리카 향을 넣은 주머니를 여러 개 만들어 왕비의 시녀들에게 건네면서, 나쁜 냄새를 없애려면 향로에 넣고 태워야 한다는 사실을 알려 주었다. 파르종은 임산부의 후각이 아주 예민해진다는 사실을 알고 있었기 때문이다. 급기야 여름철의 뜨거운 열기와 햇빛에 의해 손상된 피부를 위한 스킨 프레쉬너eau de fraîcheur와 리프레싱 워터eau rafraîchissante까지 등장했다.

    1778년 12월 18일에 마리 테레즈 공주*를 낳은 왕비는 로즈 베르탱에게 500리브르 상당의 드레스를 주문했다. 금실과 은실로 수를 놓은 비단으로 만든 화려한 선물을 몽플리에의 성모상 앞에 바치며 감사의 인사를 드리기 위해서였다.
    파리 상공회의소 대표와 파리 시청의 관리들은 왕비의 출산을 축하하기 위해, 파리의 오랜 전통에 따라 왕과 왕비에게 선물을 바치고 성대한 행사를 열었다. 게메네 부인은 공주의 보모가 되었고, 파르종 역시 공주에게 납품하기 시작했다. 그는 때에 맞춰 향을 먹인 타프타로 만든 커다란 바구니를 가져갔다. 화장대용 촛대와 초록색 벨벳으로 만든 트왈레트를 가져갔는데, 초록색 타프타를 덧대고 금실로 수를 놓았다.

---

*   Marie Thérèse Charlotte de France (1778~1851) - 프랑스의 공주로, 프랑스 국왕 루이 16세와 왕비 마리 앙투아네트 사이에서 장녀로 태어났다. 후일 샤를 10세가 되는 숙부 아르트와 백작의 장남인 앙굴렘 공작 즉, 루이 앙투안Louis-Antoine과 결혼하여 앙굴렘 공작부인duchesse d'Angoulême이 되었다. 마담 루와얄 Madame Royale로 알려져 있다.

마리 앙투아네트는 공주를 양육함에 있어 궁궐의 엄격한 격식과 예법에 따르지 않겠다는 입장을 분명히 했다. 어머니에게 보낸 편지에서 다음과 같이 설명했다. "요즘에는 아이들을 거추장스러운 형식에 얽매여 기르지 않습니다. 밖에서 뛰어놀 수 있는 아이들을 굳이 겹겹이 입혀서 실내에 가둬 두지도 않습니다. 아이들도 점차 익숙해져서 이제는 바깥에서 많은 시간을 보내고 있답니다. 이것이야말로 건강한 아이로 키울 수 있는 최선의 방법일 것입니다. 저는 앞뜰에 낮은 울타리를 쳐 놓고 공주를 그곳에서 지내게 할 생각입니다. 그래야 마루에서 지내는 것보다 걸음마도 더 빨리 배우게 될 테니까요."

파르종은 어릴 때부터 몸을 깨끗이 씻는 좋은 습관을 들이는 것의 중요성을 게메네 부인에게 강조했으며, 게메네 부인을 통해 이러한 조언을 전해 들은 왕비는 파르종을 더욱 신뢰하게 되었다.

공주가 태어난 지 얼마 되지 않아, 레오나르는 파르종에게 그의 수석 직공인 줄리앙을 보내어 도움을 요청했다. 출산 후 아흐레가 지난 어느 날, 왕비는 레오나르를 부르게 했다. 왕비의 머리카락이 자꾸 빠지기 때문이었다. 레오나르가 매일 아침 들러 **파르종의 포마드**로 왕비의 머리를 관리해 주어야 했다. 그럼에도 그는 탈모 방지에 효과적인 제품을 파르종이 가지고 있는지 알고 싶어 했다. 파르종은 줄리앙의 편에 두발 마사지에 효과적인 제비꽃, 황수선화, 재스민 성분을 함유한 옛날식 오일을 들려 보냈다. 탈모를 방지하고, 머리숱이 많아지는 데 도움이 되는 파우더도 함께 보냈다. 그러면서, 자신이 보내는 오일과 파우더가 모근을 튼

튼하게 만들 것이며, 더 나아가 상상력을 자극하고, 기억력을 향상시키는 데에도 아주 좋다는 말도 덧붙였다.

파산의 위기에서 금세 벗어나다.

작업에만 몰두하며 지내던 파르종은 걱정 근심에 싸인 아내는 미처 신경 쓰지 못했다. 그녀는 청구서를 받고도 결제를 미루는 손님들 때문에 애를 태우고 있었다. 빅투아르는 오를레앙 공작을 특히 원망했다.

○─ 돈을 물 쓰듯 하면서도 제때에 돈을 보내주는 법이 없다니까요.

방탕한 생활과 무사안일한 태도는 궁궐 전체에 만연한 듯 했다. 부유한 고객을 많이 확보했음에도 불구하고, 파르종은 원료비 지출을 감당하지 못하여 파산할 위기에 처했다. 원료 구입비와 직원들의 월급을 감당할 수 없게 되자, 급기야 파산 신고를 했다(1779년 1월 12일).[53] 적자액이 304,000리브르에 달했기 때문이다. 왕비가 향수와 화장품 등의 구입하느라 진 빚만 해도 어마어마했다. 그러나 자신의 향수와 화장품을 좋아하는 손님을 많이 확보한 파르종으로서는 파산을 맞아 가게가 사라진다는 것은 상상조차 할 수 없는 일이었다.

이런 때일수록 파르종은 더욱 냉정을 유지했다. 파르종에게 진 빚을 갚아야 할 사람들은 그의 장인과 처남들을 비롯하여 다른 조향사들 – 이들 중 다수가 통바렐리Tombarelli와 에스코피에Escoffiers와 같은 그라스의 조향사들이었다. - 이었으며 다른 외상도 수금해야 했다.

마침내 많은 사람들이 외상 대금을 갚았다. 파르종의 고급 제품을 구할 수 없는 상황을 원치 않았기 때문이다. 왕비와 그녀의 측근들 - 아르트와 백작, 프로방스 백작, 루이 16세의 고모들, 엘리자베스 부인과 공주 - 역시 그동안 밀린 돈을 모두 갚았다.

파르종은 파산 위기의 쓰디쓴 경험을 교훈 삼아 고객층과 거래처의 범위를 넓히고자 노력했다. 전국 방방곡곡으로 물건을 내보냈고, 낭트와 보르도의 지점을 거점으로 삼아 영국을 비롯하여 퀘벡 등, 아메리카 대륙의 프랑스령과 신생 국가인 미국으로 사업을 확대해 나갔다.

파산의 위기에서 가까스로 벗어난 지 약 18개월이 지난 1780년 7월의 어느 날, 몹시 흥분한 레오나르가 파르종을 찾아왔다. 그는 자신이 털어놓을 이야기를 비밀에 부쳐 줄 것을 부탁했다. 레오나르에 따르면, 두발 마사지에도 불구하고 왕비의 탈모 증세가 점점 더 심해지고 있다는 것이다.

─ 왕비 마마께서는 지금 머리카락이 모조리 빠질 위기에 처해 계세요. 이와 같은 재앙을 확인하고 나니, 온몸에 열이 나고 덜덜 떨리더군요. 같은 일이 반복된다면 그동안 내가 궁궐에서 쌓아 온 신망을 하루아침에 잃어버릴 테니까요. 정말로 그리된다면 그것은

물론 나의 재앙이기도 하겠지만, 어느 누구도 나를 대신할 수 없을 테니, 이는 미용 기술의 발전에도 나쁜 영향을 미칠거예요. 내가 이미 사용한 것보다 더 효과적이고, 더 확실하게 치료할 만한 다른 제품을 줄 수 있나요? 만약 그리해 주신다면 죽을 때까지 감사한 마음을 간직할게요.

파르종은 이와 같은 끔찍한 상황에 대처할 만한 또 하나의 무기를 꺼내 들었다. 그는 아이리스 향이 들어가 모근을 튼튼하게 해 주는 새로운 파우더와 재스민, 투베로즈, 레몬과 황수선화의 향유가 함유된 포마드를 추천했다. 황수선화는 다루기에 매우 까다로운 꽃이라, 가격도 따라서 올랐다. 그러나 아주 사랑스럽고 훌륭한 냄새 때문에 왕비가 즐겨 찾는 꽃들 중 하나였다.

파우더와 포마드의 효과를 본 것인지 아니면 우연의 일치인지는 몰라도, 다행히 왕비의 탈모 증세가 사라졌다. 한시름 놓은 레오나르는 비로소 자신의 계획을 파르종에게 털어놓았다. 그가 구상 중인 '앳된 머리 모양을 왕비가 받아들이게 하는 것이었다. 반면, 왕비의 초상화가인 비제 르브룅 Vigée-LeBrun*은 모자를 벗고 캔버스 앞에 설 것을 왕비에게 가장 먼

---

* Elizabeth Louise Vigée-LeBrun (1755~1842) - 18세기 프랑스 로코코 시대에 활동한 대표적인 여류 화가다. 신고전주의 양식의 매력적인 초상화로 유명하다. 루벤스, 반다이크, 장 바티스트 그뢰즈의 그림을 모사하면서 그림을 배웠다. 왕비의 총애를 받는 궁정화가이자 친구로 명성을 얻으며, 약 30점에 이르는 왕비의 초상과 그의 가족을 화폭에 담았다. 1783년, 왕립 아카데미의 회원이 되었으며, 마리 앙투아네트의 강력한 후원에 힘입어 남성이 지배하던 예술계에서 비교적 자유롭게 그림을 그릴 수 있었다.

저 권한 사람은 자신이라고 주장했다. 왕비는 짧은 머리를 한 자신의 모습을 상상하곤 처음에는 기겁하며 거절했지만, 결국엔 레오나르에게 설득 당했다. 머리를 짧게 잘라야 모근에 부족하기 쉬운 활기를 회복하고, 건강한 머릿결을 유지할 수 있다는 설명 때문이다. 이 앳된 머리 모양은 즉시 유행이 되어 불붙은 듯 번져 나갔다.

변화의 바람이 일어나는 중심에서 그대로 멀어질 로즈 베르텡이 아니었다. 그녀는 왕비의 관심을 끌어모으기 위해 혼신의 노력을 다했다. 실은 공주의 보모 자리에 자신의 친척을 앉히고 싶기 때문이었다. 결국, 베르텡은 좀처럼 만나기 힘든 기회를 거머쥔 행운아가 되었다.

아버지가 되었다는 행복과 만족감에 도취한 나머지, 루이 16세는 백 명의 아가씨들에게 결혼 지참금을 주고, 노트르담 성당에서 열린 그들의 합동결혼식에도 참석했다. 스물여덟 필의 말이 이끄는 국왕의 마차는 베르사유를 떠나 노트르담 성당에 도착했다. 오 그랑 모골 앞을 지나치던 마리 앙투아네트는 재봉사들과 함께 가게의 발코니에 나와 있던 로즈 베르텡을 보았다. 왕비는 "저길 보세요. 베르텡 양이 있어요."라고 외치며, 의기양양한 베르텡을 향해 작은 손짓을 했다. 베르텡에 대한 왕비의 총애가 어찌나 대단했던지, 뒤바리 부인은 칩거 생활 중인 퐁토담므Pont-aux-Dames 수녀원에서 나오고 싶은 간절한 마음에, 중간에서 왕비에게 말을 잘 건네 달라고 베르텡에게 부탁하고 싶을 정도였다. 1783년, 베르텡은 장미, 금매화, 카네이션으로 만든 꽃다발 하나에 36리브르, 흰 라일락 가지 하나에 24리브르에 팔았다. 계산서 금액은 하늘 높은 줄 모르고

● 절정. 꽃은 지기 전에 가장 아름답다

치솟았으며, 신년 예복 한 벌 값을 부풀려 6,000리브르에 상당하는 계산서를 발행하기도 했다.

트리아농의 향수

마지막 나날이 행복하게 흘러가고 있었다. 마리 앙투아네트는 점점 더 많은 시간을 프티 트리아농 Petit Trianon*에서 보내고 있었다. 프티 트리아농은 1774년에 왕비가 루이 16세에게서 선물로 받은 정원이다. 루이 14세 시절에는 사기砂器로 지어진 이 별궁에서 야간 음악회가 열리고, 정원에서는 가벼운 야식을 즐기곤 했다.

왕비에게 이곳은 피로감을 주는 궁궐의 법도와 격식으로부터 벗어난 휴식처였다. 전원적인 도피처에서 왕비가 아닌 평범한 사람으로서, 즉 까다로운 예법과 절차에서 벗어난 생활을 해도 된다는 특별한 조건을 걸고 왕의 선물을 수락했다. 건축가 리샤르 미크 Richard Mique**와 화가 위베

---

* 1760년대 이후 유행한 신고전주의 양식의 단아한 취향을 반영하고 있는 베르사유의 별궁이다. 프티 트리아농은 프랑스 국왕 루이 15세가 건축가 앙주 자크 가브리엘에게 명하여 1762년에 착공, 1768년에 완공하였다. 1774년에 루이 16세는 프티 트리아농과 그 주변의 정원을 마리 앙투아네트에게 선사하였다. 마리 앙투아네트에게 프티 트리아농은 격식과 법도에 얽매인 궁중 생활을 잠시나마 잊을 수 있는 도피처였다. 왕비는 정원을 영국식으로 꾸미고, 거기에 작은 전원 마을을 만들게 했다.

** Richard Mique (1728~1794) - 알자스의 에이쿠르 Heillecourt 지방 영주의 아들로 태어나 건축가가 되었다. 그는 루이 16세의 전속 건축가이자 '왕립 건축 아카데미 Académie royale d'architecture'의 원장을 지냈다. 마리 앙투아네트를 구하려고 시도한 혐의로 아들과 함께 체포된 뒤, 혁명재판을 받았다. 1794년 7월 7일에 사형신

르 로베르Hubert Robert*가 프티 트리아농의 자연 경관을 손질했다. 그러나 정작 왕은 초대받은 손님처럼 다녀가곤 했다. 프티 트리아농에 들르기는 했지만, 왕을 위해 마련된 침실에서는 하룻밤도 묵은 적이 없었다. 결국, 모든 시종과 시녀들이 오로지 왕비만을 위해 일했다.

세상 물정을 모르는 왕비의 변덕스러움은 공격의 대상이 되었는데, 하물며 방 전체를 아주 값비싼 보석으로 치장했다는 억측과 낭설까지 생겨났다. 그러나 문제가 된 그곳은 사실 양철과 스테인드글라스로 꾸민 소극장에 불과했다. 왕비에 대한 비난은 그녀의 충동과 변덕스러움으로 치르게 되는 엄청난 비용에 초점이 맞추어졌다.

실제로 당시 영국에서 유행하고 있던 중국식 정원의 공사는 준비 단계에서만 이미 300,000리브르가 들었다. 그곳의 관리인이던 보느프와 뒤 플랑Bonnefoy du Plan**은 장미는 물론이며, 제비꽃 등 왕비가 특히 좋아하

고를 받은 다음날, 현재는 나시옹 광장place de la Nation이 된 트론 랑베르세 광장 place du Trône-Renversé에서 단두대의 이슬로 사라졌다.

* Hubert Robert (1733~1808) - 로마의 폐허가 있는 풍경이나 고대 건축을 시적인 정취로 그려 '폐허의 로베르'라 불리기도 했다. 프랑스의 바티칸 대사의 수행원이 되어 이탈리아로 건너간 그는 장 오노레 프라고나르Jean-Honoré Fragonard와 함께 여행하며 친분을 맺었다. 1766년엔 '왕립 화가 및 조각가 아카데미Académie royale de peinture et de sculpture'의 회원이 되고 이후 원장까지 지낸다. 프랑스 혁명 때에는 혁명재판을 받고 투옥되었으나, 로베스피에르가 몰락한 테르미도르 9일에 풀려난다.

** Pierre-Charles Bonnefoy du Plan (1732~1824) - 마리 앙투아네트의 가구 관리인garde-meuble이자 프티 트리아농의 관리인이었다. 혁명 기간에도 마리 앙투아네트를 끝까지 보필하였다. 공포정치 기간에 거의 15개월 동안 독방 생활을 하다가 테르미도르 10일에 석방되었다.

향수의 기억

는 꽃들로 예쁜 화단을 꾸몄다. 봄에는 마리 앙투아네트가 장식 문양을 다시 그려 넣은 오렌지 나무 화분들을 두었고, 캐롤라이나 주가 원산지인 개오동나무, 마디풀, 단풍나무, 낙엽송, 박태기나무, 향나무, 나도싸리, 수입 오크나무를 비롯하여 버지니아 산 튤립나무에 이르기까지, 희귀종 나무들이 가히 충격적인 가격에 수입되어 크게 물의를 빚기도 했다. 앞서 나열된 미국산 나무들은 거대한 범선에 실려 대서양을 건너온 것으로 알려져 있다.

1780년 여름, 마리 앙투아네트는 새로운 유행을 일으켰다. 단색 리본으로 허리 부분을 졸라매는 스타일이었는데, 흰색 론*으로 짠 드레스를 입은 데다 차양이 넓은 소박한 밀짚모자를 쓰고, 머리는 자연스럽게 늘어뜨렸다. 아데마르 백작부인처럼 보수적인 차림을 고집하는 이들은 '어린아이나 과수원에서 과일 따는 여자로 보이게 하는 점잖지 못한 옷'이라며 화를 냈다. 왕비가 리옹의 비단 상인들을 망하게 하고, 브뤼셀Bruxelles의 론 상인들의 배만 불려 주려고 그런 옷을 입는다는 소문이 돌았다. 로즈 베르텡은 고향인 피카르디를 주제로 하여 피카르디 보닛bonnet à la picarde을 만들었는데, 이는 우유 장수의 보닛bonnet à la laitière과 함께 불티나게 팔렸다. 모두 레오나르가 아메리카 신대륙을 축복하기 위해 매우 화려하게 만든 반란군의 머리coiffure aux insurgents보다 훨씬 더 선풍적인 인기를 얻었다. 전원의 느낌이 물씬 나는 드레스에는 무광 백색, 복숭아빛, 하늘색과 같이 부드럽고 연한 색상들이 주로 사용되었는데, 이는 자

* 고운 면이나 아마사로 된 올이 얇고 성긴 천을 이른다.

연을 매우 사랑하며, 어머니가 된 행복에 넘치는 젊은 여인의 이미지를 대표하는 색상들이기 때문이다.

왕의 일가와 파르종의 가족은 비슷한 리듬으로 변화를 겪었다. 1781년 4월 18일에 오귀스트 프레데릭 파르종Auguste-Frédéric Fargeon이 태어났고, 같은 해 10월 22일에는 왕세자가 태어났다. 루이 16세는 기쁨에 들떠 어쩔 줄을 몰라 했다. 제과 장인, 석공, 열쇠를 만드는 철물 장인, 구두 장인에다 심지어 묘혈을 만드는 장인에 이르기까지, 파리의 장인 길드 대표들이 베르사유로 와서 왕비의 해산을 축하했다. 파르종은 조향사 길드의 대표로 참석했다. 비제 르브룅의 말대로, 마리 앙투아네트는 두 아이를 낳은 여자답지 않게 몸매가 망가지지 않아 여전히 늘씬한데다, 풍만하면서도 너무 뚱뚱해 보이지 않았다. 팔은 여전히 아름답고, 손은 작지만 완벽한 아름다움을 간직하고 있으며, 발도 여전히 예뻤다.[54] 레알의 여성 상인 대표 50명이 검은색 정장*으로 차려입고 왕비에게 인사를 하러 왔는데, 그중 다수가 다이아몬드 액세서리를 달고 왔다.

험담꾼들은 왕비가 늙는 것을 너무 걱정한 나머지, 캉팡 부인을 통해 오페라 극장의 무용수였던 기마르Guimard 양에게 노화의 흔적을 없애기 위한 비법을 알아보았다며, 자신 있게 말했다. 이러한 험담을 전해 들은 파르종은 미인의 연지eau de beauté나 왕비가 좋아하는 연지eau favorite를 주

---

* 로코코 풍의 화려한 옷차림을 했던 귀족들과 달리, 당시 부르주아들은 자기 절제와 검소함이라는 계급의식을 검은색 복장을 통해 표출하려 했다.

문품 사이에 슬쩍 끼워 넣기도 했다. 약간의 연지만으로도, 기미 하나 없이 맑고 투명한 피부를 가진 왕비의 아름다움이 충분히 빛날 수 있음을 잘 알고 있었기 때문이다. 브랜디에 안식향과 붉은색을 내는 브라질 소방목과 명반을 섞어서 만든 액상 화장품을 양 볼에 가볍게 문지르면, 연지를 발랐는지 혹은 본래 피부색인지를 구별하기 어려웠다.[55]

마리 앙투아네트의 스타일을 모방하던 여자들은 조화로 왕관을 만들어 쓰고, 옷과 모자를 온통 화환으로 꾸미기 시작했다. 어디를 가나 자연을 모방한 값비싼 인공 장식물로 멋을 낸 아가씨들만 눈에 들어왔다. 단색 혹은 줄무늬 천으로 만든 치마는 스위트피 무늬로 장식되었다. 머리쓰개는 라일락 스팽글로 장식되고, 숄에는 재스민 꽃무늬 수가 놓였다. 어디를 둘러봐도 꽃 천지였다.

1781년에 개조된 오침방의 장식은 여성적인 아름다움과 모성애의 찬가나 다름없었다. 루소 형제의 조각상들은 꽃무늬로 둘러지고, 유노Junon 신을 상징하는 공작이 그려진 벽판의 둘레는 장미 꽃잎으로 장식되었다. 평소 왕비는 납품을 위해 온 상인들과 이 방에서 만나곤 했다.

그때부터는 귀족 부인들이 아름다운 구두를 퇴비로 더럽힐 필요가 없는 이상적인 시골 풍경에서 힌트를 얻어야 했다. 파르종은 향수에 미나리아재비bouton d'or, 꽃이 만발한 들판prés fleuris, 봄의 꽃다발bouquet de printemps처럼 계절의 분위기에 맞는 이름을 붙였다. 하지만, 자연의 느낌을 완벽하게 재현하는 작업은 점점 더 까다로워졌다. 최고급 향수eaux surfines에 환상적인 느낌을 주기 위해서는 오랜 제조 시간이 필요했다.

들판에 피는 야생화를 닮고 싶은 여자들의 강한 열망이 반영된 그들의 초상화는 더는 도자기로 만든 비스크bisque 인형처럼 보이지 않았다.* 그러나 그들이 추구하는 소위 '자연스러움'이란 실은 극도로 인위적이었다. 누르스름한 녹색은 '왕세자의 대변', 무지갯빛이 도는 갈색은 '파리의 진흙' 또는 '거위 똥' 그리고 불타는 붉은색은 '오페라의 불'과 같이 매우 어색하고 괴상망측한 이름이 붙여졌다. '오페라의 불'은 1781년 6월 15일, 오페라 극장에서 일어난 화재를 떠올리는 이름인데, 불이 오페라의 공연장에서 시작하여 팔레루와얄까지 번져 나간 사건이었기 때문이다. 또한 '세련된 멋쟁이 청년의 뱃속'과 같이 이상야릇한 비유적 표현도 등장했다.

피르종은 평소에는 왕비의 화장 시간 동안 아주 잠깐 만나곤 했는데, 어느 날 아침, 트리아농으로 급히 오라는 전갈을 받았다. 그는 구불구불한 오솔길과 꽃이 만발한 잔디가 깔려 있는 자그마한 천국을 황홀하게 바라보았다. 목동처럼 차려입은 하인이 나오더니, 왕비가 파르종을 기다리고 있다면서 왕비에게로 데려갔다. 왕비는 산책길을 홀로 거닐고 있었는데, 늘 그러했듯이 널따란 비단 리본으로 허리를 묶은 론 드레스를 입

---

* "자연으로 돌아가라."는 루소의 자연주의는 궁궐의 일상생활을 전복시킬 만큼 막대한 영향을 미쳤다. 궁궐의 귀족 여성들은 루이 14세 시대의 바로크 문화를 상징하는 인위적인 요소들, 즉 과도한 장식적 요소에 불편함을 주었던 당시 프랑스 궁궐의 공식 예복인 '로브 아 라프랑세즈robe à la française'와 하늘을 찌를 듯이 높이 솟아오르는 무거운 푸프를 거부하기 시작했다. 그들은 자연스러운 분위기의 드레스를 걸치고 가슴은 꽃으로 장식했으며, 장미와 라벤더, 제비꽃 성분이 들어간 부드러운 향수를 뿌렸다.

고 있었다. 파르종은 허리를 굽혀 아이리스의 향기를 맡자 반가운 마음이 들었다. 자신이 만든 향수의 냄새가 났기 때문이다. 왕비는 고개를 들어 파르종에게 상냥한 미소를 지어 보이더니, 가까이 오라는 듯 손짓을 했다.

― 파르종 씨, 만나서 반갑군요. 잠시 산책길을 함께 거닐어 준다면 고맙겠어요.

마리 앙투아네트는 프랑스에서 가장 잘 나가는 여자였다. 하늘을 찌를 듯 기세가 등등하고 위엄이 넘쳐, 궁궐 사람들 사이에 섞여 있어도 그녀가 왕비라는 것을 한눈에 알아볼 수 있었다. 그러나 그 위엄은 어느 누구에게도 폐를 끼치지 않으며, 온화하며 상냥한 느낌을 주었다. 왕비를 한 번도 만난 적이 없는 이에게 그녀가 얼마만큼 우아하고 매력이 넘치는가를 설명하기는 결코 쉽지 않았다.[56] 그러나 트리아농에서 본 그녀의 태도는 달랐다. 다소 느긋하면서 상냥했지만, 그녀에 대한 존경심마저 잃게 할 정도는 아니었다.[57] 왕비의 곁에서 파르종은 기분이 들떠 어쩔 줄을 몰랐다. 왕비는 마치 파르종에게 은혜를 입은 사람인 양 감사의 말을 건네고 나서 이렇게 말했다.

― 파르종 씨에게 부탁할 것이 있습니다. 나의 트리아농 정원 전체를 병 속에 고스란히 담아 주세요. 나는 이곳이 너무 좋아서 어디를 가든 항상 지니고 싶답니다.

그러면서 정원에 핀 꽃들에 둘러싸여 있으니 심신이 편안해지며, 특히 장미가 가장 좋다고 했다. 게다가 투베로즈의 묘한 기운까지 느껴진다고 했다. 이 말을 들은 파르종은 내심 놀랐다. 투베로즈의 향은 매력적이지만 불길한 느낌을 주기 때문이다. 왕비가 말을 이어 나가는 동안, 파르종은 특징을 잡아내기 위해 그녀의 자태를 은밀히 관찰했다. 피부가 너무나 맑고 투명하여, 침침한 구석이라곤 조금도 보이지 않았다. "기존의 색상으로는 왕비의 얼굴에 넘쳐 나는 생명력을 온전히 표현할 수가 없었다. 그러한 미묘한 색조는 오로지 그녀의 아름다운 얼굴에서만 볼 수 있었다."58)

왕비가 프티 트리아농의 벨베데르Belvédère*를 향하고 있는 돌로 만든 기다란 의자에 앉자, 파르종도 곁에 앉았다. 왕비는 별채를 새롭게 단장한 후, 온통 꽃과 향기로 가득 채우고 싶다고 했다. 헤어지기 전, 왕비는 파르종에게 한 가지 임무를 맡겼다. 매우 우아하지만 결코 멋쟁이라 볼 순 없고, 그럼에도 세상에서 가장 남자다운 누군가를 위한 향수를 만드는 일이었다.

그날 저녁, 낮에 있었던 일을 남편에게서 전해 들은 빅투아르는 향수를 받을 사람이 왕은 아니라고 말했다. 왕의 외모가 딱히 우아하다고는

---

* 베르사유의 프티 트리아농 별궁에 위치한 영국식 석조 정자다. 벨베데르는 리샤르 미크가 마리 앙투아네트 왕비를 위해 1778년부터 1781년까지 신고전주의 양식으로 설계한 정자로, 이곳에서 야유회나 음악회가 열리기도 했다. 정원에는 작은 농가를 만들어 마리 앙투아네트가 직접 농사를 짓기도 했고, 열두 가족으로 하여금 정착하여 살게 했다.

말할 수 없었기 때문이다. 파리에서 뿐만 아니라, 베르사유에서도 소문이 무성했던 것으로 보아, 왕비가 부탁한 향수는 스웨덴 군대를 이끌고 온 미남 대령을 위한 것일 수 있다는 것이다.

마리 앙투아네트가 요구한 향수는 파르종을 곤혹스럽게 하는 근심거리가 되었다. 한편으론 트리아농 그리고 다른 한편으론 전원을 사랑하는 왕비라는 두 가지 이미지를 동시에 떠올릴 수 있어야 하기 때문이다. 왕비와 독대한 시간은 아주 짧았다. 하지만 파르종은 항간에 떠도는 온갖 나쁜 소문들과 전혀 다른 인상을 왕비에게서 받았다. 그녀는 유순하고 기품이 있었다. 거만하거나 충동적이지도 않았으며, 비록 생각은 조금 짧을지 몰라도 그녀의 오빠 말마따나, '바람을 정면으로 맞으며 노를 저어 가는 사람' 모양 고집스럽지도 않았다. 주변 사람들을 행복하게 만들기 위해 노력한다는 그녀의 말은 진심에서 우러난 표현이며, 사람들과 만나면 기분 좋게 헤어져야 비로소 마음이 놓이는 사람이었다. 왕비는 소박한 척 하지도 않았다. 왕비의 식사시종officier de bouche들의 말을 빌리자면, 그녀의 식단은 늘 간소했다. 점심 식사로는 흰 살코기를 먹고 – 소화가 잘되는 유일한 먹거리라 믿는 – 빌다브레Ville-d'Avray의 생수를 마시며, 후식으로는 커피나 코코아차만 마셨다. 저녁에는 스프 한 그릇과 가금류의 날개 부위를 먹고, 물 한 잔으로 목을 축이는데 간혹 작은 비스킷을 적셔 먹곤 했다.

파르종은 마치 작곡을 하듯 **트리아농의 향수**parfum du Trianon를 만들었다. 왕비가 노래 부르기를 좋아하고, 클라브생과 하프를 즐겨 연주하며, 글루크Glück*의 신곡인 「오르페우스와 에우리디케」를 사랑한다는 점을 염두에 두고서, 조화를 이루는 향기를 머릿속에 그려 보았다.

메인 노트에서는 요염한 여자와 모성애를 가진 어머니가 동시에 느껴지는 순수한 장미향이 도드라져야 했다. 따라서 메인 노트에 가장 세련되고 고상한 농축액을 모아야 했다. 파르종은 오렌지 꽃잎을 생각의 출발점으로 삼았다. 겉보기는 하얗고 도톰하며, 향기는 신선하고 풍부한 것이 오렌지 꽃잎의 특징이다. 아이의 입맞춤 같은 산들바람이 불어올 때 느껴지는 행복감을 떠올리는 냄새다. 조제물에 오렌지 꽃 에센스를 약간 넣으면, 피부에 닿았을 때 느껴지는 청량감이 피부를 자극하여 활력을 주고, 그 잔향은 관능적인 황홀감에 젖게 한다. 여기에 진정 효과가 있는 라벤더 에센스와 레몬과 베르가못에서 짜낸 향유를 첨가했다. 모두 왕비에게 익숙한 성분들이므로, 안심하고 사용할 수 있을 것으로 보았다. 탑 노트를 마무리하기 위해, 갈바눔과 밀랍처럼 부드럽고 유연한 지방질 몇 방울을 첨가했다. 마치 탑 노트와 미들 노트 사이를 번갈아 가며 가볍게 자극하듯 풋풋한 느낌을 주고자 했다. 이는 싱싱한 줄기를 잘라 라낼 때 나는 냄새처럼 강렬한 생명의 기운을 내뿜는 향기다. 탑 노트는

---

* Christoph Willibald Glück (1714~1787) - 독일의 작곡가로 바로크 오페라의 불필요한 장식적 요소를 배제하고, 음악과 극을 보다 밀접하게 결합시켜 오페라를 극의 형태에 더욱 가깝게 만들었다. 그래서 그의 오페라 작품은 근대 오페라의 출발점이라는 평가를 받고 있다. 1762년, 비엔나에서 상연된 「오르페오와 에우리디케Orfeo ed Euridice」를 시작으로, 틀에 박힌 이탈리아 풍 오페라에서 벗어나 음악극의 성격을 지닌 새로운 오페라를 개척하였다.

● 향수의 기억

궁궐의 관습과 제약을 넘어서는 자유로운 정신을 소유한 왕비를 연상시켰다.

곧이어 아이리스는 미들 노트의 일부가 되었다. '아이리스'는 제우스신의 메시지를 전달한다는 뜻으로 붙여진 이름인데, '기적을 낳는 먼지'를 일으킨다고 전해진다. 얼핏 도도한 듯 우뚝 솟은 아이리스의 자태는 왕비를 연상시켰다. 왕비의 주변에는 이미 오래전부터 아이리스의 향기가 마치 후광처럼 감돌고 있었다. 아이리스의 은근한 향기는 매우 강렬하면서도 절도가 있으며, 마치 태양이 베푸는 완전한 축복처럼 열기를 발산한다. 파르종은 특별한 향을 가진 분말과 질 좋은 원액을 얻을 수 있는 뿌리줄기를 이미 왕비의 장갑과 두발용 분말을 향기롭게 하는데 사용하고 있었다. 그는 아이리스로 제비꽃 조향 작업이 가능하다는 사실을 확인했다.

왕비가 장미 못지않게 몹시 사랑한 제비꽃은 즉시 향유가 되었다. 제비꽃은 얼핏 보기엔 수줍은 인상을 주지만, 그 향기는 강렬하고 분명하기 때문에, 그늘을 좋아하는 겸손하고 소박한 꽃이라는 고정관념과 대조를 이룬다. 제비꽃의 이미지는 왕세자비 시절에는 솔직하고 발랄했지만, 자신의 진정한 속내를 감추기 위해 매우 강력한 위장술을 익혀야 하는 왕비가 된 마리 앙투아네트를 연상시킨다. 제비꽃은 왕비에게 금지된 사랑의 유혹과 페르센 백작과의 이룰 수 없는 사랑을 상징한다. 제비꽃의 향기가 지난날의 사랑에 대한 사라진 기억을 일깨워 준다는 말도 있기에, 파르종은 아이리스뿐만 아니라, 제비꽃 잎사귀의 향유도 활용했다. 그리고는 까다롭지만, 야생의 느낌이 살아 있어 매혹적인 황수선화를 추가했다. 트리아농을 빛내 주는 황수선화의 겉모습은 가냘픈 느낌을 주는 반면, 꽃이 내뿜는 순수한 향기는 현기증을 일으킨다. 이는 황수선화에 숨겨진 은밀함과 화려함이 이루는 조화가 겉모습과는 대조적인 인상을 주기 때문이다. 파르종은 이른바 '밤의 여왕들'로 불리는 흰 꽃 삼총사 – 재스민, 백합, 투베로즈 – 를 활용했다. 이들을 직접적으로 드러내지도, 섬세하게 다듬지도, 느낌을 모두 표현하지 않으면서 동시에 밤의 여왕들이 가장 이상적인 향으로 승화되어 압도적인 향기를 발산할 수 있도록 섬세하게 다루어야 했다.

파르종이 재스민을 좋아하는 이유는 잎사귀는 완만하고 우아한 곡선을 그리며, 꽃잎은 백자처럼 곱고 섬세하기 때문이다. 재스민의 꽃은 여린 반면, 향기는 피부에 산뜻하고 화려한 느낌을 주어 서로 대조를 이룬다. 그라스를 대표하는 재스민의 향기는 아주 멀리 퍼져 나간다. 그러나 왕비도 재스민도 자신의 전부를 내어 주지 않고도 사랑받는 법을 안다.

파르종은 햇살처럼 빛나는 향으로, 맡는 순간 아찔한 육체적 욕망이 느껴지는 백합과 백합수를 활용해 보기로 했다. 희고 비단처럼 고운 백합의 꽃잎은 촉촉하고 산뜻하면서 달콤한 느낌을 주는데, 새싹의 풋내와 더불어 더욱 진한 향을 풍긴다. 부르봉 왕실을 상징하는 백합에 담긴 의미는 훌륭하지만, 파르종은 백합의 잔향에서 느껴지는 성스러움이 향수를 완성하는 데에는 위협적일 수 있다는 점에 주의를 기울였다. 비록 백합이 왕권을 상징하는 꽃이지만, 왕비의 참된 성품을 부각시키지는 못하므로 남용하지 않는 편이 바람직해 보였다. 그 대신에, 하늘을 향해 위풍

당당하게 솟구쳐 올라갈 듯 길고 가느다란 줄기를 가진 투베로즈를 이용하기로 했다. 그라스는 우수한 품종의 투베로즈가 넘쳐 나는 곳이다. 그라스 산 투베로즈의 흰 꽃잎은 두툼하고 부드러우며, 향기는 그윽하고 감미롭다 못해 관능적인 느낌마저 든다. 파르종은 불안을 달래 주면서도 욕구를 자극하는 투베로즈의 효과를 확인할 수 있었다. 왕비가 자연산 생화를 좋아하면서도, 지독하리만큼 강력한 중독성을 멀리하는 이유는 알 수 없었다. 마리 앙투아네트는 가장 싫어하는 어떤 냄새를 투베로즈에서 맡은 걸까? 영혼을 좀먹는 독한 냄새 말이다. 이런 생각이 들자, 파르종은 식물성 향료 가운데 냄새가 가장 독한 꽃을 사용하는 것은 왕비에 대한 예의에 어긋나는 일이라는 생각이 들었다.

조제물에 깊이와 조화를 더해 향수를 완성할 단계에 이르렀다. 바닐라를 넣어 따뜻하고, 맛있고, 부드러운 향을 주었다. 바닐라 향은 부드럽고 넉넉한 맛을 떠올리는 향으로, 마리 앙투아네트가 비엔나 풍의 빵과 과자를 즐겨 먹던 어린 시절을 연상시킨다. 측백나무와 백단으로 트리아농의 산책길에 심어진 나무들의 조화를 연출하고, 호박과 머스크로는 동물적이고 관능적인 열기를 느끼게 했다. 아울러 따뜻함과 점착성을 더해 주는 소량의 안식향도 추가했다. 우아하면서도 남자답다는 이름 모를 '그'를 위한 향수는 이제 거의 완성되었다. 베이스 노트에 베르가못과 재스민, 떡갈나무의 이끼를 넣으니 고급스럽고 세련된 향이 느껴졌다. 이 향수를 뿌리는 사람에게서 나는 잔향은 마치 밀랍으로 봉인된 연애편지처럼 애틋한 느낌을 줄 것이다.

파르종은 완성된 향수를 프티 트리아농으로 소중히 가져가 보느프와 뒤플랑에게 건네면서, 반드시 왕비에게 직접 전해 달라고 부탁했다. 그리고 며칠 후, 왕비가 그의 향수에 대단히 만족했다는 소식이 전해졌다. 마침내 파르종은 꿈을 이룬 것이다.

보충 자료

I
장 루이 파르종의 향료 팔레트

향 또는 유향olibanum

아라비아가 원산지며, 연한 노란색에 투명하며 점성이 있다. 딱딱하고 건조하며 약간 쓴맛이 난다. 제법 매캐한 냄새가 나지만 그리 불쾌하지는 않다. 향의 알갱이는 직사각형 모양을 하고 있으며, 투명하고 부드럽다. 고환 또는 유두와 생김새가 닮아서 '수향' 혹은 '암향'이라 불리기도 한다. 사찰이나 수도원 등에서 향긋한 냄새를 퍼뜨리기 위해 사용한다. 인도나 모카Mocha의 향이 작은 알갱이의 형태로 동인도회사를 통해 유럽으로 전해지는데, 대개는 덩어리로 수입된다.

몰약

방향성 고무수지며, 노란색이나 붉은색을 띤 약간 불투명한 알갱이나 덩어리 형태다. 인도가 원산지다. 쓴맛이 나며, 달짝지근하면서도 톡 쏘는 자극적인 냄새가 구토를 일으킬 수 있다. 부서지거나 불에 태우면 다소 불쾌한 냄새를 발산하기 때문이다. 좋은 몰약은 기름기가 있고 잘 부서진다. 만일 끈적거리면서 불쾌한 냄새가 나고 갈색을 띤다면, 그냥 버려야 한다. 매우 투명하며 속 맛이 쓰지 않은 것은 몰약이 아니라, 아라비아고무다.

안식향

거칠고 잘 부서지며 건조한 인화성引火性 수지다. 태우면 달콤한 바닐라 향과 코끝을 찌르는 냄새가 난다. '벨조프belzof'라는 거목을 절개해서 채취하는데, 수마트라, 자바, 태국 등이 주요 산지다. 적당할 때 채취하면 냄새가 매우 향기롭고 훌륭하지만, 너무 오래 방치하면 갈변하면서 지저분해진다. 꽃은 향수의 원료로 사용하는데, 에틸알코올에 용해된 천연 안식향 수지는 염료로 쓰이기도 한다.

소합향styrax 혹은 때죽나무의 수지storax calamite

조롱나무과의 수피에서 얻어지는 천연수지다. 꽃의 생김새가 오렌지 꽃과 닮았다. 프로방스, 시리아 및 소아시아의 지중해 연안 지역인 킬리키아 등에서 자란다. 소합향 수지는 회색을 띠며 윤기가 흐르고 향이 매우 진하다. 냄새는 다소 불쾌감을 주지만 맛은 좋은 편이며, 매우 싱싱하고 자극적인 페루 발삼향이 느껴진다. 갈대의 수지를 뜻하는 '카라미트calamite'의 어원은 갈대를 실은 배 한 척이 팜필리아에서 마르세유로 떠난 옛날로 거슬러 올라간다. 미국산 소합향은 나무에 상처를 내지 않아도 얻어지는 발삼balsam이며, 루이지애나 산 나무의 껍질을 통해 그것이 버지니아 플라타너스임을 알 수 있다. 때죽나무의 수액은 광택제에 함유된 기름과 그 농도가 같고, 적황색이다. 또한 맛은 매콤하면서도 향긋하며, 소합향이나 용연향에 가까운 냄새가 난다.

라브다넘 labdanum

시스투스속의 여러 종에서 얻어지는 천연수지다. 사이프러스, 이탈리아, 그리스 등 지중해 연안 지역에서 자란다. 라브다넘 향유는 비누나 담배와 같은 정제를 만드는 성분으로 쓰인다.

갈바눔 galbanum

왁스처럼 연성을 가진 유지油脂로, 반투명하면서 광택이 난다. 아라비아, 시리아, 페르시아를 포함하여 모리타니아 Mauritania와 같은 아프리카 나라들이 주산지다. '이마점'이라는 별명을 가진 미나리과 식물의 줄기에서 배어 나온 수지성 물질이다.

메카 발삼 Mecca balsam

크림색 수지로 레몬처럼 새콤하고 향긋한 맛이 난다. 감람나무과에서 얻을 수 있는 천연수지다. 아라비아 북부, 팔레스타인 지방과 이집트에서 생산되는 야생 발삼이다. 몽펠리에서는 보기 드문 희귀종이다. 메카 발삼을 화장품으로 사용하는 여성들은 순수 유액 lait virginal과 술탄의 포마드 pommade à la sultane를 선호하는데, 이 두 가지 제품은 피부 미용 효과가 아주 뛰어난 것으로 알려져 있다.

머스크 musk

인도의 동부 지역과 베트남, 라오스, 캄보디아, 태국, 미얀마 등의 동남아시아가 원산지다. 가젤과 수노루의 배꼽 근처에 있는 작은 주머니 안에 머스크가 있다. 중국인들은 가장 순수한 머스크를 최고로 여긴다. 수노루가 바위나 나무 밑동에 몸을 문질러 영역 표시로 남기는 것이 머스크다. 혼입하거나 치환하기가 쉽다. 외피가 없는 머스크는 향이 강하고 황갈색에다 쓴맛이 나므로, 건조시켜야 한다. 태웠을 때는 찌꺼기가 남지 말아야 한다. 머스크를 감싸고 있는 외피는 수노루의 갈색 털로 덮여 있어야 한다. 만일 덮여 있는 털이 흰색이라면 벵골 산 머스크라는 증거다. 하지만 동남아시아 산 머스크보다는 질이 떨어진다.

시베트 civet

사향고양이의 항문 아래쪽에 위치한 작은 주머니에서 채취하는 액상 향료를 시베트라 한다. 아프리카가 원산지며, 본래 시베트는 기니어로 '비버'를 가리킨다. 크림이나 꿀과 같은 농도를 가진 흰색 분비물이다. 사향고양이의 나이가 들수록 분비물의 색이 노랗고 거무스름해진다. 향이 강하기는 하지만, 머스크보다 더 향긋한 냄새가 난다.

용연향

제법 큼지막한 덩어리 형태로 해변에서 발견된다. 밝고 투명한 물질로 잿빛을 띠며, 향을 발산하는 희고 작은 점들이 간간이 섞여 있다. 소량의 다른 향료들에 용연향을 첨가하면 훨씬 더 두드러진 인상을 준다. 용연향 자체는 구수한 냄새가 나지만, 다른 향료들의 혼합물에 첨가하면 매우 가볍고 여리며 섬세한 느낌의 향수를 만들 수 있다. 질이 좋은 용연향은 잘 타며, 다 타고 나면 금색의 수지가 남는다. 조향사들은 이 용연향을 광범위하게 사용하는데, 소량의 머스크 및 시베트나 설탕과 함께 섞어 자극적인 느낌을 한층 더 고조시킨다. 호박琥珀은 단단하면서도 마치 아스팔트처럼 찐득찐득한 천연수지며, 살짝 쓴맛이 난다. 독일과 러시아의 발트 해 연안 지역에서 주로 채집된다.

사향씨

여러해살이 초본인 '오크라abelmosk'의 씨앗이다. 씨앗은 좁쌀크기만 하며, 머스크와 비슷한 짙은 향이 난다. 세네갈, 앤틸리스 제도, 아라비아와 이집트 등지에서 흔히 자란다.

코스터스루트costus root

이 독특한 뿌리는 코스터스 관목에서 채취된다. 아라비아, 말라바르, 브라질, 수리남 등에서 자라는 나무다. 엄지손가락 만한 크기로 잘라 쓰며, 제비꽃의 옅은 냄새가 난다. 고대인들은 이 코스터스루트를 양념이나 향료로 쓰기도 했으며, 유향과 마찬가지로 종교 의례가 있을 때 제단에서 피우기도 했다.

갈대

이집트 및 인도가 원산지다. 종종 향수의 성분으로 이용되기도 한다.

갈대의 줄기는 마치 음료용 빨대처럼 속이 비어 있으며, 볼품없는 깃펜 모양 투박하며, 줄기의 주변에는 털이 잔뜩 붙어 있다. 매캐하고 톡 쏘는 맛이 나지만, 냄새를 맡으면 기분이 좋아진다.

이 밖에도 꽃이나 나무에서 얻을 수 있는 향료들이 있다. 그중 다음과 같은 꽃들은 지중해 연안부터 그라스에 이르는 지역들에서 흔히 쓰이는 향료에 속한다.

알로에

동남아시아에서 자라는 향나무에서 얻어지며, 크게 세 가지 종으로 구분될 수 있다.

알로에의 첫 번째 종은 인도가 원산지인 침향calambac이다. 왁스와 마찬가지로 압력에 반발하는 경향이 있는 수지다. 숯불에 올려놓고 녹이면 마치 나무의 진액처럼 향긋한 냄새를 풍긴다. 향나무는 중국과 일본의 상류층에서 금과 같은 가격에 거래되었을 정도로 각광을 받았다. 중국 사찰들에서는 향나무를 태웠으며, 귀한 손님을 맞아 성대하고 화려한 의식을 베풀 때면, 향나무를 향로에 놓아두고서 그 향기가 실내 전체로 퍼져 배어들게 했다. 중국에서는 그만큼 향나무가 매우 귀하게 여겨지므로 프랑스에서는 거의 구할 수 없다.

두 번째는 우리가 주변에서 흔히 볼 수 있는 종류인데, 다양한 크기의 덩어리로 수입되며, 무게도 상당히 나간다. 적갈색을 띠며, 검고 찐득찐득한 줄이 여기저기에 나 있고, 알로에에 숭숭 뚫린 작은 구멍 안에는 향기롭고 불그스름한 수액이 담겨 있다. 뜨거운 숯불 위에 올려놓으면 아주 좋은 냄새가 펴져 나간다.

세 번째 종류는 멕시코가 원산지인 이글우드eaglewood다.

모링가Moringa 열매

이집트가 원산지인 나무의 열매다. 조향사들이 매우 높이 평가하며, 추출된 정유는 피부에 생긴 잡티나 흠집을 제거하는데 효과가 매우 좋다. 꽃향기의 냄새를 변질시키지 않고, 그대로 보존해 준다. 이는 열매 자체는 향이 없고, 산패하는 경우가 거의 없기 때문이다. 꽃을 말 털 위에 층층이 겹쳐 놓은 후, 모링가 정유가 밴 면 소재 천을 꽃 위에 올려놓는다. 그렇게 하면 기름이 진한 꽃향기를 빨아들이게 된다. 같은 천을 아주 많은 꽃 위에 올려 둘 수도 있다. 그러면 천이 압착되면서 기름이 추출된다. 이렇게 해서 꽃의 향유를 얻을 수 있다.

백단

인도인들은 백단을 대단히 좋아해서 백단나무의 속살을 유향의 주성분으로 사용했으며, 백단의 향유는 모든 향장품에 기본 성분으로 들어갔다. 가장 수요가 많았던 것은 담황색을 띤 백단이었다. 그 향기는 달콤하지만 유럽인들의 취향에는 맞지 않았다. 백단의 최대 장점은 매우 탁월한 점착력에 있다. 상쾌한 향을 내는 남미산 자단rosewood과 북미산 사사프라sassafras는 비누용으로 안성맞춤이다.

베르가못 bergamot

오렌지의 일종이다. 껍질로 사탕이나 과자를 담는 상자를 만들기도 한다. 베르가못에서 향유와 매우 자극적이고 독한 에센스를 얻을 수 있다. 나는 감귤류 중에서도 오렌지, 탱자, 레몬, 시트론, 라임 열매를 좋아한다. 향유는 감귤류 중에서 가장 오래된 열매인 시트론 citrus medica 에서 추출되며, 향수에 자주 사용된다. 라임 citrus aurantifolia 에서 냉침법 또는 증류법으로 라임 향유를 추출할 수 있다. 주요 재배지는 프로방스 지방과 이탈리아다.

탱자나무

탱자나무를 재배하는 것은 금광을 손에 넣은 것이나 다름없다. 나무의 모든 부위가 향료로 쓰이기 때문이다. 탱자나무의 원산지는 인도이며, 그라스와 그 주변 지역의 언덕에서도 무성하게 자라고 있다. 탱자나무의 꽃으로 에센스를 비롯하여 향유 및 향수, 포마드를 만들 수 있다. 탱자나무의 잎으로는 프티 그렝 petit-grain 에센셜 오일을 만든다. 열매로 감귤류 에센셜 오일을 만드는데, 이는 향수의 성분이 되기도 한다. 포르투갈 에센셜 오일은 탱자가 아니라, 오렌지로 만든다. 꽃은 4월 중순경에 피기 시작하여 6월에 진다.

재스민 jasmine

그라스에서 재배되는 가장 귀한 식물들 중 하나다. 아랍 상인들을 통해 1620년에 유럽으로 건너왔다. 스페인 재스민 혹은 왕 재스민 jasminum grandiflorum은 그라스에서 안정적으로 재배될 수 있기까지 특별한 정성을 들여야 했다. 즉, 꽃이 피는 야생 변종의 접붙이기가 이루어졌다. 재스민 관목은 약 90~120센티미터 정도로 자라며, 바람이 잘 드는 언덕에 심어야 하지만, 바람을 직접 맞아서는 안 된다. 재스민의 꽃은 7월에서 10월까지 핀다. 오전 6시에 피는데, 꽃이 피자마자 한나절 이내에 혹은 다음날 오전 9시에서 10시 무렵에 따야 한다. 단 하룻밤의 서리도 모든 것을 망친다. 이처럼 재배와 수확 과정에서 섬세한 작업을 거쳤기에 재스민이 그라스의 특산물이 된 것이며, 그라스의 재스민에는 그것을 다루는 이의 숙련된 기술이 묻어난다. 재스민 꽃의 향기는 매우 그윽하고 감미로워 갖가지 종류의 액체로 그 향을 옮겨 담고자 애를 써 왔다. 그러나 재스민 꽃에서 얻어지는 추출액으로 증류를 하기에는 그 양이 너무 적다. 이탈리아에서 수입되는 재스민 향유는 냉침법으로 얻어낸 것에 불과하다.

재스민 향유는 다음과 같은 과정을 통해 얻을 수 있다.
1. 먼저 모링가 열매의 정유를 면직물 천에 배게 한다.
2. 천을 층층이 겹쳐 놓는다. 이때 천과 천 사이로 재스민 꽃을 놓는다.
3. 천이 재스민의 향을 충분히 빨아들이고 나면, 천을 짜서 재스민 향유를 추출한다. 이때 향유에 밴 재스민의 향을 일정 기간 보존하기 위해서는 병에 넣어 코르크 마개로 꼭 막아 놓아야 한다.
4. 재스민 향이 나는 에센스를 만들기 위해서는 – 증류법으로는 얻어질 수 없으므로 – 에탄올에 재스민 향유와 모링가 향유를 부은 다

음, 그 혼합물을 잘 흔들어 주어야 한다.

5. 재스민 향유에서 기름 성분이 완전히 빠져나가면서 재스민 에센스가 만들어지게 된다.

그러나 단점도 있다. 재스민으로 에센스를 만들면 재스민 향이 아주 쉽게 날아가 버린다.

황수선화

황수선화는 아주 매력적인 냄새를 풍긴다. 그럼에도 모두에게서 사랑받는 냄새는 못된다.

아이리스

향수에 제비꽃 느낌을 주기 위해 널리 사용된다. 아이리스는 유럽 전역에서 재배되지만, 이탈리아의 토스카나Toscana 주에 속한 피렌체에서 재배된 것이 최고의 아이리스로 꼽힌다. 말린 아이리스는 제비꽃의 독특한 향이 느껴지지만, 알코올과 섞이면 사라져 버리는 향이다. 이는 알코올이 아이리스의 수액을 녹이기 때문이다. 아이리스의 뿌리줄기를 적절히 다루어 주면 대단히 섬세한 향기를 얻을 수 있으며, 이는 매우 다양한 꽃 성분에 활용될 수 있다. 장미와 함께 쓰인 아이리스의 뿌리줄기는 가장 오래된 꽃 향료들 중 하나다. 상류층에서 아주 인기가 많은 소위 '제비꽃 향이 느껴지는' 모든 제품에 사용된다. 그 밖의 다른 뿌리식물에도 조향사의 손길이 닿는다. 뿌리를 달이면 효능이 있는 탕약을 얻을 수 있는 안젤리카angelica와 인도가 원산지인 베티버vetiver 등이 있다.

라벤더

라벤더의 꽃은 백포도주, 브랜디 혹은 알코올을 이용해 증류할 수 있다. 특히 알코올로 증류하면 라벤더 에센스를 얻을 수 있다. 라벤더 에센스를 물과 희석하여 입욕제나 세정제로도 사용하며, 그 밖에도 다양한 용도로 쓰인다. 라벤더 향유를 증류한 다음, 다시 정류하여 질 좋은 에탄올과 섞으면 라벤더 에센스가 만들어진다. 라벤더 향은 상쾌하고 활력을 주기 때문에 조향사들이 즐겨 쓰는 향료들 가운데 하나다. 로마인들은 라벤더를 입욕제로 쓰기도 했다. 프랑스 남부 지역에서 재배되는 라벤더는 뜨거운 열기 때문에 약간 톡 쏘는 듯 매캐한 향이 느껴진다. 영국에서 재배되는 라벤더는 특히 고급스럽다.

백합

꽃잎을 중탕하여 추출하는 꽃물은 한때 젊은 여성들이 피부색을 좋게 하려고 사용한 적도 있다. 특히 소량의 탄산칼륨과 백합 꽃물을 혼합하면 얼굴의 잡티를 제거해 주기 때문이다.

도금양

도금양 꽃을 물로 증류하면 아스트린젠트 로션이 만들어지는데, 이를 안젤리카 수라 한다. 이 화장수의 매력적인 향기는 잘 알려져 있으며 목욕할 때 자주 쓰인다. 안젤리카 수로 세안하면 피부의 탄력을 유지하는 데 매우 좋다.

장미

향수 제조에 반드시 필요한 기본 향료다. 증류액, 에센스, 오일, 포마드, 향주머니를 만드는데 쓰인다. 장미 향유 생산의 90퍼센트를 차지하는 지역은 키잔리크산과 가까운 발칸산이다.

순수한 장미 향유는 고온에서 결정을 이룬다. 그러나 장미 향유를 생산하는 지역의 관행 상, 제라늄 정유와 경뇌유를 섞어 인공 결정을 만드는 것이 일반적이었다. 따라서 조향사들은 프로방스 산 장미를 훨씬 더 선호하게 되었다. 5월에 장미꽃이 피면, 여성들과 아이들이 날이 밝자마자 따야 했다. 열기가 있는 낮에 따면 장미 특유의 그윽하고 매력적인 향이 사라지게 된다.

투베로즈 Tuberose

인도가 원산지다. 자바섬과 실론섬에서도 야생 투베로즈를 구할 수 있다. 시몬 데 토라르 Simon de Torar 라는 에스파냐 의사가 투베로즈를 유럽에 소개한 것은 1594년이다. 이 알뿌리를 가을에 심으면 이듬해에 꽃이 피는데, 해마다 새로운 알뿌리를 심어 주어야 한다. 6월에서 7월 사이에 꽃이 피며 9월 초까지 꽃을 볼 수 있다. 줄기는 1미터 정도이며, 매일 오전 11시부터 오후 3시까지 두 개의 꽃봉오리가 피어날 때, 즉시 꽃을 따야 한다. 그래야만 향이 오래가지 못하는 투베로즈의 향을 가까스로 얻어낼 수 있기 때문이다. 알뿌리 꽃으로 조향 작업에서 큰 비중을 차지하는 향유를 만들 수 있다.

계수나무

아카시아의 일종으로 10월에서 11월 사이에 재배된다.

제비꽃

섬세하고 그윽한 향기로 점점 더 많은 사랑을 받고 있다. 제비꽃 향은 증류가 아닌 제비꽃의 정유에서 얻어진다. 제비꽃은 니스Nice를 비롯한 주변의 농촌 지역에서 오렌지 나무와 레몬 나무 밑동에서 재배된다. 이는 오렌지 나무와 레몬 나무의 잎이 두꺼워 강렬한 태양빛을 가려주기 때문이다.

로즈마리 rosemary

아주 강한 향유가 얻어지며 비누에 향을 내기 위해 사용된다. 로즈마리의 향은 장뇌의 냄새와 아주 비슷해서 결혼식이나 장례식에서 쓰이며, **헝가리 왕비의 향수**의 주원료다.

백리향과 야생 백리향, 마조람, 바질 꽃, 셀러리, 파슬리, 월계수, 압생트, 회향, 샐비어에서도 향유를 얻을 수 있다. 백리향과 마찬가지로 박하도 6월에 꽃을 볼 수 있으며, 덥고 건조한 날씨에 따야 한다. 줄기에서 잎과 꽃을 벗겨낸 후, 분쇄된 박하 2파운드를 재빨리 증류기에 넣는다. 박하의 꽃물은 맛과 향기가 좋지만 제법 강하므로, 조금씩만 사용해야 한다.

향신료

향이 약할 때 악센트를 주기 위해 사용된다. 계피, 정향, 육두구의 씨, 육두구, 소두구, 고수 등이 향신료에 속한다. 이 훌륭한 향료는 향수를 완성하는데 많은 도움이 된다.

사탕수수와 계피는 인도와 중국에서 무성하게 자라나는 2종의 월계수 껍질로 증류된다. 정향나무의 꽃봉오리인 정향은 아프리카 연안과 서인도제도가 원산지다. 정향유는 비누에 쓰이며, 적정한 양의 정향유는 일부 향 제품의 성분이 된다. 가령, 카네이션과 정향은 친화성이 있다.

육두구와 육두구의 씨앗은 인도가 주산지다. 육두구의 씨는 열매를 감싸는 섬유질이며 육두구는 열매 그 자체다.

올스파이스allspice와 피멘토pimento는 특히 앤틸리스 제도와 같은 열대 지역에서 자라나는 으제니아 피멘타Eugénia pimenta의 열매. 두 종류의 팔각과 붓순나무는 중국이 원산지다.

사향씨는 남아메리카가 원산지며, 아니스, 딜, 회향, 캐러웨이는 유럽에서 재배된다.

II
조향실에서
– 향수의 제조방법 및 조향 장치[*]

증류distillation와 증류 용기들

다음과 같은 도구들만 갖추면 증류 작업이 가능하다 – 증류기, 주석 도금 구리, 주석, 유리 재질의 용기들. 특히 유리 용기를 사용하면 가장 순수한 증류 결과물을 얻을 수 있다. 증류기는 가마솥 또는 증류기와 뚜껑 그리고 냉각기 세 부분으로 구성된다.

가마솥은 원뿔의 윗부분을 잘라서 엎어 놓은 모양을 하고 있다. 화덕에 가마솥이 충분히 걸리도록 벽돌 화덕 안에 용기를 눌러 앉힌다. 솥의 깊이만큼 반경도 크기도 충분해야 한다. 대개 가마솥의 바닥이 넓고 경사가 완만해서 불과의 접촉면을 넓힐 수 있다. 주석 도금이 잘된 가마솥에 달린 목이 가마솥의 입구를 약간 좁혀 준다. 목 위에 손잡이 두 개짜리 연결관이 달려 있다.

가마솥의 뚜껑은 '머리'라 불린다. 커다란 용기의 뚜껑은 주석 도금된 구리로, 작은 용기의 뚜껑은 얇은 주석으로 만든다. 뚜껑은 끝부분이 돔

---

[*] 출처: 장 루이 파르종, 조향사의 기술, 1801년, 파리.

형을 이루는 원통 모양을 하고 있다. 원통의 아랫부분에는 가마솥의 입구 안쪽을 꽉 조이는 목과 연결되어 있다. 뚜껑의 돔은 원통의 상부 테두리보다 조금 아래에서 납땜으로 붙여진다. 돔의 중앙에는 관이 연결되어 있다. 소위 '모자의 뚜껑'이라 불리는 원뿔 모양에 가까운 커다란 파이프와 원통의 측면이 납땜으로 붙여진다.

증류할 향료를 가마솥 안에 넣고 뚜껑을 닫은 후, 꽉 조여서 밀폐시킨다. 그리고는 화덕에 불을 지핀다. 향료를 가열할 때 발생하는 수증기는 소위 '뚜껑의 입'을 통해 배출되어 제3의 공간으로 이동하는데, 이곳에서 냉각되는 즉시 응축된다. 그래서 이 장치가 '응축기' 또는 '냉각기'라 불리는 것이다. 처음에는 기다란 관이 달렸지만 장소를 너무 차지했으며, 나선 모양의 관이 달려 있었지만 증류가 끝난 다음에 향료를 세척하기가 어려웠다. 마침내 증류에 효율성도 높일 뿐만 아니라 세척하기에도 쉬운 지그재그 모양의 관이 달리게 되었다.

중탕냄비 혹은 이중 가열 장치는 조향실에 반드시 갖추어야 할 장치다. 중탕냄비는 휘발성이 매우 강한 향료 또는 물보다 끓는점이 낮은 향료를 증류하는데 쓰일 수 있다. 가마솥 안으로 거뜬히 들어갈 만한 크기의 원통형 주석 용기에 증류기를 담을 수 있는데, 바닥이 가마솥의 바닥에 닿지 않도록 중탕냄비가 갈고리못에 걸리게 해야 한다. 따라서 증류 과정에서 중탕을 할 수도 있고, 안 할 수도 있다. 이러한 증류 작업에 선선택된 향료들이 담긴 용기를 가마솥 안에 들여놓은 후, 뚜껑을 닫는다.

이어서 연결관을 이용하여 가마솥 안에 물을 붓는다. 뚜껑의 윗부분은 바깥쪽으로 뚫려 있으므로, 이 공간을 열 전도성이 낮은 석탄으로 가득 채운다. 이는 뚜껑이 아닌 증류기 내부에서 수증기의 응결이 일어나게 하려는 것이다.

증류 과정에서 화력을 보다 더 높일 필요가 있다면 모래 중탕을 이용할 수도 있다. 내열성이 좋은 무쇠솥에 고운 모래를 채운 후, 그 안에 화덕을 놓는다. 모래가 증류기 안에 담긴 향료보다 손가락 하나 들어갈 만큼 올라와야 한다. 이와 같은 모래 중탕은 가장 적절한 온도에서부터 고온 발광에 이르기까지, 거의 모든 온도의 열에 민감하므로 매우 유용하다. 경험이 풍부하고 숙련된 조향사라면 거의 모든 작업에 활용할 수 있을 만큼 적절한 방법이다.

향수를 만들 때 정류 과정을 거치면 매우 순수하고 향기로운 액체를 얻어낼 수 있다. 정류란, 이미 증류된 액체를 재차 증류하는 것을 의미한다. 정류를 할 때에는 유리 재질의 증류기를 사용한 물중탕과 모래 중탕 모두를 활용하기도 한다.

유리 증류기 내부의 공간이 넉넉한 경우에는 증류기 안을 직접적으로 채우기 용이하도록 돔의 윗부분에 관이 달려 있다. 깔때기를 이용하여 액체를 한꺼번에 부을 수도 있고, S자 연결 튜브를 사용하여 여러 번에 나누어 부을 수도 있다. S자 연결 튜브는 안전 튜브의 역할도 겸하는 연결관에 달려 있다. 때로는 목이 두 개 달린 연장관을 증류기에 이어 붙이기도 한다. 연장관은 그 중간 부분이 불룩하며 증류기의 목을 연장하는

데 사용된다.

  조향사는 플라스크도 갖추어야 한다. 손잡이가 달린 목이 긴 둥근 플라스크도 있고, 목이 곡선으로 휘었거나 튜브처럼 생긴 것도 있다.

  마지막으로 여과기도 사용된다. 재질은 주석과 아연 혹은 은도금되었거나 은으로 된 금속섬유이며, 형태는 여과기를 닮았다. 여과기의 주름 수는 종이 필터의 수와 같아야 하는데, 이는 받치거나 지탱하기 위한 것이다. 종이의 표면이 금속섬유와 맞닿아 있으며 막히거나 들러붙지도 않으므로, 액체가 여과기를 원활히 통과하여 작업이 신속하게 진행될 수 있다. 걸러지는 액체의 상태에 따라 속도가 달라진다. 가속 여과기가 원뿔 모양을 하고 있으므로, 유리 또는 다른 재질로 된 깔때기 안에 액체를 넣을 수 있다. 이러한 여과기는 물에 흔들어 세척하거나 열에 건조시키기 쉽다.

냉침법enfleurage과 침연법macération

- 궤짝의 내부 전체에 양철을 두른다. 궤짝의 가장자리로 꽃의 향기가 새어 나가거나 궤짝이 향유를 흡수할 수 없게 하는 것이다.
- 궤짝 안에 편평하게 놓이기 쉽도록 나무틀을 만든다. 틀에 사용되는 나무의 너비는 손가락 두 개 정도이며, 나무틀의 둘레에는 핀을 꽂는다.
- 면 소재의 천을 각각의 나무틀 위에 펼쳐서 걸친다. 천은 아주 깨끗하게 빨아 맑은 물에 헹군 후 건조시켜서 사용한다.

- 천에 모링가 기름이 배면 살짝 짜낸 후, 나무틀 위에 펼쳐 놓고 핀으로 고정시킨다.
- 궤짝 바닥에 나무틀을 놓는데, 천이 위를 향하게 놓아야 한다. 그런 다음, 그 안에 향유를 얻고자 하는 꽃을 뿌리는데, 또 다른 나무틀에 걸쳐진 천에도 꽃을 뿌린 후 층층이 겹쳐 놓는다. 궤짝이 가득 찰 때까지 같은 작업을 반복한다. 틀을 두른 나무의 너비가 손가락 두 개 정도이므로, 꽃이 눌리지는 않는다.
- 12시간이 경과한 후에 다시 새로운 꽃을 뿌린다. 여러 날 동안 같은 과정을 반복하게 될 수도 있다. 이러한 과정을 냉침법이라 한다.
- 꽃향기가 천에 충분히 짙게 배었다고 판단되면 나무틀에서 천을 거두어 낸 후, 4등분이 되도록 접는다.
- 이어서 접은 천을 둘둘 말아 끈으로 묶어 두는데, 이는 천에 배인 향유가 날아가지 않고, 천이 너무 처지지 않게 하려는 것이다.
- 압착기에 넣고 향유를 짜낸다. 압착기 역시 양철 재질이어야 향유가 나무틀에 흡수되지 않는다.
- 압착기 아래에 깨끗한 용기를 놓아두고서 그 안에 향유를 꼼꼼하게 받는다.
- 그런 다음, 단단히 밀폐된 플라스크에 옮겨 담아 보관한다.

궤짝 하나에 오직 한 가지 꽃의 정유만 추출할 수 있는데, 이는 다른 꽃향기로 인해 추출된 꽃향기가 제대로 느껴지지 않을 수 있기 때문이며, 마찬가지 이유에서 한 가지 꽃의 정유를 얻는데 사용된 천을 만약 깨끗한 물에 완전히 뺀 후 건조하지 않았다면, 다른 꽃을 작업할 때에는 쓸 수 없다.

   냉침법은 투베로즈, 재스민을 비롯한 그 밖의 많은 꽃처럼 증류로 향유를 얻을 수 없을 때 쓰이는 일반적인 방법이다. 이는 조향사 입장에서는 매우 유용한 제조법이지만, 작업 속도는 매우 느리다. 만족할 만한 결과물을 얻기 위해서는 30일에서 35일이 걸리며, 이 기간 동안 매일 새로운 꽃으로 갈아 주고, 유리판에는 매번 같은 기름을 뿌려 주어야 한다. 냉침법은 매우 섬세하고 숙련된 작업을 필요로 하며, 24시간 이내에 꽃을 처리해 주어야 한다.

압착법 expression

   오렌지, 레몬, 감귤류의 껍질 부분은 누르거나 짜내어 추출하는 방법을 사용한다. 감귤류의 정유 추출은 각 지역의 전통에 따라 다양한 방법을 사용한다. 이탈리아의 제노바에서는 구멍이 여러 개 뚫린 깔때기에 대고 과일을 문지른다. 시칠리아에서는 껍질을 벗겨 아주 잘게 자른 뒤, 천 주머니 안에 넣고 눌러 으깬다. 감귤류 향유 제조가 가장 발달된 이탈리아의 칼라브리아 Calabria 지방에서는 포개어진 두 그릇 사이에 과일을 놓는다. 이때 위에 놓이는 그릇은 볼록하고 아래에 놓이는 그릇은 오목하다. 두 그릇을 서로 반대 방향으로 돌리다가 과립이 으깨지면 스펀지로 닦아 낸다. 맛이 아주 좋은 과일 껍질의 진액을 얻게 되는 것이다. 감귤류의 정유는 증류로도 얻을 수 있지만, 이는 누르거나 짜내어 얻는 과즙보다 못하다.

Ⅲ
왕비를 위해 일한 사람들
– 시녀와 시종 그리고 납품업자들

루이 16세의 재위 기간 동안 왕비의 처소에 소속되었던 종사자들은 약 450명에 이르렀다.

대시녀 Surintendante

대시녀에게는 대단한 특권이 주어졌다. 왕비 처소에서 일하는 모든 사람들의 역할, 지위, 고용 여부를 결정했고, 분쟁 및 소송에도 관여하여 최종 결정권을 가지고 있었으며, 정직 처분과 벌금형을 내릴 수도 있었고, 심지어 다른 임무를 맡은 시녀들도 해고할 수 있었다. 클레르몽 Clermont 공주는 1741년까지 대시녀를 맡았다. 루이 15세는 대시녀의 권력 남용에 시달린 왕비의 요구를 받아들여 대시녀 직을 없앴다. 마리 앙투아네트는 1774년에 친구인 랑발 공주를 위해 대시녀 자리를 다시 만들 것을 요청했다. 랑발 공주는 궁궐에서 일하는 종사자들의 서약을 받았고, 왕비 처소에서 사용되는 은제품의 용도 및 지출을 결정하고 시녀들에게 역할을 부여하는 책임을 맡았다.

명예시녀Dame d'honneur

    명예시녀는 왕비의 옷차림이 법도와 다양한 행사의 성격에 맞도록 관리 및 감독한다. 명예시녀는 왕비 처소를 담당하는 시녀 4명을 직접 관리한다. 왕비의 첫 명예시녀는 쉬메Chimay 공주였으며 랑발 공주가 그 뒤를 이었다. 명예시녀는 왕비를 대신하여 초대장을 보내거나 편지를 쓰고, 회계 장부도 맡아 수당 지급을 결정한다. 무도회, 축하연, 야회, 연극 공연, 여행, 장신구, 보석, 가구를 관리하거나 제한하며 그에 따른 정확한 보고서를 작성한다. 재무 총감 실루에트Silhouette는 명예시녀의 특권을 축소시키기 위해 5년에 한 번씩만 새로운 물품으로 교체하라는 국왕의 칙령을 받아냈다. 왕비 처소의 예산은 관리의 급여, 각 부처에서 할당한 왕비 처소 경비와 같이 사용처가 한정된 경비를 포함한다. 특별 지출이 예산안에 미리 책정되는 예외는 허용되지 않았다. 아울러 수행시녀 dames du Palais 15명이 명예시녀를 보조했다.

시녀장Doyenne

    탈레이랑Talleyrand 백작부인이 담당했다.

- 부시녀장sous-doyenne

    아데마르Adhémar 백작부인이 맡았다. 그 뒤를 이어 뒤라스Duras 공작부인, 뤽상부르Luxembourg 공작부인, 뤼느Luynes 공작부인, 로슈 에몽Roche-Aymon 후작부인, 에넹Hénin 공주, 베르그Berghes 공주, 피츠 제임스Fitz-James 공작부인, 포라스트롱Polastron 자작부인, 쥐녜Juigné 백작부인,

카스텔란Castellane 자작부인, 타랑트Tarente 공주, 으제니Eugénie 백작부인, 그라몽Grammont 백작부인, 마예Maillé 후작부인 그리고 솔Saulx 후작부인이 있었다.

치장시녀dame d'atours

왕비의 의상 및 액세서리를 담당했다.

왕비 처소 친위대장chambre aux deniers

왕비의 수행 기사인 솔 타바네르Saulx-Tavannesrk 공작이 맡았다.

침전시녀장première femme de chambre

미즈리Misery 부인, 캉팡Campan 부인, 티보Thibault 부인, 자르제Jarzaye 부인이 맡았다. 침전시녀장은 왕비의 개인 재산을 관리하고, 연금 및 수당을 지불하고, 왕비의 귀금속을 관리하는 임무를 맡는다는 면에서 중요한 인물이었다. 침전시녀장은 12명의 시녀를 지휘 및 감독했다.

왕비 처소와 고용계약을 맺은 이들은 약 300명에 달했다. 이들의 고용계약은 1년 혹은 4개월, 3개월, 2주 단위로 갱신되었다. 시녀들은 금융업계의 큰 손을 비롯하여 대지주 혹은 하층 귀족의 딸들로 충원되었다. 왕비 처소에는 시녀 12명, 수석 시종 1명, 전속 시종 2명, 문지기 1명, 각 구역을 담당하는 문지기 4명, 접견실의 문지기 2명, 대기실의 문지기 2명, 왕비 처소의 각 구역을 담당하는 시종 14명과 시동 6명이 배정되었다.

왕비 처소의 시설 관리 및 왕비의 건강과 취미 생활과 관련된 다양한 임무를 맡은 이들도 있었다.

의상 담당 상근 시종 1명과 의상시종 2명, 실내장식 담당 상근 시종 1명과 실내장식 시종 2명 및 시계 담당 시종 1명이 배정되었다.

욕실 관리 및 두발 건조를 위해 미용사이자, 가발 장인인 레오나르 프랑수아 오티에Léonard François Autié와 빌라누에Villanoué가 임명되었다. 이들은 욕실 담당 시녀 1명, 치장 및 의상시녀 1명, 의상시동 1명의 보조를 받았다. 아울러 왕비의 승마복을 담당한 상근 재단사 1명과 짐꾼 2명, 난방 책임자 2명 그리고 속옷 세탁 시녀 1명이 있었다. 이들의 관리는 보느프와 뒤플랑Bonnefoy du Plan의 자녀들이 맡았다.

롱슈뢰이Ronchereuil 양이 접견실의 가구를 관리하고, 장인 2명과 보조 1명이 마루의 왁스 칠을 맡았다. 도서관 사서는 왕비의 스승인 베르몽Vermont 사제가 맡았으며, 뇌이Neuilly 백작부인과 조교인 라보르드Laborde 부인이 왕비의 개인교수였다. 접견실의 비서는 왕비 처소의 침전시녀장이었던 캉팡 부인의 남편이 맡았다.

왕비의 건강관리를 위해 상근 의사로 라손느Lassone 집안의 아들들이 맡았고, 샤비냐Chavigna는 수석 외과 의사였다. 그리고 주치의 명단에는 상근 외과의 1명, 일반 외과의 2명, 산부인과 의사인 베르몽Vermont이 포함된다. 그 밖에 약제사 1명 그리고 간호사 1명이 있었다.

왕비의 취향을 만족시키기 위해 다양한 전문 분야의 장인 63명을 고용했다. 마구간에는 74명을 고용했다. 왕비는 조각가 루소 형제, 실내장식가 르리슈Le Riche, 미니어처 제작자 뒤몽Dumont, 안무가 가르델Gardel, 음악가 라가르드Lagarde와 피아노의 전신인 클라브생 장인 에농Henon을 비롯한 현악기 장인 1명과 악기 장인 1명, 보석 세공사 뵈머 등을 거느렸다.

모두가 매우 세분화된 관례를 따른다. 가령, 왕비가 물 한 잔을 마시고 싶다고 말하면, 시동은 침전시녀장에게 작은 병과 뚜껑이 달린 잔을 잔 받침에 담아 건넨다. 하지만 대시녀가 있다면, 침전시녀장은 그것을 대시녀에게 건네주어야 한다. 만약 아르트와 백작부인과 같은 왕실 종친들이 함께 있다면, 그들을 통해 왕비에게 전달해야 한다.

왕실 전속 납품업자 87명은 왕비의 처소에도 납품했다. 이들은 보석상, 모자 장인, 재단사, 보석 세공사, 의류 상인, 조향사, 재단사 및 염색 전문가들이다.

옷감

「왕비 처소 전속 상인, 납품업자, 의상 담당 시종 및 시녀의 명부」에는 관련 업무를 맡았던 주요 인물들에 관한 정보가 담겨 있다. 명부를 살펴보면, 왕실 가구의 관리와 납품을 담당했던 르노르망Le Normand이 눈에 띈다. 그가 운영하는 오 그랑 튀르크Au Grand Turc는 에셸Echelle 가와 마주하고 있는 생토노레Saint-Honoré 가에 위치하고 있다. 그리고 레베크 Lévesque와 바르비에Barbier가 비단 옷감과 자수를 납품하고, 안감용 옷감은 알라바Alabat, 수입 옷감은 그라즈Graze, 그리고 필요에 따라서는 베르사유의 마리Marie도 옷감을 납품하고 있었다.

의상

다른 어떤 납품업자들을 제치고 승승장구하던 로즈 베르텡Rose Bertin 이외에도 퐁페Pompée 부인, 페론느리Ferronnerie 가에서 성업 중인 프레댕 Fredin 양의 *에샤르프 도르*l'écharpe d'or(황금 목도리), 클레리Clérie 가의 캉텡 Quentin 양 그리고 콩티Conti 공주에게 납품하면서부터 나날이 번창하고 있던 바크Bac 가의 리샤르Richard가 있었다. 그리고 피코Picot 양과 베르틀로Berthelot 부인은 비단 레이스와 부채를 납품했다. 아멜Hamell 부인은 리본을 납품했고, 베르텡의 막강한 경쟁자였던 볼라르Beaulard의 이름에는 '느닷없이'라는 표현이 적혀 있다. 엘로프Eloffe 부인은 퐁페Pompée 부인의 일을 물려받았다. 베르사유의 오랑주리l'Orangerie 가에서 여성용 내의 가게를 열었는데, 왕비는 이곳에서 만든 내의에 "막대한 경비를 지불했다." 미르보Mirvault, 제르드레Gerdret와 마찬가지로 파이엥Payen 부인은 비단과 레이스를, 볼라르는 하의를 납품했다.

향장품 및 조향장갑

장 루이 파르종 이외에도 위에Huet 미망인의 뒤를 이은 프레보Prévost 가 향수와 조향장갑을 왕비에게 납품했다. 왕비는 포마드와 오렌지 꽃을 크루아데프티샹Croix-des-Petits-Champs 가의 보클렝Beauclin에게 주문했다. 시조Cizeaux 가의 뒤뷔송Dubuisson은 루주를 납품했다. 그는 왕비로부터 베르사유의 극장들과 파리의 팔레루와얄 극장에 대한 감독을 특별히 위임받은 몽탕시에Montensier와 손을 잡았다. 몽탕시에는 그르니에생라자르Grenier-Saint-Lazare 27번가에 본인 소유의 화장품 점을 열었다. 마르텡Martin 양은 탕플 가에 있는 자신의 누추한 가게에서 오로지 왕의 친인척과 일부 상류층 부인들만 상대함으로써, 모든 다른 상인들을 물리치고 루주 판매를 독점했다. 베르사유의 조향사인 티소Tissot는 손에 바르는 크림과 그 밖의 긴급 물품을 납품했다.

Base note

III
단절과 지속성
/ 1782-1794년

● 베르사유의 침실에서 하프를 연주하는 마리 앙투아네트. 장 밥티스트 고티에 다고티, 1777년.
ⓒ 베르사유궁 소장.

● 향수의 기억

● 마담 엘리자베스의 초상화, 아델라이드 라비으 기아르, 1788년.
ⓒ 베르사유궁 소장.

● 고인이 된 부모님과 오빠의 초상화를 원형 저부조에 그리고 있는 아델라이드 부인. 아델라이드 라비으 기아르, 1787년.
ⓒ 베르사유 궁 소장

● 단절과 지속성

● 벨뷔의 '우정의 조각상' 앞에 선 빅투아르 부인. 아델라이드 라비으 기아르, 1789년.
ⓒ 베르사유궁 소장.

● 테니스 코트의 서약(1789년 6월 20일). 자크 루이 다비드, 1791년.
  ⓒ 베르사유궁 소장

● 샹드마르스에서 개최된 '최고 존재 축제'(혁명력 2년 프레리알 20일, 1794년 6월 8일).
  피에르 앙투안 드마시, 1794년.
  ⓒ 카르나발레 박물관 소장

● 향수의 기억

● 세 명의 의용군. 라크루아, 1815년.
ⓒ 프랑스 국립도서관 소장

● 상퀼로트. 폴 앙드레 바세, 1789년.
  ⓒ 프랑스 국립도서관 소장

● 단절과 지속성

● 아시냐 – 1796년부터 1799년까지 발행 및 유통된 화폐.
  ⓒ 프랑스 국립도서관 소장

● 콩시에르주리에 투옥된 미망인 차림의 마리 앙투아네트, 알렉산드르 쿠샤르스키, 1793년.
　ⓒ 베르사유궁 소장.

● 향수의 기억

● 도주하는 왕의 일가를 체포하다. 작가 및 연도 미상.
　ⓒ 프랑스 국립도서관 소장.

● 삼색휘장을 단 바스티유 보닛을 쓴 루이 16세. 작가 미상, 1792년.
ⓒ 미국 의회 도서관 소장

● 단절과 지속성

> 자연은 아침에 피어나는 장미처럼
> 너를 아름답게 했지만, 저녁에 지는
> 장미처럼 너를 거두어들였다.
>
> 앙투안 르카뮈 Antoine Le Camus
> – 의사, 『아름다움을 간직하는 기술
> l'Art de conserver la beauté』의 저자

왕비의 씀씀이를 줄여라!

트리아농의 향수로 왕비의 마음을 얻은 파르종은 그녀의 화려한 치장 과정을 참관할 수 있다는 허락을 받았다. 그는 왕비가 시녀들이나 측근들과 이야기를 나누다가 그의 존재를 알아챌 때까지 문 가까이에서 조용히 기다렸다. 마리 앙투아네트는 가까이 오라는 신호를 보내고는, 파르종의 의견보다 그의 아내와 아이들의 안부를 먼저 물어보면서 몇 마디 덕담을 건네기도 했다. 그러나 룰 가로 돌아온 파르종의 귀에는 왕비가 '국고를 바닥내는 여자'라는 험담만 끊임없이 들려왔다. 빅투아르는 남편이 그러한 말을 듣고도 별로 흥분하지 않는다는 인상을 받았지만, 다행스럽게도 정치에 관한 논쟁은 어느 정도 이어지다가 그치곤 했다. 그녀는 왕비를 '프랑스에서 제일가는 매춘부'로 취급하는 말을 들을 때면 화를 억누르기 위해 가게에서 빠져나오곤 했다.

조향사로서 승승장구하던 파르종의 인생은 바야흐로 절정기를 맞았다. 파리에서 몇 달 간 지내고 있던 그는 가장 유리한 순간이 왔음을 확신하게 되었다. 18세기는 학문의 빛을 받아 눈부신 매력을 발산하는 시기였다. 상류층 부인들은 아침마다 《탕플 드 라파뤼르Temple de la parure》에 난 위인들이나 시인들, 철학자들 및 궁궐 사제들에 관한 소식을 접했다. 아름다움을 위해 필요한 애교점과 분통, 화장품 함, 깔개 그리고 새, 원숭이, 강아지 형상을 한 신기한 모양의 병이 늘어선 페이지는 우선순위에서 밀려났다.

왕비의 치장은 사교적인 기능도 가지고 있었는데, 나폴리에서 온 어느 외교관이 가장 재치 있게 묘사했다. "마치 권좌에 앉아 있는 왕비를 대하듯 그녀의 환심을 사려고 아첨을 떤다. 왕비는 은밀한 연애편지를 받으면 돌려보내고, 사랑을 속삭이는 이는 내쫓아 버리고, 사랑스럽게 쓰다듬거나 꾸짖기도 하고, 언짢게 하거나 말문을 막기도 한다. 후작은 예쁘장한 과부와 여신 같은 백작부인 중 누구를 차지할 것인가를 두고 어느 기사와 논쟁을 벌인다. 이런 경우엔 말을 잘하는 쪽이 으레 이기기 마련이다. 애완용 앵무새와 카나리아 그리고 개들이 줄줄이 들어와 왕비에게서 칭찬과 키스를 받는다. 안절부절 못하던 하녀들은 내쫓겼다가, 다시 불려 와서 혼이 난다. 불쌍한 미용사가 두 시간 째 허공에 매달려 왕비의 머리를 매만지고 있는데, 푸프의 각도가 정확히 맞을 때까지 기다렸다가 슬그머니 묶어 버린다. 왕비의 치장 시간에 온 기부금 모금 사제는 왕비의 환심을 사기 위해 온갖 재미난 이야기를 늘어놓고는, 왕비의 주치의에게 '왕비 마마의 혈색이 아주 훌륭한 것을 보니 건강이 매우 좋으신 것 같다, 마마께서는 우아함 그 자체다, 성품이 매우 쾌활하시다.'는 등의 찬사를 쏟아 낸다."[59)]

왕비의 치장 비용이 늘어날수록 비난의 목소리는 점점 더 신랄해졌고, 왕실 차원에서 아무리 애를 써 보아도 그 비용을 줄이지 못했다. 1781년, 슈아죌 공작의 조카이자 기슈Guiche 공작의 누이인 오생Ossun 백작부인은 마이Mailly 공작부인의 뒤를 이어 왕비의 치장시녀가 되었다. 당시 서른 살의 오생 부인은 매우 상식적이며 낭비벽에 대해서는 부정적이었지만, 즐거운 일을 멀리하지는 않았다. 이 점을 아주 좋게 본 마리 앙투아네트는 그녀에게 치장시녀라는 까다로운 임무를 맡겼다. 왕비는 폴리냑 부인의 탐욕스러운 측근들에게 실망하고, 랑발 부인의 끊임없는 변덕에 짜증이 나 있었다. 반면에 가난하면서도 월급을 억지로 받게 해야 할 만큼 물욕이 없는 오생 백작부인은 높이 평가했다. 다른 귀족 부인들 못지않게 똑똑했지만, 그녀 자신은 물론이며 부모를 위해서도 어느 것도 요구하지 않았으며, 왕비에게 합리적인 비용으로 소박한 즐거움을 선사하기 위해 노력했다. 마리 앙투아네트가 사람들의 냉대와 적대감의 표적이 될 것이 두려워 오페라 극장의 연주회에 다니기를 꺼려하던 시절, 오생 부인은 당시에 가장 인기가 좋았던 가수들을 불러 소규모의 무도회와 연주회를 열기도 했다. 오생 백작부인이 치장시녀의 역할을 철저히 수행하는 과정에서 현황에 대한 정확한 보고를 요구하자, 의상비 출납 관리는 상세하고도 상당한 분량의 출납 장부를 제출해야 했다. 오생 부인은 왕비 처소에 납품하는 모든 상인들과 일일이 장부를 대조한 후, 제출된 장부에서 상당한 변칙과 부정 사례를 발견하고는 의상비와 관련된 출납 일체를 바로 잡기로 결심했다. 그리하여 1782년은 이른바 '옷장의 개혁 réforme de la garde-robe'이 일어난 해로 기록되었다.

그러나 향수와 화장품이 지출의 상당 부분을 차지하는 것은 아니었다. 파르종이 확인한 바에 따르면, 향장품에 대한 그 이전 해의 지출은 옷과 장신구에 쓴 11만 리브르의 10분의 1에도 못 미쳤다. 굳은 결심에도 불구하고, 마리 앙투아네트는 옷과 장신구를 늘 새로 구입하고 싶은 유혹을 물리치지 못했다. 결과적으로는 지출을 줄이겠다는 단순한 바람에 지나지 않았다. 파르종의 상점에 온 한 손님이 알렉상드르 드 틸리 백작에게서 들은 이야기를 전했다.

- 보다 검소하게 입으십시오. 불과 며칠 만에 자수 예복만 벌써 두 벌이에요. 돈이 남아나지 못할 겁니다. 마마께서 검소하게 차려 입으시면 사람들의 눈총을 받는 게 아니라, 오히려 신뢰와 존경을 받으실 겁니다.

그러나 왕비가 아무리 검소하게 입어도 막대한 지출이 발생했다. 마침내 왕비의 낭비벽에 종지부를 찍기 위해 '한 계절과 한 해 동안 필요한 예복과 드레스의 수를 제한하라.'는 결정이 내려졌다. 아울러 '액세서리와 패물의 개수도 한정해야' 했다. 의류 상인들이 왕비 처소에 물건을 직접 전달하지 못하게 하라는 명령이 내려지는 바람에, 그들은 먼저 치장시녀에게서 검수를 받고 나서야 납품을 완료할 수 있었다. 이는 치장시녀들이 중간에서 왕실과 상인들 간의 거래에 제동을 걸기 위한 조치였다. 상인들이 계산서를 내밀기 전에 치장시녀 쪽에서 선수를 쳐 합계 금액을 통보해야 했다. 그렇지 않으면, 왕실에서 결제를 늦추는 태만함이 빌미가 되어 계산서 금액이 과도하게 부풀려졌기 때문이다.

그러나 맨손으로 급류를 멈출 수는 없는 법. 왕비의 나쁜 습관은 쉽게 근절되지 않았다. 오생 백작부인의 온갖 노력에도 불구하고 왕비의 과다한 지출은 지속되었고, 급기야 재무 총감 앞으로 다음과 같은 편지가 보내졌다(1783년 5월 16일). "1782년 한 해 동안 왕비 마마의 옷치장을 위해 지출된 금액을 합해 보니 예산을 훨씬 넘어섰습니다. 올해에는 마땅히 지출을 줄여야 할 것으로 판단됩니다." 그러나 오생 부인은 그녀가 알고 있는 사실의 전부를 보고한 것은 아니었다. 왕비의 총애를 받는 의상 디자이너가 사치와 낭비를 부추기지 못하도록 감시하지 않는다면, 왕비의 치장 비용 절감은 사실상 불가능해 보였다. 다른 상인들은 점점 더 엄격해지는 감시와 통제를 원망하면서도 그저 견딜 수밖에 없었다.

한편, 파르종은 일찍이 그를 후원해 주었던 게메네 공주와 마지못해 거리를 두고 지내야 했는데, 그녀의 남편은 1782년 9월, 28,000리브르를 갚지 못해 파산의 지경에 처하여 세상을 떠들썩하게 만들었던 것이다. 그 여파로 게메네 공주는 왕세자와 공주의 보모 자리에서 물러나야 했다. 게메네 공주의 뒤를 이어 보모를 맡았던 폴리냐 부인 역시 경솔한 언행과 심한 낭비벽 탓에 쫓겨나고 말았다.

체면이 구겨진 왕비

왕비가 하는 일마다 비난의 도마 위에 올랐고, 트리아농은 악행의 소굴로 여겨졌다. 해가 거듭될수록 숲이 우거진 은신처에서 점점 더 많은 시간을 보내게 된 왕비는 트리아농을 아름답게 꾸미기 위한 생각을 내놓았다.

파라다이스 나무*와 눈송이처럼 탐스러운 장미꽃 그리고 백합 덤불이 심어진 인공섬의 정중앙에 사랑의 사원 Temple de l'Amour**이 우뚝 서 있다. 사원을 떠받치고 있는 둥근 기둥은 부샤르동 Bouchardon***이 조각한 큐피드를 둘러싸고 있으며, 소나무 및 측백나무, 낙엽송은 인공 동굴에 그늘을 드리우고 있다. 리샤르 미크가 만든 모형 마을****은 집이라곤 굴뚝이 있는 초가집 아홉 채가 전부인 아주 작은 시골 마을이었다. 그곳에서 왕비는 소젖을 짜고 대리석으로 지어진 유제품 가공실에서 버터 제조 과정

---

* 접목 시 대목臺木으로 쓰이는 사과나무의 일종이다.
** 프티 트리아농의 왕비 침소에서 문을 열면 보이는 '사랑의 사원'은 1778년에 리샤르 미크가 신고전주의 기법으로 만든 건축물이다. 이곳에는 프랑스 조각 예술 역사상 가장 높은 평가를 받는 걸작들이 소장되어 있다. 그중 하나가 부샤르동의 「헤라클레스의 곤봉으로 사랑의 활을 깎는 큐피드」다. 현재 이 작품은 파리의 루브르 박물관에서 소장하고 있다.
*** Edmé Bouchardon (1698~1762) - 프랑스의 조각가로 고전적인 형식미와 로코코의 우아함을 결합했다. 신고전주의를 예고하는 작품을 남겼다. 이탈리아 풍의 양식에 풍부한 장식성과 우아함을 부여한 작풍으로 인기를 얻었다.
**** 왕비의 농가(일명 'Hameau de la reine')를 가리킨다. 마리 앙투아네트는 이곳에서 재미 삼아 낚시, 소젖 짜기, 농작물 재배와 같은 시골 생활을 경험했다. 궁전보다 소박하고 아기자기한 '왕비의 집 Maison de la Reine'을 비롯하여 시골의 전형적인 물레방아와 그 밖의 다양한 농가 시설, 단층집, '마리 앙투아네트 농장'이라 불리는 소규모의 밭 등을 볼 수 있다.

을 보면서 마치 시골 여자가 된 것 같은 기분을 만끽할 수 있었다.

그 밖의 사소한 여가 활동조차 조롱과 혐오의 대상이 되었다. '오스트리아 여자'에 대한 여론의 반감은 점점 더 심해졌다. 왕비가 지나가는 거리에서 환호하는 소리는 들리지 않았고, 풍자문과 노래만이 왕비를 비난하고 조롱하고 있었다.

이에 대해 왕비는 애써 프랑스인들의 정서 탓으로 돌려 버리곤 어머니에게 다음과 같은 편지를 보냈다. "생각이 짧고 경솔한 측면은 있지만, 마음이 나쁜 사람들은 아닙니다. 말과 글은 진심이 아닌 것을 표현하는 경우도 있으니까요." 심술궂고 은혜를 모르는 사람들을 받아들이거나 상상하기엔 왕비는 너무 순진했고 너그러웠다. 그녀는 백성들을 아름다운 양치기 소년과 소녀처럼 이상적인 존재들로 보고 있었다. 그녀가 베푸는 선행에는 꾸밈이 없었으며, 트리아농의 시골 마을에 가난한 열두 가족이 정착할 수 있도록 개인 재산을 선뜻 내놓았다.

왕비에 대한 냉담한 태도는 어제 오늘의 일이 아니었다. 파리 사람들은 1779년 2월 8일에 공주를 출산한 왕비의 산후 축성식*도 못마땅하게 여겼다. 1773년 6월 7일, 친위대장인 브리싹Brissac 공작이 왕세자비에게 소개했던 그토록 사랑스럽고 다정했던 수천 명의 사람들은 다 어디로 갔단 말인가?

왕비를 음해하는 적의 우두머리들이 베르사유 성에 함께 살고 있었다. 고모들은 벨뷔Bellevue의 살롱에 모여 왕비에 관한 험담을 늘어놓는 이들

---

* 산후축성식relevailles은 출산 후 산모가 처음 성당에 가는 날에 건강의 회복을 감사하는 의례다. 이는 산욕열 등으로 인한 산모 사망률이 높았기 때문에 생겨난 풍습이다.

과 가깝게 지내고 있었다. 오를레앙 가문이 살고 있는 팔레루와얄에서는 장 자크 루소의 계몽주의의 영향을 받은 귀족들이 새로운 세상을 구상하고 있었다. 미국의 독립 전쟁에 참전했던 군인들은 미국은 특권계급이 사라진 자유와 평등의 나라라고 외치고 있었다. 왕비가 모국인 오스트리아를 돕기 위해 암암리에 프랑스 정계를 쥐락펴락한다고 보는 시선이 많았다. 그래서 왕비가 무능한 이를 재상으로 임명케 하고, 낭비를 일삼아 나라를 파산의 위기로 몰아가고 있다는 것이다. 그녀에 대해 다들 이렇게 말하고 있었다. "낭비벽이 심한 개념 없는 여자, 경박함에 끝도 보이지 않는 트리아농의 안주인, 20명의 잘난 체하는 귀족들과 그 아내들을 위해 허황되게도 2,000만 명의 평민들의 사랑과 안녕을 희생시킨 여자."[60]

여성의 정조를 강조하는 이들은 페르센에게 왕비가 보인 다정한 태도를 빌미로 그녀를 불륜녀로 몰아갔다. 그들이 서로 알게 된 것은 페르센이 파리에 왔을 때(1775년)였는데, 당당한 풍채에다 잘생긴 얼굴에서부터 열정에 이르기까지, 그는 왕에게 부족한 면모를 두루 갖춘 남자였다. 왕비는 그를 보자마자 마음이 끌렸다. 속내를 감추려고 애썼지만, 그녀가 있는 살롱에 페르센이 들어오면 갑자기 얼굴을 붉히곤 했다. 이러한 상황을 눈치 챈 스웨덴 대사는 즉시 다음과 같은 편지를 스웨덴 국왕에게 보냈다(1779년 4월). "젊은 페르센 공이 왕비에게 너무 잘 보이는 바람에 여러 사람들의 근심거리가 되고 있습니다. 저로서는 왕비가 페르센 공에게 사실상 각별한 애정을 품고 있다고 믿을 수밖에 없으며, 이는 제가 목격하고 전해 들은 정황들로 비추어 보건대, 의심할 바 없는 사실입니다."

페르센은 왕비의 평판을 손상시키지 않기 위해 그리고 자신에게 쏟아지는 온갖 비난으로부터 도망치기 위해 로샹보Rochambeau 백작*을 따라 미국의 독립 전쟁에 참전했다가 파리로 돌아왔다. 그럼에도 왕비에 대한 그의 불타는 연정에는 변함이 없었다. "나는 내가 원하는 그분의 유일한 사랑이 될 수 없어. 나를 진심으로 사랑하는 단 한 사람 말이야."[61] 이렇듯 페르센은 누이와 가장 친한 친구에게 자신의 은밀한 마음을 털어놓기도 했다. 1785년부터 1787년까지 페르센 백작은 베르사유와 모베주 Maubeuge 사이를 오가며 지냈다. 루이 16세의 명령으로 스웨덴 군이 그곳에 주둔했기 때문인데, 사악한 무리들은 그 같은 명을 내린 왕을 두고 '착한 얼간이'라 불렀다. 페르센과 마리 앙투아네트가 은밀히 만나는 장면을 보았다고 주장하는 이들도 생겨났다. 어느 날, 왕비는 그를 '진실한 단짝 친구'로 부르기도 했는데, 어쩌면 그는 "모든 것이 당신에게로 나를 이끕니다Tutto a te me guida."라는 표현이 담긴 사랑의 편지를 왕비에게서 받은 것은 아닐까?

어린아이의 놀이와 같은 유치한 오락조차 험담의 대상이 되었다. 마리 앙투아네트는 트리아농에 전용 극장을 차려 놓고, 장 자크 루소의 『마을의 점쟁이 Devin du village』**에 등장하는 콜레트를 연기하기도 했다. 그러니

---

* Jean-Baptiste Donatien de Vimeur, comte de Rochambeau (1725-1807) - 프랑스의 육군 원수이자, 미국 독립군을 지원한 프랑스 원정군의 최고사령관이었다. 악셀 폰 페르센 백작을 참모장교이자 통역장교로 대동했다. 혁명군을 지휘했지만 공포정치 기간에 체포되었다가 간신히 기요틴에서 벗어날 수 있었다.

** 장 자크 루소가 극을 쓰고 곡을 붙인 프티 오페라다. 1752년 10월 18일, 루이 15세가 지켜보는 가운데 퐁텐블로 성과 궁정에서 처음 상연되었다. 목가적인 멜로디와 익살스러운 분위기가 매력적인 작품으로 평가받고 있다.

어찌 프랑스의 왕비다운 처신으로 비칠 수 있었겠는가?

파르종은 평등과 박애의 시대가 다가옴을 느꼈다. 그는 새로운 사상의 확고한 옹호자가 되어, 조제프 자크 마티유Josephe-Jacques Mathieu와 주고받는 편지를 통해 소식을 접하고 있었다. 조제프 자크 마티유는 당시 석공 조합인 '라 누벨 아미티에La Nouvelle Amitié'의 그라스 지부에서 활동하고 있었다. 두 사람 모두 한목소리로 부패한 권력과 시대에 뒤떨어지고 케케묵은 사회를 맹렬히 비난하면서, 고대 그리스 식 민주주의를 찬양했다.

오생 백작부인의 굳은 의지에도 불구하고, 의상비 지출의 전반적인 상태는 258,000리브르라는 전례 없는 금액에 달했다(1785년). 유명 의상 디자이너의 손끝에서 태어난 단순미는 어마어마한 비용을 치렀다. 옷감이 단순하면서 가벼워 단숨에 인기를 끌었다. 유행의 출발지는 보르도이지만, 면직물과 마직물만 입는 산토 도밍고Santo Domingo 출신의 백인들이 유행의 주인공이었다.

왕비는 베르텡의 의견을 따라 흰색 모슬린과 주름진 타프타 천을 애용했고, 비제 르브룅은 이러한 왕비의 모습을 그렸다. 왕비에게 적대적인 살롱의 방문객들은 '왕비가 속옷 차림으로 초상화를 그리게 했다'며 어김없이 헐뜯었다.[62] 리옹의 비단 상인들은 그들이 망하기를 바란다고 큰소리로 떠들고 다녔다.

향수의 기억

그러던 어느 해, 이른바 '목걸이 사건affaire du collier*'이 일어나 왕비의 얼굴에 먹물을 튀기는 참담한 일이 벌어졌다. 캉팡 부인은 당시의 상황을 다음과 같이 간결하고 완벽하게 요약했다. "부패한 사회의 그늘에 숨은 사기꾼들이 소리 없이 손을 잡았다."

1785년 8월 15일, 모든 궁궐 관계자들이 참석한 가운데 재판이 열렸다. 왕비는 로앙Rohan 추기경에 대한 심문과 진실의 규명을 주장했다. 그러나 노련하고 교활한 추기경은 도리어 피해자 행세를 했고, 비방문을 쓴 장본인들도 적극적으로 나서 그에게 유리한 증언을 했다. 사건을 주모한 죄로 종신형에 처해진 잔느 드 라모트Jeanne de la Motte는 수감 중에도 채찍으로 고문을 받고, 달군 쇠로 낙인이 찍혔다. 올리바Oliva는 보석 세공사 뵈머가 제작한 고가의 다이아몬드 목걸이를 탐내는 물욕에 찬 왕비의 역할을 맡았지만, 그녀의 처분은 쟁점 밖으로 밀려났다. 추기경의 무죄 석방은 왕비에 대한 모욕적인 갈채를 일으켰다. 왕비는 판결이 선고되는 순간, 오열을 터뜨렸다. 저잣거리에는 왕비를 욕하는 소리가 들렸으며, 대화체의 사행시가 크게 유행했다.

---

* 1785년, 마리 앙투아네트를 도용한 사기 사건이다. 발루아Valois 왕가의 후손인 잔느 드 라모트 백작부인은 로앙 추기경이 마리 앙투아네트의 환심을 사려는 약점을 이용하여, 추기경이 왕실 보석 세공사인 뵈머에게서 160만 리브르 상당의 목걸이를 구매하게 만든 후, 그것을 왕비에게 전달한다고 속여 가로챈 사기 사건이다. 그러나 문제의 목걸이는 사실 루이 15세가 뒤바리 부인에게 선물하기 위해 뵈머에게 주문했던 것이다. 1785년 8월, 잔느 드 라모트가 보석상에 처분하려는 과정에서 사기 행각이 들통 났다. 왕비가 추기경을 파리 고등법원에 고소하면서 사건이 확대되었다. 그러나 로앙에게는 무죄가 선고되고, 결국 왕비의 체면만 손상되었다. 사실과 다르게 왕비가 음모를 꾸민 것으로 소문이 났기 때문이다. 루이 16세는 무죄를 선고받은 로앙 추기경을 판결 직후 궁정 사제장에서 파면하고, 오베르뉴의 세즈디유 수도원으로 좌천시켰다. 그러나 왕의 이러한 조치 역시 반감을 불러일으켰다.

마리 앙투아네트

천한 계집애야, 왕비 역이
꽤나 잘 어울리는구나!

올리바

왕비 마마, 제가 못할 것도 없지요!
마마도 제 역할을 종종 하시잖아요!

    파르종은 사람들이 왕비에 대해 악의에 찬 비난을 하는 상황이 그저 놀라울 뿐이었다. 어느 날, 그는 레오나르의 직공인 줄리앙과 단둘이 가게에 있다가, 사람들이 왕비에 대해 그토록 심한 험담을 하는 까닭을 물어보았다.

  ◦— 이유는 아주 간단해요. 왕에게 애첩이 없기 때문이에요. 그야말로
     약도 없는 병인 거죠. 누가 보더라도 왕이 애첩을 둘 리가 만무하
     거든요.

    파르종이 깜짝 놀라는 모습을 본 줄리앙은 미소를 머금은 채 거들먹거리며 설명을 이어갔다. 그 어느 곳에도 기록으로 남아 있지는 않지만, 수 세기 전부터 전해 오는 노래에 따르면, 왕의 애첩은 주로 궁궐 귀족 부인들의 증오와 질투를 한몸에 받는 역할을 맡는다는 것이다.

  ◦— 뒤바리 부인이 바로 그 역할을 완벽하게 해냈다고 봐야겠죠. 루이

14세의 애첩들에 관해선 말할 것도 없지만요.

o— 여보게, 자네 지금 농담하는 건가?

o— 파르종 씨, 저는 지금 매우 진지하게 말씀 드리는 거예요. 본래 왕비는 경쟁자들로부터 겹겹이 보호를 받는 존재랍니다. 달리 말해, 모든 여자들의 동정심을 받게 되죠. 남편의 바람기가 심할수록 자연스레 그의 아내에게 동정심이 쏠리기 마련이니까요. 그런데 제기랄, 요즘에는 그 역할이 뒤바뀌고 말았다고요. 애인을 두는 쪽이 왕이 아니라 왕비라니! 그래서 왕의 애첩이 되고 싶어도 될 수 없는 여자들이 모두 왕비를 시기하는 거예요. 이러다 불행한 결말이 오고야 말거라고요.

1785년 3월 27일, 마리 앙투아네트는 둘째 아들 루이 샤를르Louis-Charles, 즉 노르망디Normandie 공작[63]을 출산했다. 어머니에게서 '마치 농부의 아들처럼 건강하다.'는 말을 들은 이 사랑스러운 아이는 정작 프랑스인들의 사랑은 받지 못했다.

왕비의 경박한 처신은 적의 손에 끊임없이 무기를 쥐어 주는 꼴이 되고 말았다. 아첨이 심한 칼론Calonne은 변덕스러운 왕비에게 왕실 금고의 문을 활짝 열어 주었으며, 로즈 베르탱은 모든 통제를 거부하며 고집스럽게 굴었다. 그녀는 옷이든 장신구든 명세서 한 장 없이 터무니없이 많은 금액을 청구함으로써, 베르사유의 출납 담당 관리들을 기겁하게 했다. 로즈 베르탱은 장 루이 파르종이 예전에 겪었던 쓴맛을 보았다. 겉치레를 과도하게 앞세우다 파산할 위기에 처했는데도, 여전히 많은 재봉사를 두고 일했기 때문이다. 1787년 1월, 결국 베르텡이 파산 신고를 했다는 소식이 들려왔다. 제멋대로 처신하는 베르텡의 성격을 참지 못한 오버키르히 남작부인은 다음과 같은 독설을 퍼부어 댔다. "베르텡은 콧대가 아주 높은데다 심지어 맹랑하죠. 그런 그녀가 파산을 했다지 뭐예요. 사실 평민은 파산이 뭔지 알 수가 없죠. 귀족 부인한테나 해당되는 이야기니까요. 200만 리브르라! 옷감 장수에게는 어마어마한 액수일 텐데!" 일부에서는 어느 왕실 사람으로 하여금 밀린 돈을 내게 만든다는 목표 하나로 베르텡이 파산을 가장한 것이라 장담하고 있었다. 그 누군가가 내지 않았다는 200만 리브르가 바로 그러하다는 것이다. 이후에 전개된 상황이 일부의 주장을 뒷받침해 주었다. 실제로 로즈 베르텡은 파리의 상가 건물에 부동산을 구입했는데, 그것으로 보아 파산과는 거리가 멀어 보였다.[64]

파르종은 베르텡의 재능은 높이 평가하면서도 사업에는 적합하지 않은 상인으로 보았으며, 왕비가 베르텡에게만 많은 돈을 지출한다는 동료들과 이구동성으로 베르텡을 비난했다. 그러하기에 파르종은 그녀의 파산 소식을 듣고도 놀라워하거나 딱하게 여기지 않았다. 한편, 파르종의 사업은 날로 번창하여, 특히 영국과 미국 등 해외에서 활발한 거래가 이루어지고 있었다.

그러나 파르종의 사업에도 위기가 닥쳤다. 비제 르브룅이 주제 넘게도 왕비에게 분을 바르지 말아 달라는 요청을 했던 것이다. 르브룅은 다음과 같이 적고 있다. "1787년, 왕비의 초상화를 그리던 나는 얼굴에 분을 절대 바르지 말고, 머리카락도 이마로 내리지 말아 달라고 간청했다.

그러나 왕비는 웃으며 이렇게 답했다. "이렇게 하는 사람은 나 밖에 없을 거예요. 내가 넓은 이마를 가리기 위해 머리카락을 이마로 내린다는 말은 듣고 싶지 않아요."[65] 왕비는 여전히 아름다웠지만, 근심 한 점 없던 예전의 표정은 얼굴에서 영원히 사라져 버렸다. 르브룅은 아이들에게 둘러싸인 왕비를 그렸지만, 그녀의 눈빛에 서린 슬픔의 흔적은 조금도 표현하지 않았다(1787년).

왕세자의 건강은 왕비에게 불안과 근심거리였다. 이듬해에는 왕세자의 성장에 장애가 발생했다. 한쪽 어깨가 다른 쪽 어깨보다 치솟아 올라, 장차 프랑스를 다스려야 할 미래의 군주가 꼽추가 될 가능성이 높아 보였다. 왕비는 왕세자가 악성 말라리아에 걸리자, 공기가 맑기로 유명한 뫼동Meudon으로 데려갔다. 그럼에도 불구하고 왕세자는 점점 더 야위어 갔고, 그러다 큰일을 치르게 되는 것은 아닐까하며 모두들 불안해했다. 왕비는 막내 딸 마리 소피Marie-Sophie 공주*도 생후 11개월 만에 잃었다. 잇단 시련에 마음이 몹시 약해진 왕비는 엘리자베스 부인에게 다음과 같은 편지를 보냈다. "모두들 가련한 꼬마 천사의 죽음을 슬퍼하고 있습니다. 내 마음을 달래기 위해선 당신의 마음이 필요합니다." 부드럽고 다정한 어머니였기에, 왕비는 그후로는 치장에 관한 예법을 별로 강조하지 않았으며 또한 옷감에 대해서도 크게 신경 쓰지 않았다.

---

* Marie-Sophie Hélène Béatrice de France (1786-1787) - 1786년 7월 9일, 루이 16세와 마리 앙투아네트의 둘째 딸로 태어났다. 그녀의 이름은 고모할머니인 소피 공주의 이름을 따서 지어졌다. 생후 11개월 만에 베르사유에서 죽어 생드니 대성당에 묻혔다.

쉬렌의 향수 공장

룰 가의 작업장이 너무 협소해지자, 파르종은 조향실과 실험실을 더 넓고 편리한 곳으로 옮겨야 했다. 쉬렌은 왕비가 머무는 곳과 가깝다는 장점이 있었다. 왕비는 얼마 전, 생클루Saint-Cloud의 성을 소유하게 되었는데, 이는 왕세자의 취약한 건강 상태를 위해서는 베르사유보다 더 신선한 공기가 필요하다는 주치의의 처방에 따른 것이다. 그곳은 조향사에게도 매우 유리한 장소였다. 쉬렌의 비탈길은 대부분 포도밭인데다, 이른바 '퓌토Puteaux의 장미'로 유명한 아름다운 장미 꽃밭이 아주 멋지게 펼쳐지는 곳이기 때문이다. 더구나 향수를 만들 때 장미를 상당히 사용하고 있던 파르종을 위해서는 안성맞춤이었다.

쉬렌을 처음 방문한 파르종 부부는 조용하고 자그마한 마을의 매력에 금세 반하고 말았다. 마침 형편이 넉넉했으므로 여러 채의 집을 사기로 결정했다. 그 가운데 한 채는 센Seine 가에 있는 아름다운 집이었다. 1786년 1월 31일, 집 매매 계약이 이루어졌다. 실내에 화장실과 욕실을 갖추어 놓고 그 안에 가구와 순동으로 만든 욕조를 두었다.[66] 1층에는 부엌과 사무실, 창고, 식당, 욕실이 있고, 2층에는 독립적인 화장실과 옷장이 딸린 스물 한 개의 침실이 있었다. 파르종은 개인 작업실을 비롯하여 여가 생활을 위한 당구장 두 곳도 만들었다. 외부로 연결된 부속 건물에는 세탁실, 두 대의 난로, 온실 그리고 오렌지 과수원과 마구간도 있었다. 향수 제조에 필요한 물품을 준비하는 장소도 갖추었다.

주변의 마을에는 파르종의 향수 공장에서 일하기를 원하는 사람들이 많았던 덕택에, 향수 공장은 빠르게 번창했다. 8월 22일, 파르종은 사업을 확장하기 위해 더 많은 건물을 사들였다. 그는 말과 수레, 은제품과 보석 그리고 미술 작품들을 소유했으며, 많은 하인도 두었다. 그리하여 장 루이 파르종은 쉬렌에서 샤트네Châtenay 후작을 능가하는 중요한 인물이 되었다.

파르종은 향수 제조법에 관한 연구를 활발하게 이어 나갔다. 이는 최신 발명품을 개발하려는 그의 목표 때문이었다. 그의 말을 빌리자면, '유행이라는 변덕스러운 여신이 온몸으로 사랑하고 싶을 만한 향수를 만들기' 위한 것이었다. 파르종은 형이 보내온 편지를 통해, 유분을 이용한 냉침법에 관한 최신 정보를 접할 수 있었고, 그 덕분에 대단히 훌륭한 포마드를 만들 수 있었다. 그라스가 특히 자랑하는 냉침법은 평평한 주석 접시나 유기에 재스민이나 투베로즈와 녹인 돼지기름을 한데 넣고, 꽃 냄새가 기름에 스며들도록 하는 것이다. 여기에 아몬드를 곱게 갈아서 넣어 만든 프로방스 크림pâte de Provence은 파리와 베르사유에서 좋은 반응을 얻었다.

파르종은 특히 증류법의 연구에 심혈을 기울였다.[67] 섬세하고 은은한 제비꽃 향유, 자극적이고 매력적인 투베로즈 향유, 감각적인 재스민 향유 그리고 야생적인 느낌의 황수선화 향유를 만들었다. 오렌지 꽃으로는 가볍고 끈적이지 않는 네롤리 오일을 만들었다. 또한, 드니 파펭Denis Papin*의 연구 업적에도 적극적인 관심을 가졌다. 드니 파펭은 17세기에

---

* Denis Papin (1647~1712) - 프랑스의 물리학자이자 수학자이며, 발명가이기도 하다. 증기기관의 출현을 위한 기초를 닦았다. 파펭은 1675년, 영국으로 건너가 1676년부터 1679년까지 로버트 보일과 함께 연구한 결과, 압력솥의 일종인 고압

증기의 팽창력을 이용한 바 있다. 파르종은 파펭의 증기기관의 원리를 증류 과정에 적용하는 과정에서 시행착오를 겪었다. 증기기관은 생산력은 높이고 가격은 낮춤으로써, 방직 산업의 놀라운 비약을 이루어 냈다. 《메르퀴르 드 프랑스》는 방직 산업이 보인 성과와 흐름을 상세하게 다뤘다. 파르종은 향수 산업에서도 같은 혁신이 일어난다면 어떨까 하는 즐거운 상상을 해 보았다. 그리하여 당시로서는 성능이 매우 우수한 여섯 대의 적동 보일러 및 증류솥과 증류기를 설치했다. 파르종은 향수 제조법에 화학을 어떻게 활용하느냐에 향수 산업의 미래가 달려 있다고 보았다.[68] 그 무렵, 냄새는 본래 전기의 성질을 띠고 있다고 주장한 네덜란드의 화학자 마르틴 반 마룸Martin van Marum*의 이론이 발표되었다. 마룸은 여름철 폭풍우가 지나간 후 가벼워진 대기 중에 감도는 번개의 냄새를 예로 들었다. 그러자, 왕비 처소로부터 아름다움의 묘약élixir de beauté이나 톡 쏘는 에센스보다는 진정 화장수의 주문이 특히 늘어났다.

중기 가마솥steam digester을 발명했다. 세계 최초로 대기압 피스톤 기관을 만들었는데, 이는 화약을 수증기로 바꾸어 수증기의 압력과 그 응축에 의한 대기압의 작용을 이용하여 피스톤을 움직이게 하는 증기기관이다. 파펭의 증기기관은 실용화되지는 못했지만, 이후 과학자들이 그의 발명을 응용하여 실용적 동력 기관으로서 개발하였고, 뉴커먼의 증기기관 발명의 기초가 되었다.

* Martin(us) van Marum (1750~1837) - 네덜란드의 물리학자, 발명가이자 교사다. 의학과 철학을 공부했지만 라부아지에 이후의 근대 화학을 네덜란드에 소개했다. 학예사로 근무하던 테일러 박물관Teylers Museum에서 정전기 발생과 화학 실험을 시연한 것으로 유명하다.

《주르날 폴리티크Journal Politique》,* 일명 《가제트 데 가제트Gazette des gazettes》는 1788년 〈9월호〉에서 다음과 같이 쓰고 있다. "파리의 상인들은 불평하기 시작했다. 매출도 부진한데다, 제조업자들이 그들을 더 이상 신뢰하지 않기 때문이다. 불행하게도 이는 현실이다. 더욱 안타까운 사실은 많은 귀족들이 하인들을 내보내고 있다는 것이다. 하인을 무려 40명이나 해고한 귀족도 생겨났다."

왕비가 가장 먼저 모범을 보였다. 왕비의 지출을 1,206,600리브르로 삭감한다는 칙령이 발표되었다(1788년 1월 16일). 그해 6월, 앵발리드Invalides**를 방문한 왕비의 모습을 훔쳐본 이들은 옷차림이 검소했다는 말을 전하기도 했다.

어느 날 아침, 아데마르 부인은 왕비의 부름을 받고 프티 트리아농으로 갔다. 왕비는 아침 네글리제 차림에다 눈물까지 글썽이며 그녀를 맞았다. "내가 좀 모셔 오라고 했어요. 진실을 알고 싶어서예요. 사태가 아주 나쁘게 전개되고 있더군요. 재정이 악화되었다는 말이 들리는데, 내가 오빠에게 유리한 상황을 만들기 위해 프랑스를 거덜내고 있다는 비난까지 하고 있다고요. 터무니없는 거짓말이랍니다. 마찬가지로, 폴리냑 공작부인이 국고를 바닥냈다는 것도 다 거짓이에요. 칼론 씨가 매우 곤란한 처지에 놓였더군요. 소위 '명사회Assemblée des notables'를 소집하겠

---

* 창간호의 표제는 《주르날 폴리티크 드 부이용Journal politique de Bouillon》이다. 부이용Bouillon에서 피에르 루소Pierre Rouseau가 발행한 정기 간행물이며, 1760년부터 발행하여 1789년에 종간했다.

** L'Hôtel national des Invalides - 1671년, 루이 14세가 부상당한 노병의 치료와 요양을 위해 세운 건축물이다. 당시 현역에 복무 중인 군인의 5년 치 급여를 징수한 기금으로 만들어졌다. 리베랄 브뤼앙Libéral Bruant이 설계했다.

다는 거예요. 그러니 이 사태와 관련해서 당신이 아는 것을 모두 알려 줘요." 아데마르 부인은 실제로 아는 것이 별로 없었다. 그녀는 어느 익명의 저자가 쓴 비방문에 관한 이야기를 들려주며 왕비를 안심시키기 위해 애를 써 보았다. 왕과 왕비가 사형선고를 받을 것이라는 내용이었다.

- 그런 끔찍한 이야기는 너무나 두렵게 하는군요. 대체 누구에 관한 거죠?
- 전하나 마마와는 아무런 관련도 없어 보입니다. 저들은 광기에 사로잡힌 나머지 상상을 초월하는 말도 함부로 입에 올리니까요. 설령 그것이 현실화되더라도 아주 먼 후대에 가서나 벌어질 일입니다.
- 부디 당신의 말이 사실이길 바래요! 하지만 너무도 이상하리만큼 우연히 일치하잖아요.[69]

불길한 징조는 점차 늘어만 갔다.
어느 날 저녁, 왕비가 캉팡 부인과 함께 있을 때 일어난 일이다. 왕비는 촛불 네 개가 켜진 화장대 앞에 앉아 있었는데, 그 가운데 세 개가 저절로 꺼져 버렸다. "불길한 징조가 미신가를 만들겠어요. 네 번째 촛불마저 꺼진다면, 이는 불길한 조짐으로 볼 수밖에 없을 거예요." 그러자 네 번째 촛불 역시 저절로 꺼졌다.
그럼에도 사교계는 마치 아무런 위험도 존재하지 않는 양, 그저 웃고 즐기면서 여전히 그들의 세상을 만끽하고 있었다.

파르종과 베르탱의 고객인 케리Kerry 부인은 당시에 상당한 인기를 얻고 있던 살롱의 주인이었는데, 놀기 좋아하는 친구들을 불러 모아 일주일에 두 번씩 크레프crep와 카바뇰cavagnole* 등의 주사위 놀이를 즐기곤 했다. 대화의 주제는 요즘 유행하는 옷이라든가, 연지를 바르는 위치 또는 가장 좋아하는 향수를 중심으로 돌아갔다. 파르종은 쉬렌의 조향실에서 개발된 포퓰러로 완성된 최고급 포푸리를 그들에게 갖다 주었다.

그러던 어느 날, 파르종은 '공작부인, 나가 주세요. 당신에게서 나는 냄새는 줄기차게 나를 괴롭히는군요.'라고 말하며, 왕세자가 폴리냑 부인을 자기 방에서 쫓아냈다는 이야기를 들었다.

그러나 폴리냑 부인은 본래 향수를 뿌리지 않으므로, 파르종은 왕세자의 건강이 몹시 나빠졌음을 알아차렸다.

나는 공화주의자다!

1789년 5월 4일, 베르사유에서 삼부회États généraux가 열렸다. 로즈 베르탱은 다음날 행사에 참석할 마리 앙투아네트를 위해 치장 일체를 준비했다.

"왕비는 아주 멋있는 모습으로 등장했다. 왜가리의 아름다운 깃털이 달린 다이아몬드 머리띠를 두르고 은실 장식이 반짝거리는 흰 치마에 자

---

* 궁중에서 행해진 주사위 놀이다. 크레프와 카바뇰은 각각 영국식과 스페인 식 주사위 놀이다.

줏빛 상의를 걸치고 있었다. 왕은 레장Régent* 을 박은 모자를 쓰고 등장했다." 프랑스의 왕비는 생애 마지막으로 그 어느 때보다 가장 아름답게 빛나고 있었다.

테니스 코트의 서약Serment du Jeu de paume에서 새로운 시대를 여는 빛을 목격한 파르종은 적극적인 관심을 가졌다. 반면, 왕비에 대한 적대감은 사그라지지 않았다. 어느 술주정뱅이의 노랫소리가 들리기도 했다.

> 루이, 보고 싶지 않니?
> 되다만 놈, 바람난 여편네를 둔 사내,
> 빌어먹을 놈 같으니라고!
> 거울에 비추어 보려무나.
> 왕비와 왕세자의 꼬락서니를.

이에 빅투아르가 분통을 터뜨리며 흥분했고, 급기야 점원이 얼른 식초 한 병을 따서 진정시켜야 했다. 그날 이후로, 아내는 왕비에 대해 함부로 말하는 이들을 극악무도한 무리로 간주했다. 파르종은 공화주의에 찬성하면서도 당파심이나 증오심은 경계하고 있었다. 그는 다른 이들의 과격한 언동까지 따라 하지는 않았으며, 기회가 닿을 때마다 왕비를 천성적으로 착하고 너그러운 사람으로 평하곤 했다. 1788년 4월부터 왕실에서 일하던 어느 시녀의 딸로 태어나 어려서 고아가 된 에르네스틴 랑브리케Ernestine Lambriquet라는 소녀는 공주의 보모 처소에 머물며 진짜 공주와

---

* 섭정 필립 오를레앙 공이 왕관에 장식한 136캐럿짜리 다이아몬드를 가리킨다.

다름없는 대우를 받으며 자랐다. 마리 앙투아네트는 가난하고 불쌍한 아이들을 입양하거나 보호해 주었다. 그러나 파르종은 여자와 왕비를 반드시 별개로 보아야 하며, 전제정치는 본래 포악한 법이라고 주장했다. 이에 빅투아르는 반박했다.

― 그런데 왕이 언제 폭군의 모습을 보인 적이 있나요?
― 그가 폭군이 아니더라도 그의 후손이라도 그리될 수가 있거든. 마르쿠스 아우렐리우스 황제의 뒤를 이은 코모도스*의 경우가 바로 그러하지. 그들은 자신의 운명을 결정할 권력을 손안에 쥐고 있었으니까. 그때 만일 의견을 주장할 수 있는 민중의 대표들이 있었다면, 칼론 마냥 왕비가 돈을 낭비하도록 내버려 두었겠어?

인간은 본래 선한 존재이며, 단지 제도가 인간을 못되게 만들었다고 파르종은 확신했다. 또한 '바스티유 습격 Prise de la Bastille 사건'도 왕이 대표하는 체제, 즉 절대왕정의 종말이 임박했음을 상징하는 것으로 보았다. 그러나 혁명이 너무나 많은 피로 얼룩진 것에 대해서는 매우 유감스럽게 생각했다. 그는 파리 시민들로 구성된 국민군**에서 열성적으로 활동하

---

* Lucius Aelius Aurelius Commodus (161~192) - 로마제정 때 5현제賢帝의 전성기 직후에 즉위한 황제다. 황제답지 못한 그의 태도를 혐오하는 사람의 손에 암살되었다. 그 이후부터 잦은 이민족의 침략과 재정 상태의 악화, 화폐 가치의 급락, 치솟는 물가 등으로 로마제국은 쇠퇴의 길을 걸었다.

** Garde nationale - 프랑스 혁명 초기에 파리의 질서 유지와 자위를 목적으로 창설된 민병대다. 이후 각 도시마다 하나씩 조직되어 1871년까지 존속하였다. 정규군과는 별도로 운영 편재되었으며, 초기 통솔자는 미국 독립 전쟁에 참전했던 라파예트Lafayette 후작이었다.

고 있었다.

　8월 4일 밤, 파르종의 꿈은 드디어 실현이 되어 눈앞에 등장했다. 프랑스 전체가 크게 동요하고 있었던 것이다. 또한, 귀족들이 특권을 포기하기로 결정한 날이기도 했다. 노아유 공작의 제안에 따라 면세 특권 및 봉건적 특권의 폐지를 받아들였다. 점차 고조되어 가는 흥분의 도가니 속에서 성직자들 역시 십일조*를 포기하기로 약속했으며, 시의원들은 그들의 지방 및 시 행정을 비롯한 조합 운영에 관한 모든 특권을 내려놓기로 했다. 파르종은 아내에게 보란 듯이 말했다.

─ 이번에는 당신도 그들을 악당이라 부르지 못할 거요. '특권계급에 대한 성 바르톨로메오 학살**'이니 말이야! 사람들은 왕에게 '자유를 되살린 사람'이라는 별명을 붙여 주었고, 내일 노트르담 성당에서 테데움 Te Deum을 부르며 기념식을 개최할거라고. 아버지께서는 모든 프랑스인들이 평등해지는 그날을 예언하셨지. 평화로운 방법으로 평등한 세상을 이루어 냈으니, 이제 곧 혁명도 끝날 게야.

---

* 중세 유럽의 교회에서 교구민敎區民으로부터 수입의 1/10을 징수하였던 세를 말한다. 그러나 프랑스에서는 수입의 1/14 또는 1/15밖에 되지 않았다. 구제도의 말기로 접어들면서 민중의 불평과 비난의 대상이 되어, 혁명 기간 중 폐지되었다.

** Massacre de la Saint-Barthélemy - 성 바르톨로메오의 축일인 1572년 8월 24일부터 10월까지 이어졌던 카톨릭과 위그노(프로테스탄트) 간에 벌어진 종교전쟁에서 위그노들이 학살된 사건을 가리킨다. 당시 대비였던 카트린 드 메디치 Catherine de Medicis의 딸이자, 국왕 샤를 9세의 동생인 마르그리트와 후일 앙리 4세로 즉위하는 개신교 신자인 앙리 드 나바르 Henri de Navarre의 결혼을 축하하기 위해서 모인 개신교 지도자 콜리니 Coligny를 포함한 3만 명 이상의 개신교도가 가톨릭교도에 의해 학살되었다.

◦ 부디 당신 생각대로 되기를 바랄게요! 이 모든 혼란과 소요 때문에 장사에 지장이 생겼는 걸요. 우리 가게의 매출이 떨어졌다고요.

실제로도 과장되고 요란한 푸프와 왕비가 기상할 때 머리에 쓰던 나이트캡의 주문은 들어오지 않았다. 프랑스를 상징하는 삼색휘장cocarde nationale*이 달린 바스티유 보닛bonnets à la Bastille이나 고전적이고 단순하면서 얇은 흰 면으로 만든 시민의 보닛bonnets à la citoyenne을 쓰고 다녔기 때문이다. 오늘날 방석이나 휘장에 쓰이는 크레톤 사라사가 비단을 대신했다. 이는 왕비의 변덕은 물론이며, 사치와 허영조차 더는 용인될 수 없었기 때문이다.

외국인 귀족 부인들은 이미 용의주도하게 프랑스를 떠날 준비를 하고 있었다. 프랑스의 귀족들 역시 서둘러 도주를 준비하고 있었다. 폴리냑 부인은 왕비의 간청에 못 이겨, 7월 6일에서 17일 밤사이에 독일로 넘어갔다. 8월 8일, 루이즈 드 콩데Louise de Condé 공주가 모나코Monaco 공주 및 오티샹Autichamp 후작부인과 함께 코블렌츠Coblence로 향하는 길에 본Bonn을 경유했다는 소식이 들렸다. 9월 5일에는 아르트와 백작부인이 이탈리아의 토리노Torino로 떠났다. 11월에는 몰수된 교회 재산이 아시냐 지폐의 발행을 위한 담보물로 잡혔다. 귀족들이 유럽의 각지로 흩어져

---

* 바스티유의 함락 이후, 베르사유에서 파리로의 복귀를 선언한 루이 16세는 국왕을 상징하는 흰색과 파리시를 상징하는 붉은색과 청색으로 된 삼색휘장cocarde tricolore을 받아들였다. 삼색휘장은 세 개의 원형으로 이루어져 있는데, 가장 안쪽 원이 청색, 중앙원이 흰색, 바깥 원이 붉은색이었다. 그러자 군중들은 일제히 환호하여 '국왕 만세!'를 다시 외쳤고, 그 이후로 삼색휘장은 프랑스의 상징이 되었다.

버리자 파르종의 가게를 찾는 고객도 점차 줄어들었다. 그 바람에 외국으로 도주한 귀족들이 결제하지 않은 계산서의 목록만 날로 쌓여 갔다. 그러나 파르종은 국가의 이익 앞에서 개인의 이익쯤은 과감히 포기할 수 있어야 한다는 생각으로 위안을 삼았다. 특히 공화주의에 대한 신념을 더 이상 감출 필요가 없다는 사실이 매우 만족스러웠다. 또한 소리 높여 주장하지는 않았지만, 상인이란 어느 누구에게서도 반감을 사면 안된다는 생각을 갖고 있었다.

다른 이들도 나름의 방식으로 입장을 드러냈다. 의상 디자이너들은 풀롱Foullon*의 피와 동일한 색상의 리본을 팔았다. 로즈 베르텡은 자신이 평민 출신임을 새삼 드러내듯, 모자에 다는 삼색휘장을 18리브르라는 파격적인 가격에 내놓았다. 혁명파 부인들은 바스티유 감옥의 부서진 돌 조각을 구해다가 금을 박아 넣어 만들었다고 해서 일명 헌법보석bijoux à la Constitution이라는 귀걸이와 반지를 끼고 다녔다. 파르종은 보석상들을 따라 하고 싶지는 않아서, 시기적절하게 자유의 포마드pommade de la liberté 또는 상퀼로트의 향수eau de senteur du sans-culotte를 팔았다.

파르종의 사업은 결코 절망적인 상태에 빠지지는 않았다. 외국인 고객들과 거래를 유지했으며, 그의 고객이었던 귀족들 모두가 외국으로 도주한 것은 아니기 때문이다. 어린 자녀를 데리고 사는 미망인이었던 투르젤Tourzel 후작부인의 경우, 자신을 '혹독한 부인'이라 부르는 왕세자의 건

---

* Joseph-François Foullon (1715~1789) - 프랑스 혁명의 초기에 처형된 인물들 가운데 한 명이다. 자크 네케르를 대신하여 재무 총감에 임명되었기 때문이다.

강을 몹시 염려하는 마음으로 파리에 남았다고 한다.

1789년 8월, 파르종의 가게에서 납품한 물건으로는 흰색 장갑 열두 켤레 이상과 개가죽 벙어리장갑 몇 켤레, 라벤더 수, 브랜디 몇 병, 작은 단지에 담긴 오렌지 꽃 포마드와 아몬드 크림 그리고 오렌지 꽃 파우더, 제비꽃과 사이프러스 파우더의 향을 먹인 타프타 천으로 된 향기로운 바구니가 있었다. 왕비에게는 향을 먹인 부채를 계속 납품했다. 그러나 그것이 눈물을 감추는데 자주 사용되고 있다는 것은 의심조차 하지 못했다. 파르종은 왕비를 위해 **비너스의 에센스**esprit de Vénus를 만들었는데, 그는 다음과 같이 말하곤 했다. "이 액체는 내가 아는 한 가장 독하고 침투력이 강하다. 병뚜껑을 열기만 해도 집안 전체가 냄새로 가득 찬다. 뚜껑을 열고 병을 코에 갖다 대면 대단히 강한 냄새가 뇌리 속으로 파고들어, 마치 두개골이 갈라질 것만 같다. 그러나 이보다 더 기분을 좋게 만들어 주는 향도 없다."[70)]

바스티유 감옥이 습격을 당한 이후부터 왕비는 억지로 떠나야 할 상황을 예감하고 있었다. 의회의 대표들은 베르사유로 줄줄이 와서는 왕에게 파리로 갈 것을 종용했다. 왕비는 베르사유가 습격을 당할 만일의 경우에 대비하여, 캉팡 부인에게 패물을 미리 챙겨 놓고 일부 문서들은 불에 태워 버리라고 했다.

10월 5일, 파리 시민들은 베르사유로 몰려가 궁을 공격했다. 그리고 다음날, 왕의 일가는 튈르리궁에 유폐되었다. 입이 건 생선 장수 부인네들이 왕이 탄 마차를 에워싸고는 그 앞을 막아섰다. 그리곤 외쳤다. "우리는 더 이상 빵이 없어서 못 먹는 일은 없을 거예요. 우리가 빵 가게를 습격해서 제빵사와 그 조수까지 죄다 잡아 가뒀으니까요." 학살을 일삼는 자들의 한가운데로 이미 죽임을 당한 두 친위병의 목이 솟아올라 왔다. 당시 국민의회 의장이었던 장 실뱅 바이Jean-Sylvain Bailly*는 파리 시청에 온 왕을 맞이하며, '비록 선대왕들의 왕좌는 방금 부서졌지만[71]' 그의 왕좌에 앉기를 청했다고 한다.**

구제도는 치명적인 타격을 입었다. 늘 존경을 받아온 왕이지만, 그에게 무언가를 강제할 수 있다는 사실이 입증된 것이다. 파르종의 눈에는 그리 나쁜 상황으로 보이진 않았다. 1790년이 밝아올 무렵, 파르종의 가슴은 희망에 가득 차 있었다. 1790년 7월 14일에는 국민군 부대와 함께 축제의 열기에 들뜬 샹드마르스Champ-de-Mars에서 열린 혁명 1주년 기념 연맹축제fête de la Fédération에 참석했다. 7월에는 국민의회가 성직자 민사기본법Constitution civile du clergé을 통과시켰다.*** 파르종은 기쁜 마음으로

---

* Jean-Sylvain Bailly (1736~1793) - 천문학자이자 웅변가이자, 프랑스 혁명을 이끈 초기 지도자들 중 한 명이다. 바이는 삼부회에서는 파리시 의원이었고, 1789년 5월 5일에는 제3신분의 의장을 맡았다. 6월 20일의 테니스 코트의 서약을 이끈 사람들 중 한 명이기도 하다. 1791년, 국왕의 바렌느 도주 사건 이후 일어난 왕정 폐지 운동에는 강경한 태도로 반대하였다. 특히 샹드마르스에서 7월 17일에 열린 집회에는 계엄령을 내려 무력으로 대중 운동을 탄압하면서 입헌군주정을 지지하였다. 1793년 7월에 체포되어 마리 앙투아네트의 재판에 증인으로 출석하여 그녀를 변호한 것과 샹드마르스 학살에서 대중을 탄압한 일이 죄가 되어 단두대에서 처형되었다.

** 여기에서 '선대왕의 왕좌'는 절대왕정을, '루이 16세의 왕좌'는 입헌군주제를 각각 의미한다.

*** 7월에 국민의회에서 통과했지만 루이 16세는 거부권을 행사했다. 그러나 12월에는 국왕의 거부권을 무시하고 국민의회에서 가결되었다.

환영했다. 국민의회는 평등에 관한 법안을 가결했다. 특히 '법정은 모든 범법자에게 사형을 선고해야 한다. 다만 그 죄의 성격이 어떠하든 간에 처형 방법은 동일해야 하며, 사형수의 목은 아주 간단한 장치에 의해 잘려 나가게 된다.'는 이그나스 기요텡Ignace Guillotin의 제안을 받아들였다. 의사이자 자선 사업가였던 기요텡의 주장은 법률로 제정되었다.

○— 새로운 프랑스에는 심지어 범법자들조차 평등하다고.
○— 부디 기요텡 선생의 단두대가 죄가 있는 사람들만 처형하기를 간절히 바랄 뿐이에요!

1791년 3월, 길드 제도가 폐지되었다. 그에 따라 파리에서 활동하던 장갑, 지갑·혁대, 조향사들의 길드 역시 해체되었다. 파르종은 자유롭게 거래할 수 있는 가능성이 열린 것을 환영하면서도, 그가 길드의 승인을 받은 그날 처음 느꼈던 자부심이 떠오르자 씁쓸해졌다. 사실 길드는 국왕에게 큰돈을 기부했다가 막대한 빚을 떠안기도 했다. 그러나 루이 16세가 그 돈으로 프랑스의 전함을 건조했다는 사실을 아는 사람은 많지 않다. 조합원의 자격을 잃은 조향사들은 비로소 자유롭게 사업을 펼쳐나갈 수 있게 되었다. 그러나 정국이 불안정한 상황에서 그들에게 큰 의미는 없었다. 직공들에게도 전혀 유리하지 않았으며, 더욱이 파업은 여전히 감옥행이었다. 이는 같은 해 6월에 르샤플리에 법loi Le Chapelier에 의해 동직조합同職組合이 폐지되었기 때문이다.

그런가 하면, 다수의 주교 및 사제들은 교황의 명에 따라 성직자 민사기본법에 대한 선서를 거부하고 있었다. 파르종은 자기 아이들을 가르치고 있던 신부에게 성직자 민사기본법에 선서하지 않으면 해고하겠다며 압박했다. 빅투아르는 이러한 남편의 행동에 대해 '신망이 높았던 사람들의 자유를 인정해 주지 않으면서 보편적인 자유를 강조하는 것은 설득력이 없다.'며 비난했다.

불운을 예감하는 향기

1791년 6월 초, 파르종 앞으로 쪽지 한 장이 전달되었다. 쪽지를 읽는 그의 가슴이 두근거렸다. "파르종 씨는 튈르리궁으로 즉시 오기를 바랍니다. 푀양회 수도원의 통로로 향하는 작은 문 앞에 서 있으면 친위병이 나와 안내해 줄 것입니다. 정원 옆으로 돌아가 꽃의 여신을 위한 별궁 Pavillon de Flore*의 문 앞에서 제복을 입은 하인이 파르종 씨를 기다리고 있다가 안내해 줄 것이며, 그곳에서 당신을 맞이하는 사람이 있을 것입니다. 결코 늦으면 안됩니다."

황급히 쪽지에 쓰인 대로 가 보았더니, 적막한 건물 한 채가 나타났다. 이어서 파르종은 왕비의 방까지 안내를 받았다. 왕비는 평소와 다름없이 그를 친절하게 맞이했다. 그리고는 파리의 부르주아로서 일련의 사태에 대해 어떻게 생각하는지를 물어보았다. 파르종은 공화주의에 대한 자신의 입장을 드러내기에 적절한 때와 장소가 아닌 것 같았다. 더욱이 레

---

* 루브르 궁전 서남쪽인 퐁 루와얄pont Royal 인근에 위치한 별궁이다. 꽃의 여신을 위한 별궁은 앙리 4세 때인 1607년부터 1610년까지 조성되었다.

오나르나 베르텡처럼 허세를 부리고 싶은 마음은 추호도 없었다. 그들은 귀족 고객들에게 현실을 깨닫게 해 준다는 명분으로 거리에서 떠도는 이야기들을 그대로 전달하고 있었다. 파르종은 자신이 하는 일은 정치와 거리가 멀며, 귀족들과의 친분을 중요시 여긴다 – 그러나 머릿속에서는 '그렇다고 해서 군주에게 충성을 다하는 것은 아니다.'라는 말이 떠올랐다. – 고 말하면서 내심 흡족해했다. 이 말을 들은 왕비는 쓸쓸한 웃음을 지어 보였다. 그녀는 파르종의 말을 곧이 믿지 않았다.

파르종이 정성을 다해 만들었던 트리아농의 향수 냄새가 왕비에게서 감돌고 있었다. 변질한 향수의 냄새를 맡은 순간 그는 몹시 당황했다. 투베로즈의 매혹적인 향기는 피부와 향수가 빚어내는 신비한 연금술로 다른 향기를 압도한다. 그럼에도 파르종은 이 '위험한 꽃'을 아주 조금씩 사용해 왔다. 파르종의 코는 어떤 냄새든 틀림없이 알아내지만, 방금 맡은 것은 그가 예상하고 있던 냄새가 아니었다. 왕비는 향수가 변질한 사실을 왜 알아채지 못했을까? 감미롭고 그윽한 향기에 맵고 떫으면서도 거친 무언가가 살짝 들어가 있었다. 마치 불운을 예고하듯 말이다.

그는 공기 중에 감돌고 있던 또 다른 향수의 냄새를 맡았다. 왕비가 '매우 우아한 어떤 남자'를 위해 주문했던 향수의 냄새였다. '그'는 몇 시간 전에 이 방을 다녀간 것 같다. 누구였을까? 파르종은 이 수수께끼를 계속 파고들고 싶지는 않았다. 왕비에게 지금처럼 힘든 시기에 자신을 믿고 주문해 주어서 고맙다는 인사말을 건넸다. 그는 물러나기에 앞서, 왕비의 마지막 주문품과 함께 투르젤 부인의 것까지 모두 캉팡 부인에게 맡겨 놓았다고 말했다. 파르종은 이상하리만큼 수량이 많았던 두 건의 주문에 대한 말을 덧붙이지 않았다. 사실 소요가 일어나 원료들이 제멋대로 도착하는 바람에 파르종은 물품을 모두 취합하고 제작하는데 어려움을 겪었다. 그러나 왕비가 그렇듯 어마어마한 수량의 물품을 주문한 이유는 짐작도 못했다. 왕과 왕비의 도주 계획을 전혀 몰랐기 때문이다. 페르센은 그가 연모하는 여인을 구하기 위해 매우 적극적인 구원 활동을 펼쳤으며, 위태로운 상황도 기꺼이 감수했다.

2월이 되자, 도주를 위한 완벽한 계획이 세워졌다. 메츠Metz보다는 룩상부르와 더 가까운 몽메디Montmédy가 도주지로 지목되었다. 랭스Reims는 경유하지 않기로 했다. 왕이 대관식을 치른 곳이기에 자칫 쉽게 눈에 띌 수 있기 때문이다. 포도주 병과 같은 황록색으로 칠해진 대형 사륜 마차가 준비되었다. 차체와 바퀴는 레몬과 같은 노란색으로 칠해졌고 새하얀 벨벳으로 속을 대었다.

캉팡 부인은 다음과 같이 기록해 두었다. "3월이 되자마자 왕비는 떠날 채비로 분주했다. 나는 한 달 내내 왕비의 곁에 머물면서, 비밀리에 완수하도록 분부 받은 일들을 직접 처리했다. 불필요하고 심지어 위험하리만큼 사소해 보이는 부분까지 지나치게 신경 쓰는 왕비의 모습이 나를 힘들게 했다. 왕비 마마라면 프랑스 어디를 가나 내의나 드레스 정도는 힘들이지 않고 구할 수 있다는 사실을 믿게끔 만들어야 했다."[72]

향수와 화장품에 있어서도 마찬가지 상황이 펼쳐졌다. 그러나 늘 그랬듯, 생각이 짧은 마리 앙투아네트의 머릿속은 온통 새로 구입한 향수들까지 빠짐없이 여행용 화장품 함에 담을 생각뿐이었다. 그녀는 과연 '파리에 살던 여자는 다른 곳에서는 더는 파리 여자답게 살 수 없다.'는 몽테스키외의 말을 떠올려 보기는 한 걸까? 브뤼셀에서는 커다란 여행 가방도 무사히 옮길 수 있다. 그러나 화장품 함은 골칫거리였다. 왜냐하면 화장품 함의 '몸집이 큰데다 그 안에 침대를 데우는데 필요한 온열기부터 은 접시에 이르기까지 온갖 물건을 담았기' 때문이다. 왕비는 여동생에게 보내는 선물들이라 변명했지만, 캉팡 부인은 왕비의 생각을 포기시키기 위해 무진 애썼다. "눈이 예리한 사람들이 보게 된다면 '선물은 핑계일 뿐이고, 실은 개인 물품을 미리 보내려는 왕비의 의도'가 들통 날 수 있다."는 두려움 때문이었다. 캉팡 부인이 보기에 상황에 적합지 않은 향수 냄새는 흔적이 조금이라도 남지 않도록 매우 세심하게 관리되었다. 이렇듯 철저하게 신경을 썼음에도 불구하고, 어느 의상 담당 하녀의 눈을 속일 수는 없었다. 급기야 5월 21일, 파리 시장에게 왕비의 도주 계획을 밀고한 하녀는 이렇게 말했다. "화장품 함에 대한 왕비의 집착이 워낙 강해서 말릴 방법이 없었어요. 여행할 때 매우 쓸모가 있을 물건이라 자주 말하곤 했지만요."

 왕비는 여행용 화장품 함에 들어가는 크리스털 병, 파우더와 크림용 단지를 가득 채우기 위해 많은 주문을 넣게 했다. 파르종은 트리아농의 향수뿐만 아니라 파르종의 분과 포마드 및 라벤더 수 그리고 천국의 향수eau céleste나 최고의 향수eau souveraine 등 왕비가 관자놀이에 즐겨 바르던 제품을 갖다 주었다. 왕비는 행여 여행 도중에 동이 날까 염려하며, 진정 효과가 뛰어나며 피부에 활력을 주는 성분을 함유한 오렌지 꽃 향수 그리고 라벤더 에센스를 비롯하여 향 소금과 검소한 목욕 몇 주머니도 추가로 주문했다. 그녀는 베르가못 향유와 헬리오트로프 및 레몬 포마드를 비롯한 다양한 화장수도 잊지 않았다. 왕비는 파르종에게 그의 경쟁자인 장 프랑수아 우비강이 만든 **톡 쏘는 에센스**와 **달팽이 성분이 함유된 장미향 크림**crème de rose aux limaçons이 아주 마음에 든다며, 늘 그랬듯이 신중하고 조심스럽게 말했다.

짧은 생각과 서툰 행동이 연속되는 차마 믿기 어려운 상황이 펼쳐졌지만, 이는 바렌느로 도주할 때에도 변함없었다. 마리 앙투아네트의 허영심 역시 불행에 한몫 거들었을 것이다. 그러한 왕비가 자신의 전속 미용사를 빠뜨리고 갔을 리가 없다. 레오나르도 결국엔 왕비의 도주 계획을 알게 되었다. 입이 가볍고 허풍이 심한 이 가스코뉴 출신 미용사에게 비밀스러운 임무를 맡긴 것은 실은 몹시 잘못된 결정이었다. 그가 맡은 임무란 왕비의 다이아몬드가 담긴 보석함을 나르고, 왕과 왕비가 탄 마차의 도착 예정을 역에 알리는 일이었다.

마침내 6월 20일, 왕과 왕비는 한눈에 띄는 거대한 마차를 타고 출발했다. 그들은 각각 '뒤랑Durand 씨'와 '로쉐Rochet 부인'이라는 가명을 사용하기로 했으며, 마차에는 두 아이와 엘리자베스 부인 그리고 투르젤 부인도 함께 타고 있었다. 왕의 가족이 떠나는 사실은 이미 공공연한 비밀과 다름없었다. 당시 우체국장이었던 장 밥티스트 드루에Jean-Baptiste Drouet* 가 결정타를 날리기 전에도 이미 수차례 남들의 눈에 띄었기 때문이다. 미용사는 그를 믿고 임무를 맡긴 왕비를 배신하려던 것인지 혹은

---

* Jean-Baptiste Drouet (? ~1824) - 루이 16세의 바렌느 도주 과정에서 결정적인 제보를 한 인물이다. 이 공로로 입법의회가 3만 리브르의 상금을 수여하려 했으나, 이를 정중히 거부했다. 그는 1792년 9월에 시행된 입법의회 선거에서 국회의원이 된다.

조금 모자라서 그랬는지는 몰라도, 작전이 취소되었다는 잘못된 정보를 흘려 친위병들이 자리를 비우게 했다. "왕의 가족은 단 한 사람도 남김없이 체포하라."는 국민공회의 영장을 가지고 파리에서 군인들이 도착했을 때, 루이 16세는 '이 나라에 더 이상 왕은 존재하지 않는다.'고 중얼거렸다고 한다. 왕비는 별 효과 없는 도전적인 몸짓으로 체포 영장을 땅에 집어던졌다.

　돌아가는 길은 지옥처럼 끔찍했다. 열기와 먼지로 가득한 마차는 지옥수레가 되었고, 왕과 왕비가 탄 마차는 무장한 군인들에 의해 끌려가며 시민들의 야유를 받았다. 하루 만에 머리가 하얗게 센 왕비는 파리에 도착한 후, 캉팡 부인으로 하여금 파르종에게 보내는 편지를 쓰도록 했다. "지금 나는 체력을 되찾기 위해 목욕을 하면서 당신에게 이 글을 쓰게 하고 있어요. 내 영혼의 상태에 관해서는 아무런 말도 할 수 없군요. 어찌 되었든 우리는 살아 있어요. 그게 다예요." 자신이 아끼던 조향사의 뛰어난 솜씨 덕분에 왕비는 작은 위안이나마 얻을 수 있었다.

　도주에 협조한 혐의를 받은 사람들은 모조리 처형되었다. 왕비의 시녀였던 오생 부인도 즉시 체포되었는데, 그녀는 떳떳하다는 듯이 이렇게 말했다. "왕과 왕비의 도주 계획에 관해 나는 아는 바가 없었어요. 만약 알았더라면 이 자리에 있지도 못할 거예요. 아니, 어쩌면 왕비보다 먼저 도망갔을 지도 모르지요. 지금 나를 화나게 하는 것은 왕비가 내게 미리 알리지 않았다는 사실이라고요." 파르종은 심한 두려움에 떨었다. 도주에 사용되었던 마차 안에 그가 납품한 물건들이 가득했기 때문이다. 파르종은 왕과 왕비의 도주 시도는 국가를 배신한 것이기에 결코 용서받을 수 없는 범죄이자 어리석은 행동이라 여겼다. 파르종처럼 선량한 시민마저 도주를 협조한 공모자로 몰리게 될 것인가?

그는 이 투쟁이 낯설기는 하지만, 프랑스를 위해서는 좋은 기회라 여기며 환영했다. 이번 기회에 유럽 전체가 자유, 평등, 박애를 추구하는 국가들로 변모할 수 있기 때문이다. 투쟁의 초기에는 잔혹하고 끔찍한 양상을 띠었고 여론도 지배층에게 등을 돌렸다. 군중에 휩쓸려 다니는 것을 별로 좋아하지 않는 파르종은 성난 군중들이 튈르리를 습격했을 때(1791년 6월 20일)에도 집에 있었다. '폭군을 위하여'라는 문구가 새겨진 기요틴이 머리 위에서 움직이는 것이 보였다. 또한 '앙투아네트를 위하여'라고 쓰인 교수대에는 여자 모습을 한 허수아비가 매달려 있었다. 권위가 땅에 떨어진 왕은 머리카락이 잘리고, 머리에는 혁명 당원들이 쓰는 붉은 모자가 씌워졌다. 룰 가의 귀족들은 공포와 불안에 휩싸였다. 푸줏간 주인 르장드르Legendre는 왕을 '나리'라고 부르며 이렇게 말했다. "당신은 신의를 잃어버렸소. 언제나 우리를 속여 왔고, 지금도 여전히 속이고 있지!"

마리 앙투아네트가 보여 준 용기와 품위 있는 행동에 관한 일화도 있었다. 한 생선 장수 여인이 성난 군중 사이를 가르며 나타나더니, 누추한 간판을 내밀며 왕비의 앞을 가로막고 욕을 퍼부었다. 왕비는 그 여인에게 자신이 개인적으로 어떤 누를 끼친 적이 있는지 물어보았다. 그러자 여인은 '없어요. 하지만 이제 당신의 나라를 영영 못 보게 될 거에요.'라고 답했다. 그러자 왕비가 말했다. "잘못 알고 계신 거예요. 나는 왕세자를 낳은 사람입니다. 나는 프랑스인이며 따라서 오스트리아와 아무런 관계가 없습니다. 행복하든 불행하든 나는 언제나 프랑스 사람입니다. 당신들이 나를 좋아해 주었을 때 가장 행복했답니다." 그러자 생선 장수 여인은 눈물을 흘리며 말했다. "아! 부인, 용서하세요. 미처 당신을 알아보지 못했군요. 당신이 좋은 사람이라는 사실을 이제야 알게 되었어요."

이야기를 듣고 있던 빅투아르는 감동과 연민에 젖어 눈물을 흘렸다. 그녀는 군중이 그저 불량배나 다름없다고 여겨왔기 때문이다. 그러나 곧 최악의 사태가 닥치리라는 것은 모르고 있었다.

7월 26일, 프로이센과 오스트리아를 주축으로 한 동맹국들이 코블렌츠 선언manifeste de Coblence으로 프랑스에 선전포고를 해왔고, 이는 실전으로 이어졌다. 작전 명령은 적들과 손을 잡은 '궁궐을 무장해제 하라.'는 것이었다. 마르세유 시민 500명과 브르타뉴 농민 300명으로 구성된 의용군fédérés* 부대가 혁명군을 지원하기 위해 파리의 턱밑까지 진격했다. 파리 시민들도 그들과 합류했다. 파리의 자치구 총 48개 가운데 47개 구가 왕의 폐위를 찬성하는 쪽에 표를 던졌다. 아내에게는 차마 말도 못한 채 파르종 역시 혁명군의 활동에 참여했다. 그러나 귀족과 성직자들의 은신처였던 튈르리궁의 습격에는 동참하지 않았다. 8월 10일, 분노의 화산이 폭발했다.[73] 왕은 무고한 희생을 막아야 한다며 시민들을 향해 총을 겨누지 말 것을 친위대에 명령했다. 그러나 튈르리를 습격한 이들은

---

* 제 1차 반反프랑스 동맹과의 전투에서 거듭된 패배로, 마르세유를 비롯한 프랑스 전국에서 모인 민간으로 구성된 군대다. 이를 기반으로 발미 전투bataille de Valmy에서 반프랑스 동맹군을 물리치면서 기세를 잡기 시작했다.

친위대를 학살했다. 왕비의 시중을 들던 부인들은 잠시 목숨의 위협을 받았다가 풀려났지만, "이 천박한 것들아, 나라가 너희들에게 은혜를 베푼 줄 알아라!"라는 모멸스러운 말을 들어야 했다.

왕정 체제는 완전히 무너졌다. 왕과 그의 가족들은 입법의회의 감호를 받는 처지가 되었다. 즉, 적의 감시 아래 놓이게 된 것이다. 8월 13일, 그들은 포로 신세가 되어 탕플Temple 감옥으로 이송되었다.

코를 찌르는 피 냄새

어느 누구도 왕실과 거래하겠다고 나설 엄두를 내지 못했지만, 파르종은 계속 납품할 수 있기를 기대했다. 왕비는 감옥에서도 그가 만든 제품이 많이 필요하기 때문이다.[74] 그는 강장제가 함유된 각성제를 왕비가 애용하고 있다는 말을 전해 들었다. 그 덕에 왕비가 힘든 시간을 버티고 있다는 것이다. 또한 불안을 가라앉히기 위해 라벤더 브랜디를, 손에는 오렌지 꽃 포마드와 마사지 크림을 듬뿍 사용하고 있다는 것이다. 어느 재단사가 왕비를 면회할 수 있었다. 로즈 베르탱이 파리에 없는데도 그녀의 가게는 그해 9월까지 계속 납품하고 있었던 것이다. 파르종은 다양한 향수와 화장품 사이에 트리아농의 향수를 슬며시 끼워 넣으며, 지금은 사라져 버린 행복했던 과거를 떠올렸다. 파르종이 그동안 왕비에게 전달한 주문품의 대금을 청구하자, 한 국민군이 콧방귀를 끼며 말했다.

○─ 동지citoyen*, 지금 농담하는가? 나랏돈으로 돼지 코에 향수를 대겠다는 거냐고?

베르텡은 코블렌츠로 피신했다. 그녀의 오랜 단골손님들이 그곳에서 기다리고 있기 때문이다. 충직한 의상 디자이너의 안위를 염려한 왕비의 명령을 마지못해 따를 수밖에 없었다는 소문도 있었다. 베르텡이 떠남과 동시에 왕비의 아름답고 우아한 시절도 끝났다. 어느 신문은 이 사실을 다음과 같이 다뤘다. "베르텡이 파리를 떠났다. 이제 파리에는 땔나무꾼들만 남을 것이다."

정보에 밝은 이들은 베르텡이 모자 등을 마지막으로 전달하러 갔을 때 왕비에게서 들었다는 말을 옮기고 다녔다. "간밤에 당신 꿈을 꾸었어요, 베르텡 양. 당신이 여러 가지 색의 리본을 갖다 주어서 내가 그중 몇 가지를 고르고 있었는데, 리본이 내 손에 닿자마자 검은색으로 바뀌어 버렸지 뭐예요."[75]

점점 더 무거운 공기가 감돌았다. 국민군은 집집마다 다니며 수색을 했는데, 의심스러운 사람들은 즉시 끌고 가 감옥을 가득 채웠다. 파르종은 모습을 드러내지 않기 위해 가능한 외출을 삼갔다. 그 자신은 애국 시

---

* 불어에서 'citoyen'은 본래 시민 혹은 넓게는 국민을 뜻한다. 그러나 프랑스 혁명이 발발하면서 'monsieur', 'madame', 'mademoiselle'과 같은 호칭에서 귀족적인 냄새가 난다는 이유로 '평등'을 강조하기 위해 서로를 'citoyen'으로 부르기 시작했다. 이 책에서는 'citoyen'이라는 호칭에 내포된 '평등한 관계 속에서 혁명의 뜻과 목표를 함께 하는 관계'라는 의미를 최대한 반영하기 위해 '동지同志'로 옮겼다.

민의 한 사람이라 자부하고 있었지만, 저들은 그의 옷차림과 언행을 근거로 그렇게 봐주지 않았기 때문이다.

 8월 17일, 기요탱의 단두대는 루이 16세의 왕실 재산을 관리하는 집사였던 라포르트Laporte와 왕의 비서였던 당글르몽d'Anglemont의 처형을 시작으로 첫 가동에 들어갔다. 이후로는 기요틴이 상설되는 방향으로 결정되었다. 9월 초에는 내부의 적들을 모조리 색출해 낸다는 미명 아래, 혐의자들이 갇혀 있던 감옥으로 도살자들이 몰려갔다. 마르세유 시민들과 의용군들은 카름Carmes 감옥에 갇혀 있던 주교들과 120명의 사제들을 잔혹하게 죽였다. 8월 10일의 튈르리 궁궐 습격 때 생포되어 수도원의 감옥에 갇혀 있던 친위병들도 학살했다. 비세트르Bicêtre에 있던 아이들도, 살페트리에르Salpêtrière의 부인네들도 또한 그 어느 누구도 무사히 살아남지 못했다. 랑발 공주는 포르스Force 감옥에서 끌려 나와 죽임을 당했다. 그녀는 이탈리아의 토리노로 피신했다가, 그녀와 각별했던 왕비가 위험에 처했다는 소식을 듣고 프랑스로 돌아왔다. 사람들은 마리 앙투아네트에게 보여 준다며, 그녀의 잘린 머리를 막대 끝에 끼워 탕플 감옥의 창살 틈으로 밀어 넣었다. 자크 니콜라 비요 바렌느Jacques Nicolas Billaud Varenne*는 이렇게 외쳤다. "동지들, 적을 죽이는 것은 곧 여러분의 의무를 다하는 것입니다!" 일부 귀족들은 그들의 습관대로 하겠다고 허세를

---

* Jacques-Nicolas Billaud-Varenne (1756~1819) - 변호사이자 프랑스 혁명의 지도자다. 1790년에 자코뱅 클럽club des Jacobins에 가입했다. 1792년 8월 10일에 일어난 튈르리궁 습격 사건을 선동하여 파리코뮌Commune de Paris의 일원으로 활약했다. 국민공회 의원이 되었고, '산악파montagnards'에 속해 국왕의 사형에 찬성했다. 1793년 6월에는 지롱드파의 몰락에도 가담했다. 그는 공안위원회의 일원이 되어 공포정치의 추진을 주장했다.

부리면서 매일 튈 가로 왔다. 다른 귀족들은 종적을 감추어 버렸다. 외국으로 도주했거나 지방의 성에 숨어 버렸기 때문이다.

국민공회는 9월 21일에 열린 개회식에서 프랑스의 왕정이 완전히 폐지되었음을 공포했다. 앙리 그레과르Henri Grégoire 신부*는 외쳤다. "제왕과 악마는 정신과 육체처럼 동전의 양면과 같습니다!" 연설이 끝나자마자, '프랑스 만세! 자유 만세!'라는 외침과 함께 열렬한 갈채가 터져 나왔다.

이후로는 혁명력을 기준으로 모든 행정 문서의 날짜를 작성해야 했으며, 국새에는 '프랑스 공화국République de France'이 새겨졌다. 모든 특권이 폐지되던 그날, 파르종은 아버지에 대해 생각했다. '아버지께서 살아 계셨더라면 왕족과 귀족들이 공화국에 자리를 내어 주는 모습을 보고 기뻐하셨을 텐데….' 그러나 이것이 과연 계몽 철학자들의 책을 읽은 아버지가 꿈꾸던 새로운 시대의 모습이란 말인가? 빅투아르도 불안해 하고 있었다. 그러나 세상 이치에 대한 그녀의 가치관에는 흔들림이 없었다. 새로이 정립된 세상에는 왕비와 거래했던 사람들을 위한 자리는 없다는 사실을 이미 오래전에 간파했기 때문이다. 그녀는 남편에게 경고했다.

― 원한다면 당신 스스로 '시민'이라고 주장할 수 있어요. 그러나 저들은 지금 악에 받쳐 당신을 선뜻 받아 주지 않을 거예요. 저들이

---

* Henri Grégoire (1750 ~1831) - 가톨릭 사제이자, 프랑스 혁명 과정에서 혁명 지도자 중 한 명이다. 그는 성직자 민사기본법을 지지하는 성직자들이 선출한 브루아Blois의 주교다. 그는 열렬한 봉건제 폐지론자였으며, 보통 선거권을 주장했다. 1794년에는 혁명 당시 군중들이 가톨릭교회의 건축물과 예술품을 파괴한 행위를 '반달리즘vandalisme'에 비유했다.

보기에 우리는 단지 돈 많은 장사꾼일 뿐이며, 더욱이 옛 왕족을 위해 일했다는 사실만 부각될 거예요. 차라리 어디론가 몰래 숨는 편이 나을 지도 몰라요.

- 우리가 몰래 숨는다고? 완전히 잘못 알고 있군 그래! 우린 귀족도 아닌데 말이야.

- 맞아요. 귀족은 아니죠. 하지만 분노에 찬 저들이 우리를 무사히 살아남게 내버려두지 않을 거예요. 언젠가 왕도 죽일 테니까요. 그래서 감옥에 유폐시킨 거잖아요.

- 아니, 전혀 그렇지 않아. 그건 단지 외국의 적들과 내통하지 못하도록 막기 위해 그런 거라고. 왕은 언젠가는 추방되어, 먼저 도주한 귀족들과 다시 만나게 되겠지. '시민'이 권력을 잡은 이상, 우리에게 더 이상 왕은 필요치 않으니까.

- 틀림없이 저들은 왕을 죽일 거예요. 우리는 지금 크나큰 위기에 처해 있고, 왕이나 우리나 비슷한 처지에 놓인 거예요. 잘린 머리를 막대 끝에 꽂아 거리를 배회하는 사람들이잖아요!

- 혁명치고 그 과정이 과격하지 않는 경우가 어디에 있겠어? 일시적인 상황이니 곧 지나가겠지. 장 자크 루소의 책에서 보듯, 인간은 본래 선한 존재야. 태어난다는 과정 자체가 고통이지. 당신도 아이들을 키워 본 엄마라서 잘 알겠지만 말이야. 더 나은 세상이 막 태어난 순간을 목격하고 있는 셈이지.

- 저들이 왕을 죽일 거라고요!

향수의 기억

그는 아무런 대답도 하지 않았다. 혁명에 대한 신념이 흔들리고 있었기 때문이다. 아버지가 꿈꾸었던 평등과 박애를 내세운 계몽된 사회는 광기에 찬 흡혈귀들에게 자리를 내어 주고 말았다. 그날 이후로 파르종은 지금껏 매우 열정적으로 활동해 온 국민군 쪽으로 향하던 발길을 뚝 끊었다. 그런데 이런 생각을 하는 것은 파르종만이 아니었다. 1792년 12월의 보고에 따르면, "3,000~4,000명의 국민군 가운데 단지 25명만이 국민군 총회에 참석했다."고 한다. 같은 달에는 장 폴 마라Jean-Paul Marat*가 매우 격렬하고 과격한 논조의 기사를 쓰기도 했다. "권태와 환멸로 총회에 적막감이 감돌았다."

탕플 감옥에 갇힌 왕과 왕비를 비롯한 왕실 사람들에 대한 소식은 알려진 바가 없다. 종교심에 기대어 가까스로 버티고 있는 그들을 혁명군에 가담한 간수들이 몹시 괴롭혔음에 틀림없다. 만일 사실이 아니라면, 카푸친 작은 형제회**의 수도사 출신이자, 파리 시청 직원이었던 마티유Mathieu라는 자가 루이 16세에게 했다는 다음과 같은 말이 어떻게 파르종의 귀에까지 전해졌겠는가? "나라가 지금 위태로우니 우리들 그리고 아내와 아이들이 죽을 수도 있습니다. 아니, 적이 우리에게 복수를 해온

---

* Jean-Paul Marat (1743~1793) - 의사이자 혁명가이며, 언론인이다. 1789년 9월, 《라미 뒤 퍼플L'Ami du peuple(민중의 벗)》을 창간하여 급진적인 주장을 펼쳤으며, 혁명을 민중의 입장에서 감시하면서 그들의 정치 참여를 고취했다. 국민공회의 지롱드파의 공세에 대항하여 국민공회 의원으로 뽑혀 산악파의 중심인물이 되었으나, 산악파의 독재 정부가 성립한 이후, 독재를 증오하는 반혁명파 여성에게 암살되었다. 그는 소농과 소시민의 절대 생활권 보장과 모든 특권계급과 기생계급을 없앨 것을 주장하였다.

** Ordo Fratrum Minorum Capuccinorum - 1528년에 교황의 인준을 받은 카푸친 작은형제회는 기도와 청빈과 겸손함으로 아시지의 프란체스코와 초기 동료들의 생활 방식을 따르려는 수도회다.

다면 당신이 우리보다 먼저 죽을 것입니다."

검은색 리본

파르종은 많은 신문과 각종 정보지를 구독하고 있었다. 사태가 전개되는 양상을 다룬 소식을 지속적으로 접하고 싶었기 때문이다. 그는 기사 내용을 읽으면 읽을수록 아내가 점쟁이와 다름없음을 실감했다. 거의 모든 기사가 학살에 관한 내용을 다루고 있었기 때문이다. 파르종은 분개하기 시작했다. 그는 화학의 정확하고 논리적인 사고에 익숙해 있었기에 주먹구구식으로 돌아가는 정치적 상황이 매우 못마땅했다. 국왕은 옛 지지자들이 희생되어도 군대를 동원하여 손을 쓰지도 않았으며, 재임 중에는 고문과 잔인한 거열형을 폐지하는 등, 그저 유순하고 심지어 나약한 군주였다. 그러한 루이 16세가 마치 피에 굶주린 맹수이자 부활한 네로 황제처럼 묘사되고 있었다.

그러던 어느 날, 이른바 '철 옷장 사건 Affaire de l'armoire de fer'이 일어났다. 외국의 적들과 비밀리에 주고받은 위험한 서류와 편지들이 튈르리 궁궐 내에 감추어져 있었던 것이다. 이 소식을 들은 파르종은 왕의 파멸을 직감했다. 국민공회는 혁명재판을 열기로 결정했다. 12월 11일, 당시 국민공회 의장이었던 바레르 Barère*는 튈르리에서 열린 혁명재판에서 다

---

* Bertrand Barère (1755~1841) - 툴루즈 고등법원의 변호사로서 삼부회에 대표로 선출되었다. 로베스피에르의 측근인 그는 공안위원회에 두 차례나 위원으로 선

음과 같이 선언했다. "프랑스 국민을 대표하는 국민공회가 결정한 바에 따라 혁명재판에 소환된 루이 카페Louis Capet를 심문하겠습니다." 그러자 왕은 '카페는 나의 성姓이 아니오. 선대 왕조를 칭하는 말이오.'라고 답했다. 재판 과정을 다룬 기사를 읽은 파르종은 끝까지 위엄과 기품을 잃지 않았던 왕을 존경하게 되었다. 왕의 변호사인 레몽 드 세즈Raymond de Sèze의 변론 중 마지막 부분에 대해서는 반론할 여지가 없었다. "프랑스 국민들이여, 그대들을 이끈 혁명으로 프랑스는 정의를 위한 용기와 지혜라는 위대한 가치를 획득했습니다. 그러나 그대들의 마음에서 인간에 대한 사랑이 사라지지 않았는지 돌아보길 바랍니다." 이제는 더 이상 인간에 대한 사랑은 공화국에 기대할 수 없었다. 마리 앙투아네트가 고아들을 거두고, 가난한 아가씨들에게 결혼 지참금을 주었던 때에 빛나던 그 인간애 말이다. 그래도 파르종은 아내 앞에서 자존심을 굽히지 않았다. 아내는 왕비에 대한 연민의 감정이 들지 않는지 물었다.

○— 진심으로 왕비를 딱하게 생각하지. 하지만 앙투안 크리스토프 메를랭Antoine Christophe Merlin*의 의견에 공감하는 건 사실이야. 6월

출되기도 했다. 공안위원회에서는 해군 관련 업무를 담당했으며 나중에는 군사 문제를 책임졌다. 공포정치 시기에는 극렬한 폭력 사용을 거침없이 주장했다. 테르미도르 반동 때 로베스피에르를 배신했지만, 로베스피에르와 가까웠다는 혐의로 유형에 처해지자, 장기간 피신 행각을 벌이기도 했다. 나폴레옹 보나파르트가 집권한 이후에는 특사로 사면되어 보나파르트에게 축시祝詩를 헌정하는 등의 아첨 끝에 그의 총애를 한때 얻었다. 그러나 원로원이 승인을 거부해 입법부 의원에는 취임하지 못했다.

* Antoine-Christophe Merlin (1762~1833) - 혁명 당시 국민공회 의원이기도 했다. 자코뱅 클럽의 회원이자, 산악파의 일원으로 활동했다. 1791년 10월 23일, 파리의 치안을 담당하던 감시위원회의 위원이 된다. 국민공회 의원으로 선출된 뒤,

20일 저녁에 왕비를 찾아가 이렇게 말했다는군. "부인, 저는 한 가족의 어머니이자, 여리고 아름다운 어느 여인의 불행에 대해선 가슴 아프게 생각합니다. 그러나 당신 자신을 평범한 부인들과 혼동하지는 마시오. 왕과 왕비를 위해 흘릴 눈물은 단 한 방울도 없으니까요."[76]

―그것 참 그럴 듯한 논리로군요! 그 말만 들어보면 마치 평범한 여인의 명예를 더럽히지 않고도 왕비를 모욕할 수 있을 것 같고, 왕비의 마음에 상처를 입히지 않고도 엄마에게서 아이들을 강제로 떼어놓을 수 있을 것 같군요!

1793년 1월 21일 아침 10시 22분, 요란한 북소리와 대포 소리가 루이 16세가 방금 단두대에서 처형되었음을 알렸다. 왕비는 눈물을 흘렸다. 그리고는 조금 전 루이 17세가 된 아들의 앞에 무릎을 꿇었다. 주변 국가들의 후원으로 왕비는 상당한 현찰을 소지할 수 있었다. 이른바 '카페의 미망인'은 진혼 미사에 입을 상복과 에나멜 구두에다 일명 '히스탈리 hystaly 치마와 검은색 타프타 부채를 주문할 수 있었다. 하지만 피부 관리에 필요한 화장품은 절대 허락되지 않았다. 왕비는 서른일곱 살이었지만, 잦은 경련 때문에 건강이 몹시 쇠약해지고 부쩍 늙어 보였다.

가게를 찾는 손님이 현저히 줄어들어 매출이 저조해지자, 파르종은 어

루이 16세의 처형을 지지했다. 라인 강 방어전에 참여하여 혁혁한 전공을 세웠고, 테르미도르의 반동 때는 로베스피에르의 몰락에도 가담했다.

음 변제 청구서를 제출했다. 루이 16세의 재임 기간 중 마지막 2년 동안의 거래 명세서는 왕의 개인 재산을 청산하는 임무를 맡은 앙리Henri 동지의 수중에 들어가 있었다. 경리는 군말 없이 지불 승인서에 서명을 해주었지만, 비위가 상한 기색이 역력했다. 자신이 방금 반혁명 혐의자로 몰렸다는 생각이 스치는 순간, 파르종의 온몸에 소름이 끼쳤다. 그러나 작년 8월 16일에 왕세자와 공주에게 납품한 부분은 이미 결제가 끝난 상태였다. 영수증에서 다음과 같은 표현을 읽은 파르종의 가슴은 조이는 듯 아팠다. "프랑스의 마지막 폭군이었던 카페 왕의 미망인을 대신하여, 물품 대금의 전액을 공화국이 지불했음."

파르종은 서재에 보관하고 있던 장부를 펼쳐 자세히 검토했다. 그동안 아내가 왕족 및 귀족들과의 거래 사실을 매우 꼼꼼하고 상세한 목록으로 정리해 놓았다. 1775년에 첫 주문을 받았다. 그리고는 17년 동안 이어져 왔던 것이다. 그는 불을 크게 지펴놓고, 이제는 위험한 증거물이 되어 버린 문서들을 몇 시간에 걸쳐 모두 태워 버렸다. 아마도 베르사유와 거래 했던 모든 상인들이 파르종과 같은 행동을 했을 것이다.

외국으로 도주했던 로즈 베르텡은 거칠고 유별난 행동을 비롯하여 무사태평했던 시절에 퍼부어 대던 독설적인 말투를 과감하게 고치고 프랑스로 돌아왔다. 다행스럽게도 그녀는 해외 이주자로 처리되어 몰수되었던 재산도 모두 되찾았다. 베르텡은 이미 주문받았던 몇 가지 물품을 전달하면서 왕비와 마지막으로 대면할 수 있었다.

이미 가시밭길을 걷고 있던 마리 앙투아네트에게 7월 3일은 가장 참담한 날이었다. 공안위원회가 어린 루이 17세를 엄마에게서 강제로 떼어 놓은 것이다. 루이 17세를 끌어내기 위해 감옥으로 쳐들어간 무리들 가운데에는 석공, 화가, 변호사 그리고 왕세자의 옛 스승을 비롯하여 파르종의 동료들도 일부 포함되어 있었다. 파르종은 서글픈 생각이 들었다. 만약 그 자리에 있었다면 그는 왕비를 알아보기 힘들었을 것이다. 아주 세세한 부분까지 가까이에서 바라볼 수 있었던 시절, 세련되고 우아하기 그지없던 왕비가 지금은 늙은 여인이 되어 버렸기 때문이다.

8월 2일, 마리 앙투아네트는 콩시에르주리Conciergerie* 로 끌려갔다. 그녀는 이제 죽음이 문턱에 와 있다는 것을 알았다. "이제 나를 힘들게 할 수 있는 것은 아무것도 없어."라며 한숨을 지었다. 그녀는 모진 대우를 받았다. 딱딱한 나무 침대에 짚을 넣은 매트를 깔고, 구멍이 뚫리고 불결한 양모 담요를 덮고 자야 했다. 어린 하녀 로잘리Rosalie가 최후의 나날을 보내는 왕비의 곁을 지키며 최선을 다해 위로하고 있었다. 숨이 막히는 더위 속에서 속옷은 턱없이 부족했다. 겨우 얻어낸 것은 검정 비단으로 된 아래 속옷 두 벌과 신발이 전부였다. 로잘리는 왕비에게 분첩과 파우더 그리고 입 냄새를 제거할 수 있는 향기로운 물을 구해다 주었다. 왕비가 누린 마지막 사치는 빌다브레의 생수를 마시는 것이 전부였는데,

---

* 13세기에 필리프 4세가 궁전의 일부로 지었으나, 1350년대에 루브르궁으로 왕실이 옮겨가면서, 1391년부터 감옥으로 이용되었다. 공포정치 시기에는 콩시에르주리는 혁명재판소가 되었고, 1793년부터 1795년까지 2600여명이 이곳에서 단두대형을 선고받았다. 루이 16세의 왕비 마리 앙투아네트, 프랑스 혁명의 지도자인 당통을 포함한 지롱드 일파도 이곳을 거쳐 단두대의 이슬로 사라졌다.

● 단절과 지속성

베르사유에서 지내던 시절에 그녀가 마실 수 있는 유일한 것이었다.

왕비는 오전 7시에 일어나 가운과 슬리퍼를 걸치고 나서 향기로운 파우더를 약간 바른 후 머리카락을 내려 이마를 가렸다.[77] 각성제에다 분과 분첩까지 모조리 빼앗아 버린 것은 지나친 일이었다. 이러한 왕비의 처지는 인간에 대한 최소한의 연민을 가진 사람들의 마음을 아프게 했다. 왕비가 꽃을 좋아한다는 사실을 알고 있는 병사들은 카네이션과 투베로즈를 가져다주곤 했다. 왕에게서 선물로 받았던 시계도 빼앗아 갔다. 외알박이 다이아몬드 두 개가 박힌 반지 세 개도 빼앗아 갔는데, 왕비는 지루함을 드러내지 않고 불안감을 쫓기 위해 이 반지를 쉴 새 없이 돌리곤 했다.

이제 그녀에게 남은 것이라곤 검정색과 흰색의 누빈 드레스 두 벌과 로잘리가 25수 아시냐를 주고 센 강변에서 사 온 작은 거울이 전부였다. 붉은색 테두리가 둘러져 있고, 양 측면에는 중국식 그림이 그려진 그 거울을 왕비는 몹시 좋아했다. 한때 세상에서 가장 멋진 여행용 화장품 함을 지녔던 여인이 헌 옷가지들을 종이 상자 안에 정리하고 있었다.

1793년 9월 17일, 반혁명 혐의를 받는 이들의 처리를 위한 법안을 놓고 투표가 이루어졌다. 그로부터 한 달 후, 왕비는 단두대에 올랐다.

파르종은 그녀에 관한 소식을《모니퇴르 Moniteur》에서 읽었다. "판결문이 낭독되는 동안에도 그녀의 표정은 조금도 일그러지지 않았다. 법정을 떠날 때도 일언반구도 없었으며, 판사와 청중들에게조차 구차한 변명을 늘어놓지 않았다." 파르종은 비난 받아 마땅한 왕비와 연민의 대상이 되어 버린 여인을 구별할 필요를 느끼지 못했다. 《페르 뒤셴느 Père Duchsne》에 실린 에베르가 토해낸 기념사를 읽으면서 비위가 몹시 상했다. "나는 암컷 비토*의 머리가 자루 안으로 떨어지는 것을 보았다. 오스트리아의 황녀가 서른여섯 개의 문이 달린 수레를 타고 파리를 가로질러 가던 바로 그날, 상퀼로트들이 느낀 그 통쾌함을 어찌 말로 다 표현할 수 있을까! 그녀의 머리는 결국 그 천박한 모가지에서 떨어져 나갔고, '공화국 만세!'라는 외침 소리가 하늘에 울려 퍼졌다."

빅투아르는 눈물을 흘리고 있었다. 파르종의 뇌리에는 젊은 시절 생기발랄함과 우아함으로 눈부시게 빛나던 왕세자비의 모습이 떠올랐다. 그녀의 눈과 미소에는 행복이 넘쳐 나고 있었다. 이어서 그녀의 세련된 취향과 우아한 언행 그리고 너그러운 심성이 떠올랐다. 사실 꾸미기를 좋아하고 생각이 짧은 여자이긴 했지만, 그것이 그리도 중요했을까? 그 모든 잘못을 그녀는 단 한 번의 순교로 갚았다. 마지막 순간에도 사형 집행관에 대한 예의를 잃지 않는 품위로 사람들을 감동시켰다.

그는 튈르리궁을 마지막으로 방문했던 날을 되뇌었다. 트리아농의 향수의 변질된 냄새를 맡고 큰 충격을 받는 순간, 파르종은 이미 비극을 예

---

* '비토(거부권) 나리Monsieur veto'가 루이 16세의 별명이었으므로, 여기에서 '암컷 비토veto femelle'는 결국 마리 앙투아네트를 가리킨다. '비토 나리'란 사실 루이 16세가 국민의회에서 통과된 두 가지 법률안에 대해 거부권을 행사했기 때문에 붙여진 별명이었다. 첫 번째 법안은 혁명 지지 선서를 거부하는 가톨릭 사제들에게 제재를 가하는 내용이고, 두 번째 법안은 파리의 외곽에 2만 명의 무장한 국민군을 주둔시키는 내용이었다. 반혁명 세력과 내통하고 있다고 의심을 받고 있던 국왕이 이런 법안에 거부권을 행사했으니, 국민의회와 시민의 분노가 폭발했던 것이다.

감했다. 성스러운 냄새에 얽힌 일화가 있듯, 어떤 특별한 상황에 처한 사람에게서 불행의 냄새가 난다는 것이 정말 가능한 일이란 말인가? 마리 앙투아네트의 말이 떠올랐다. "투베로즈의 마력이 나를 압도하는군요." 그 무렵, 하필이면 자신과 닮지도 않은데다 시들면서 살이 썩는 냄새마저 나는 그런 꽃을 그녀가 좋아한 이유는 무엇일까? 후각은 가장 예민한 감각이다. 그렇다면 머리가 미처 깨닫지 못한 것을 코는 이미 감지했단 말인가?

그러자 루소의 글이 떠올랐다. "후각은 상상의 세계를 느끼는 감각이다." 혹시 왕비는 이미 자신의 운명을 예감하고 있었을까?

마리 앙투아네트가 세상을 떠나고 나자 실의에 빠진 파르종은 칩거 생활을 했다. 구제도를 아쉬워하는 것은 아니지만, 혁명은 너무 많은 피로 얼룩졌다. 이후 파르종은 무엇이든 유쾌한 일만 일어나길 바라는 마음으로 살았다. 증오에 가득 찬 인간들에 의해 일그러진 혁명의 얼굴에서 공포감을 느꼈다. 공포정치는 미친 듯이 날뛰었고, 귀족들이 소위 혁명재판이라는 그럴싸한 무대에 섰다가 단두대에서 처형되었다는 소식이 매일 같이 들려왔다.

그의 신념에도 불구하고 파르종은 11월 9일에 최후를 맞이한 뒤바리 부인에 관한 소식을 접하고는 경악했다. 루이 15세 서거 이후, 왕의 애첩은 퐁토담므 수도원에 18개월간 강제 유폐되는 신세가 되었지만, 본래 자신이 살아온 방식대로 새로운 애인들을 사귀었다. 그녀는 그 동안 누려온 행복의 대가를 톡톡히 치러야 했다.

　검사는 다음과 같이 외쳤다. "배심원 동지 여러분, 여러분은 프랑스의 마지막 폭군의 아내에게 반혁명 죄를 묻는 판결을 내린 바 있습니다. 오늘은 그 선왕의 애첩이 저지른 반동 죄를 처결해 주길 바랍니다. 여러분의 눈앞에는 도덕적 해이로 악명이 높은 문란한 헤타이라Hetaira*가 있습니다. 부끄러운 쾌락을 위해 국고를 낭비하고 백성들의 피를 희생시킨 폭군과 운명을 함께 했습니다. 평민으로 태어난 메살리나Messalina**가 폭군이 죽자 죄인의 처지가 되었으므로, 그녀가 과연 미풍양속을 타락시키고 백성들에게서 훔친 물건으로 부를 쌓았는지 여부를 판단해 주시길 바랍니다."

　그런 다음, 소위 '뒤바리 여편네'의 처형에 관한 일화가 이어졌다. 이야기꾼은 비열한 환희에 잔뜩 들떠 있었다. 심하게 발버둥을 치며 귀청이 찢어질 만큼 울부짖는 바람에 사형 집행관과 조수 두 명이 그녀를 붙들어야 했다고 한다. 그녀는 단두대에 묶이려는 순간, "잠깐만요, 나리. 부디 자비를 베풀어 주세요."라며 애원했다고 한다. 오직 단두대의 칼날만이 그녀의 입을 다물게 할 수 있었다.

---

* 고대 그리스 시대에는 고급 창녀를 '헤타이라'라고 불렀다.
** Valerius Messalina (22~48) - 1세기 로마 황제 클라우디우스Claudius의 세 번째 아내이자 로마의 황후다. 고대 로마의 타락한 성의 상징으로 불린다. 메살리나는 과도한 허영심과 물욕으로 마음에 드는 재물을 수단과 방법을 가리지 않고 손에 넣었으며, 불륜을 저지르는가 하면 밤에 몰래 궁을 빠져 나와 매음굴에서 몸을 팔기도 했다. 이후 원로원 의원인 집정관 가이우스 실리우스와 사랑에 빠져 황제가 없는 틈을 타 궁궐 내에서 결혼식을 올리는 기행을 일삼기도 하였다.

파르종은 몹시 분개하며, 읽고 있던 신문을 구겨서 활활 타오르고 있는 난롯불에 던져 버렸다. 바느질을 하면서 애써 불안감을 감추고 있던 빅투아르는 신문이 타들어 가는 소리에 고개를 들었다.

─ 저들이 또 무슨 짓을 했나요?
─ 뒤바리 부인을 단두대에 세웠어.
─ 슬픈 일이군요. 하지만 왕비도 그렇게 죽인 사람들이잖아요!

파르종은 어떤 미묘한 감정이 들었지만, 설명할 길이 없어 그저 침묵했다. 마리 앙투아네트의 죽음은 지독한 증오의 대상이던 왕비와 구제도의 죽음이었다. 뒤바리 부인에게 잘못이 있다면, 그것은 평민 출신임에도 왕의 총애를 받았다는 사실 뿐이다. 그는 뒤바리 부인이 긴 소파에 앉아 매우 우아한 태도로 자신을 맞이한 그날로 돌아간 기분이 들었다.

그녀는 사는 즐거움을 알고 있었으며, 파르종의 재능을 인정해 주었다. 파리로 돌아오는 내내 그를 들뜨게 했던 그날의 감정이 불현듯 스쳤다. 혁명이 청춘의 꿈을 그녀에게서 앗아갔다. 그가 예술적으로 완성시킨 아름다움이 여자의 몸으로 구현된 것이 바로 뒤바리 부인이었다.

별안간 알 수 없는 피로감과 싫증이 그에게 밀려들었다. 다가올 미래와 새로운 사상 따위는 더는 달갑지 않았다. 파르종 역시 구제도에 속한 사람인 것이다. 고상한 아름다움이 죄악시되는 세상이 되었다. 로베스피에르Robespierre*는 우아한 척 손에 장미를 들고서 초상화를 그리게 했다. 그러나 이 '청렴가l'incorruptible**는 향수를 사용하지 않았다. 그럼에도 기호에 따라 단두대의 묘약élixirs à la Guillotine이나 밀기울 향수Sentbon à la Sentson와 같이 생소하고 소름끼치는 이름을 붙인 새로운 향수들이 만들어졌는데, 상표에는 어김없이 사형 집행관의 이름이 들어갔다. 백합 향수의 냄새가 밴 가슴 장식이나 손수건 혹은 왕비의 향수eau de la Reine를 사용했다간 목이 언제 달아날지 모를 일이었다. '카페 왕조의 조향사'가 파리에서 새로운 거래처를 확보하는 것은 더는 불가능했다.

* Maximilien de Robespierre (1758~1794) - 프랑스 혁명기의 정치가이자 자코뱅파의 지도자로 활약하였다. 자코뱅파의 지도자로 왕정을 폐지하고, 1793년 6월에는 독재 체제를 수립하여 공포정치를 행하였으나, 1794년에 테르미도르의 반동으로 타도되어 처형되었다. 삼부회에서 제3신분의 대표로 선출되어, 바스티유 함락을 지지하는 연설로 파리 민중들의 지지를 얻었다. 1791년 7월에 루이 16세의 바렌느 도주 이후, 푀양 파Feuillants와의 대립이 심화되자, '나는 혁명이 아직 끝나지 않았다고 생각한다.'고 말해 혁명을 보다 진전시킬 것을 요구했다. 국민공회 선거에서 파리에서 당선됐으며, 1792년 12월에는 국왕의 처형을 요구하는 일련의 연설을 행함으로써 지롱드파와 결별했다. 1793년 7월에는 국민공회의 공안위원회에 참여한 뒤에는 산악파의 독재를 주도했으며, 같은 해 12월에는 당통이 이끄는 '관용파Indulgents', 에베르가 이끄는 과격파인 코르들리에 클럽을 아울러 공격했다. 1794년 4월에는 당통과 지롱드파를 숙청했다. 그해 5월에는 '최고 존재être suprême'의 신앙에 관한 의견을 말하면서 당시 파리 민중들에게 만연한 무신론의 위험성을 지적한다. 그리고 이에 대한 대안으로 최고 존재를 내세웠다. 1794년 6월 28일, 공안위원회에서 카르노Carnot에 의해 독재자로 비난받아 생 쥐스트Saint Juste와 더불어 약 한 달 간 공안위원회의 참여를 거부한 후 자코뱅 클럽에 전념하였다. 1794년 7월 17일(테르미도르 9일), '독재 타도'의 고함에 묻혀 발언의 기회조차 얻지 못한 채 체포되었다. 다음날 혁명재판소에서 간단한 신변 확인과 범죄 사실에 대한 심문 후, 사형을 선고받고, 같은 날 저녁 6시에 단두대에서 처형되었다.

** 생활에 있어서만큼은 그 누구보다도 청렴했기 때문에 그는 많은 지지자로부터 '청렴가'로 불렸다.

파르종은 상점을 인수할 사람을 찾기 시작했다. 인수 희망자들을 만나기 위해, 그는 여러 달째 발길을 끊어 온 파리를 다시 찾을 수 밖에 없었다.[78] 가장 아름답고 세련되었던 도시가 알아볼 수 없는 곳으로 변모해 버렸다. 그는 *단두대의 노트르담*이라는 간판을 내건 서점 앞을 지나갔다. 모든 것이 흉측하고 더럽고 저속해 보였다. 이것이 바로 나라의 주인이 된 시민들이 만들어 낸 광경이었다. '참된 진리의 축제', '젊은이들의 축제', '노인들의 축제'가 연일 계속되었다. 그러나 과거에 열리던 축제의 분위기와는 사뭇 달랐다.

그는 우스꽝스러운 옷차림을 한 국민군과 마주쳤다. 일부는 깃 달린 모자를, 다른 이들은 말갈기를 단 모자를 쓰고 있었다. 십대로 보이는 한 소년이 로마와 스코틀랜드 식이 혼합된 스타일의 옷을 입고 있었는데, 견장 대신에 제비집으로 장식된 튜닉을 걸치고 맨다리를 드러내고 다녔다. 호피 무늬의 모조 혁대를 차고 무거운 옛날식 검을 질질 끌고 다니는 모습을 보면서, 어째서 그와 같은 이상한 옷차림을 하고 다니는지 물어볼 수밖에 없었다. "아! 동지, 솔직히 불편한 복장이죠. 그래도 이렇게 입으라고 강요하니까요! 특히나 검이 불편하죠."라고 말하며, 그는 한숨을 내쉬었다. 그는 육군사관학교École de Mars의 생도였다. 그곳은 마이요Maillot 성문 근처에 세워진 군사 학교로, 공화국을 위한 미래의 장교들을 양성하고 있었다.

여자들의 모습도 꼴불견이었다. 당시의 유행을 따라 애국자의 네글리제négligé à la patriote와 국민공회식 화장toilette à la Constitution과 같이 우아하지도 세련되지도 않은 스타일로 꾸미고 다녔다. 에스페시외Especieux*와 같은 조각가는 프랑스인들이 '고대 그리스의 아테네 사람들이 입었던 투구와 클라미스Chlamys'를 국민복으로 채택해 주길 바랐다. 다비드의 문하생이자 화가인 위카르Wicar는 우스꽝스럽게 부풀어 오른 수건처럼 보이는 가슴 장식을 당장 버리라고 여자들에게 주문했다. 가슴 장식이 여자의 아름다움과 매력을 감추기 때문이라는 것이다. 파르종은 이 괴상망측한 발언을 《주르날 드 파리》에서 접했다. 그러나 가슴 장식을 달지 않고서 거리를 활보하는 여자는 눈을 씻고 찾아봐도 없었다. 아마 파리의 여자들은 미처 완전한 애국 시민이 못되었나 보다.

증오에 찬 공화주의자들이 내건 공격적인 슬로건들이 집의 벽면마다 가득 붙어 있었다. 거리에서는 애국자이자 박애주의자인 혁명 시민들의 향연이 벌어지고 있었다. 또한 《주르날 드 파리》에는 이러한 글도 올라왔다. "스파르타 식 테이블 위에는 냅킨도 포크와 나이프와 같은 식기 세트도 혹은 사치스러운 그 어떠한 것도 전혀 필요치 않다. 혁명의 절정에 누리는 이 소박한 삶 속에서 박애와 달콤한 평등을 맛볼 마음의 준비가 된 이들은 또한 얼마나 많을는지! 감동에 젖은 아버지와 어머니는 아이들에게 둘러싸인 채 혁명이 가져다준 햇과일의 단맛을 만끽하고 있다."

쇼몽에서 돌아오던 길에 파르종은 두 눈을 비볐다. 파리의 길거리에서 인간적이고 유순한 박애란 더는 찾아 볼 수 없고, 다만 술주정뱅이들이

---

* Especieux (1757~1840) - 마르세유 목공 장인의 아들로 태어나 조각가가 되었다. 17세에 파리로 올라와 데생은 자크 루이 다비드Jacques-Louis David로부터, 조각은 샤를르 앙투안 브리당Charles-Antoine Bridan으로부터 배웠다. 열렬한 공화주의자로서 혁명 과정에 적극적으로 참여했고, 민중협회장과 공화주의자 예술인협회Société Républicaine des Arts의 회장이 되었다.

큰소리로 고함을 치며 미치광이 노릇을 하고 고약한 땀내를 풍기고 있었다. 이러한 일련의 장면들은 다소 혐오스럽고 역겹기도 하거니와 괴상해 보였다. 이곳에서는 만취의 정도가 심지어 방종에 가까울 만큼 극에 달했다. 또한 겉으로는 유쾌한 분위기가 한창이었지만, 조금 떨어진 곳에서는 식인종들의 대화가 들리고 또 다른 곳에서는 살인과 방화를 공모하고 있었다.[79]

파르종은 그 어느 때보다 확신에 차 있었다. 생지옥과도 같은 이 도시에서 더 이상 그가 할 일은 없다는 사실 때문이다. 커다란 물살처럼 몸집을 불린 공포정치는 모든 것을 휩쓸고 지나가 버렸다. 외국으로 도주한 이들의 명단이 나날이 늘어갔다. 그들은 유럽 각지로 흩어져 버렸다. 그들 모두가 파르종에게서 향수와 화장품을 구입한 귀족들이다. 그러나 그들 중 상당수가 대금을 결제할 여유가 없거나 그럴 만한 상황이 못되었다. 간혹 어느 양심적인 망명 귀족은 지불이 늦어져 미안하며 부디 이해를 바란다는 예의 바른 편지와 함께 약간의 금화를 보내오기도 했다. 파르종은 12,307리브르라는 수입에 만족했다. 편안한 생활을 영위할 수 있으며, 국민군에게서 빌린 대출금을 정기적으로 상환하기에 충분한 금액이기 때문이다. 그러나 하필이면 그 무렵에 파르종이 국민군을 탈퇴한 것은 매우 경솔한 처신이었던 것으로 보인다.[80]

'카페의 조향사'를 체포하라!

1793년 12월, 즉 공화력 2년 니보즈에 *무셰 물리네Mouchet-Moulinet*가 파르종의 향수 사업을 인수했다. 그들은 차마 왕실과 가까운 사이였다고 말할 엄두를 내지 못했다. 그러나 계약서에 서명을 마치고 나자, 처형장으로 끌려가는 마리 앙투아네트를 보았다며 연민의 목소리로 이야기했다. 파르종은 그들과 대화를 나누며 더는 상인이 아니라는 사실에 감사했다. 인수 절차를 마무리하던 날, 낭트의 지점장이 파리로 왔다. 그는 파르종에게 끔찍하고 잔혹한 소식을 전했다. 카리에Carrier*라는 어느 몰상식한 자가 낭트 지역의 혁명군 책임자로 임명되었는데, 그는 자신의 첫 소임을 다한다는 미명하에 80명의 사제들을 익사시켰으며, 두 달 후에는 58명을 추가로 익사시켰다는 것이다. 그리고는 파리의 국민공회에 다음과 같은 편지를 보냈다. "르와르 지역이 드디어 혁명의 급물살을 탔습니다!"

외국과의 무역은 감시의 대상이 되었고, 경찰의 통제는 더욱 강화되었다. 일단 감시와 통제의 대상이 되면, 건물의 주인과 건물 전체를 임대한 부르주아들은 문밖에서도 가장 눈에 잘 띄는 곳에 최대한 또렷한 글씨로 이름, 세례명, 성별, 나이, 직업을 낱낱이 적어 놓아야 했다. 자유의 이름

---

* 장 밥티스트 카리에Jean-Baptiste Carrier (1756~1794) - 혁명 지도자들 가운데 한 사람이다. 가톨릭교회의 많은 성직자들을 익사시킨 것으로 유명하다. 혁명 초기에는 국민군과 자코뱅 클럽에서 활동했으며, 1792년에는 의원으로 선출되었다. 코르들리에 클럽과 자코뱅 클럽의 핵심 인물에 속한다.

향수의 기억

으로 프랑스는 거대한 감옥으로 바뀌어 가고 있었다.

파르종은 파리의 룰 가에 임시 거처를 하나 마련해 두고서 그곳에 머물고 있었다. 니보즈 8일, 즉 1794년 1월 4일, 파르종은 대금을 지불하기로 약속한 미국인들을 기다리고 있었다. 갑작스러운 거친 노크에 문이 덜컹거렸다. 문을 열자, 무장한 국민군 병사들의 모습이 불쑥 나타났다. 이런 순간이 오리라는 불안한 예감을 지니고 있던 파르종은 크게 놀라지는 않았다. 벌써 몇 주 전부터 왕실에 납품하던 많은 상인들이 속속 잡혀가고 있었기 때문이다. 파견된 소대장은 체포 영장을 낭독하기 시작했다. "보안위원회는 룰 가 11번지에 거주하는 파르종이라는 이름의 시민을 체포한다. 파르종은 체포된 즉시 투옥되며, 입수된 정보를 근거로 한 혐의에 관한 사실 여부를 조사를 거쳐 선별된 관련 서류들은 현장에서 날인 및 봉인될 것이다. 국가감시위원회Comité de surveillance에 소속된 푸파르Poupard 동지를 대장으로 한 불랑제Boulanger, 토마Thomas, 콜린느Colline 동지 등은 파르종을 투옥하라는 명령을 가지고 왔다"

- 동지들을 따라가겠네. 하지만 무슨 일로 죄인으로 취급하려는 것인지는 내게도 알 권리가 있잖소.
- 오늘 자네는 네 명의 미국인 여행객을 기다리던 중 아니었나? 그리고 그들은 동지에게 6,000리브르를 지급하기로 되어 있었어.
- 그건 맞는 말이네. 하지만 정기적으로 그리하는 것은 아닐세. 나

는 총 6,000리브르 어치에 상당하는 물품을 미국으로 보냈지. 나는 외국과의 거래가 잦은 편이라네.

푸파르가 냉소했다.

― 위조지폐를 유통시킨 자들과 말이지.
― 무슨 말인가, 위조지폐라니?
― 동지와 거래한 그 미국인들은 위조된 아시냐 지폐를 가지고 왔단 말이야. 이건 불로뉴쉬르메르 Boulogne-sur-Mer 구의회가 확인한 사실이네. 문제의 지폐는 영국으로 도주한 귀족들에 의해 위조되었는데, 이는 공화국의 신용도를 깎아 먹으려는 의도를 뒷받침하는 증거라네. 자네는 위조지폐를 유통시킨 자들과 공모하여 가짜 아시냐 지폐를 프랑스 땅에 들여오려 했다는 혐의로 고소된 거라고.

파르종은 순간 무너져 내리는 것만 같았다. 통화 위조죄는 시대를 막론하고 매우 가혹한 처벌을 받았다. 몇 세기 전만 해도 위조죄가 입증되는 경우에는 끓는 기름에 던져졌다. 그는 자신이 너무나 터무니없는 죄를 뒤집어썼다는 생각에 반박했다.

― 내가 가짜 아시냐 지폐를 만들었다고? 말도 안되는 소리!
― 설령 자네가 한 짓이 아니라도 가짜 돈이 유통되는데 협조했다면, 그 또한 범죄를 저지른 것이나 다름없지.

미국인 고객들이, 대단히 점잖고 품격이 높아 보이던 그들이 어쩌다 가짜 아시냐 지폐를 가지고 속임수를 쓴 것인지 도저히 납득하기가 어려웠다. 다른 건물로 옮겨 심문을 받는 과정에서 파르종은 쇼몽시가 프리메르primaire 29일에 발급한 최신 통행증과 함께 지역 국민군 활동증과 민중협회증을 제시했다.

─ 동지들, 보다시피 나는 애국자이며 자유를 사랑하는 사람이라네.
─ 조금도 그래 보이지 않는 걸. 자네는 예전에 오스트리아 여자의 향수를 만든 적도 있지? 그녀의 경박함과 귀족 계급의 부도덕함을 이용해 이익을 가로챈 것 아니었나? 이 나라를 파탄에 이르게 하는데 기여한 것이 맞잖아?
─ 내가 그들의 조향사였던 건 맞지만, 자네가 말한 그런 짓은 결코 한 적이 없다네. 귀족들과 거래했지만 가슴속에는 자유에 대한 열망을 품고 있었기에 그들의 생각에 공감한 적은 없었다고.
─ 혁명재판소에 가서 그리 설명하게나.

뤽상부르 감옥의 간수는 파르종을 십여 명의 죄수들이 몰려 있는 감방에 가두어 버렸다. 놀랍게도 낄낄거리는 웃음소리가 그를 맞이했다.

─ 다들 어찌나 우리를 극진히 대접하시는지! 귀족의 향수장이를 우리에게 보내 주다니!
─ 마침 우리도 저 녀석이 만든 향수가 엄청나게 필요한데 말이야.

- 난 기꺼이 녀석의 화장 분을 써 보겠어. 단두대 앞에서 향기로운 파르종의 분을 내 목에다 바르는 소리가 들리는 걸.
- 이곳에 온 것을 환영하네, 왕실 조향사 나리. 상퀼로트의 향수나 기요틴의 묘약을 만드는 편이 나으실 텐데.

파르종은 이곳에 수감된 사람들 모두가 당시 혁명 지도자들과 정치적 견해차를 보였다는 이유로 투옥되었음을 단박에 알아차렸다. 로베스피에르에 관해 그들이 주고받는 말을 엿들은 파르종은 지방의 변호사 출신 혁명 지도자에 비하면 루이 16세는 포악하지도 거만하지도 않았다는 생각이 더욱 굳어져 갔다.

룰 가에서는 파르종의 집에 대한 수색이 잇따랐고, 사냥용 엽총 두 자루와 권총 한 자루 그리고 약간의 실탄이 발견되었다. 니보즈 13일 오전 10시, 무기를 소지한 이유를 해명하기 위해 파르종은 감옥에서 끌려 나왔다. 총으로 시민들을 공격하려는 의도가 명백하다는 혐의를 받았기 때문이다. 그는 종종 사냥을 즐긴다고 주장했지만, 아무도 그의 말을 믿지 않았다.

- 그 밖의 다른 무기들과 금괴를 쇼몽 가에 있는 동지의 집 안뜰에 감추어 두었다는 사실을 알고 있소.
- 누가 그런 헛소리를 지껄였습니까?
- 그건 자네가 알 바 아닐세. 하여간에 우리는 쇼몽 가의 집도 수색

할 예정이거든.

그들은 대기 중이던 마차에 파르종을 태우고 즉시 길을 떠났다. 빅투아르는 수사관들에게 둘러싸인 남편을 본 순간 경악했지만, 이내 냉정을 되찾았다.

― 동지들의 열정과 헌신에 박수를 보냅니다. 공화국의 원수들에게는 그 어떠한 벌을 주어도 충분치 않을 테니까요. 하지만 제 남편은 원수들과 한 패가 아닙니다. 동지들은 잘못된 정보에 휘둘려 헛걸음을 한 거라고요. 그는 항상 폭군을 증오했답니다.

파르종은 아내의 말을 멍하니 듣고만 있었다. 그러나 가택수색 책임자인 바쇼Bachot는 의심이 많은 자였다.

― 모든 것이 그럴듯하군, 동지. 그러나 애국자의 거처라고 보기엔 이 집은 너무 호화스러운 걸.
― 공화국이 국유 재산의 매각을 위해 내놨을 때 구입한 것이라오.[81] 지금은 외국으로 도주한 누군가가 소유한 집이었소. 그의 사치스러운 생활과 관련해서 나는 아무 관련이 없소이다. 우리 집은 애국자들을 위해 언제나 문이 활짝 열려 있었으며, 나는 자랑스러운 국선변호인 네 사람이 모두 법정에서 증언할 수 있도록 사비를 들여 지원했다오.

- 동지는 파리에서 무기를 소지했소.
- 나는 사냥을 즐기는 사람이오. 더구나 모두 고물에 지나지 않는다
  오.

바쇼의 부하들은 열두 점의 옷장과 서랍장을 봉인했다. 다음날, 뇌빌 Neuville의 입회하에 서류 심사가 진행되었다. 뇌빌은 당시 쇼몽시의 국가 감시위원장이었다. 심사가 진행되는 동안 파르종과 아내는 한마디 말도 주고받을 수 없었다. 그러나 파르종을 잘 알고 지내던 어느 용감한 간수의 도움으로 부부는 겨우 몇 마디를 나눌 수 있었다. 빅투아르는 석방을 위해 더 많은 노력을 기울이겠다는 말로 남편을 안심시켰다.

심사를 거친 서류 가운데 혐의를 받을 만한 그 어떤 것도 발견되지 않았다. 니보즈 17일 저녁 7시, 파리로 끌려온 파르종은 뤽상부르 감옥에 다시 갇혔다. 이유는 재판이 열리는 날까지 그를 잘 감시해야 한다는 것이었다.[82]

혁명재판을 받다.

몇 주 그리고 몇 달이 흘렀다. 감옥에 갇힌 파르종의 건강은 점차 악화되어 갔다. 팔과 다리에 생긴 통풍으로 통증이 심한데다 치질 수술의 후유증마저 그를 괴롭혔다. 그는 흡사 잊힌 사람 같았다. 조향사 한 사람에

게 신경을 쓰기에는 혁명재판소가 처리해야 할 정치적 사안이 너무 많은 것 같았다.

그는 새로 들어오는 수감자들을 통해 바깥세상이 돌아가는 양상을 알 수 있었다. 그들 대부분은 잠시 그곳에 머물렀다가 단두대로 향하거나 다른 감옥으로 이송되며, 아주 드물기는 하지만 자유의 몸이 되기도 했다. 파르종의 감방과 아주 가까운 곳에서 망을 보는 간수들끼리 나누는 대화가 간간이 들려왔다. 놀랍게도 그들은 로베스피에르가 만들었다는 새로운 종교에 관해 비난하고 있었다. 그중 한 사람이 말했다. "우리가 최고 존재 l'Etre suprême*와 이성의 여신 déesse Raison**의 결합이나 축하해 주려고 카페***의 목을 벤 것은 아닌데 말이지." '검소한 신사'가 무신론과 반혁명적 노선을 옹호하는 '불순한 무리들'을 끊임없이 공격하고 있었기 때문이다. 파르종에게 이것은 깊이 생각해 봐야 할 문제로 보였다. 가톨릭교회를 '추악한 집단'이라 비난하며 개혁을 주장했던 볼테르의 노력은 정녕 아무 의미도 없었단 말인가? 이성을 상실한 단두대의 칼날은 무차별적인 학살을 계속해 나갔다. 국민공회 의장이었던 바레르는 다음과 같은 말로 공포정치를 옹호했다. "사람은 죽어야 비로소 입을 다무는 법입

---

* 1794년 5월 7일, 즉 혁명력 2년 플로레알 floréal 18일 로베스피에르가 창설한 시민 종교다. 1794년 6월 8일, 로베스피에르의 주관 하에 샹드마르스에서 '최고 존재의 축제'가 열리기도 했다.

** 무신론자인 에베르가 창시한 시민 종교로, 1792년 가을부터 에베르와 그의 추종자들이 파리의 노트르담 대성당을 '이성의 사원'으로 바꾸면서 시작되었다. 이를 시작으로 2,000여 개의 가톨릭교회나 프로테스탄트 교회를 파괴하거나 이성 클럽의 장소로 전환하였다. 1793년부터 에베르는 혁명 정부 차원에서 '이성의 신'에 대한 공적 숭배를 주장했다.

*** 루이 16세를 가리킨다.

니다." 혁명력 3년 방토즈ventôse에는 자크 르네 에베르Jacques René Hébert*
와 그를 따르던 무리들이 체포되었다. 극좌파로 몰려 재판을 받은 후 처
형되기까지 한 달이 채 걸리지 않았다. 며칠 후에는 콩도르세Condorcet**
가 감옥에서 스스로 목숨을 끊었다. 그의 자살 소식에 파르종은 망연자
실했다. 『공교육의 일반 조직에 관한 보고서 및 법안』***이라는 훌륭한 글

* Jacques-René Hébert (1757~1794) - 부르주아 가정에서 태어났으며, 혁명이 발발하자 신문과 팸플릿에 훌륭한 논설을 많이 썼다. 특히 1790년에 발행한 잡지 《페르 뒤셴느》를 통해, 대중적인 언어로 부유층과 특권계급을 통렬히 비난하고 야유함으로써 파리 민중에게 지대한 영향을 미쳤다. 1791년에는 코르들리에 클럽에 가입했다. 지롱드파를 숙청한 이후, 1793년 9월에는 국민공회 침입 사건을 통해, 최고가격제 등의 극단적 조치를 국민공회에 요구했다. 한편 비이성적인 가톨릭교에 대한 파괴 운동을 전개하고, 이성의 여신 축제를 노트르담 성당에서 열기도 했다. 이에 대해 로베스피에르는 에베르의 과격한 무신론이 민중에게 줄 역효과를 우려해, 그를 '초超혁명적'이라고 단정하면서 경계했다. 한편 에베르는 로베스피에르를 '관용파'라며 응수했고, 1794년 3월에 생 쥐스트가 에베르를 고발하여 처형되었다. 이후 그의 영향 하에 있던 파리의 급진적 상퀼로트와 로베스피에르파가 이끌고 있던 공안위원회 간의 사이가 크게 벌어졌으며, 이는 테르미도르 반동을 일으킨 원인들 중 하나가 된다.

** Marie Jean Antoine Nicolas de Caritat, marquis de Condorcet, (1743~1794) - 자유주의 사상을 가진 귀족으로, 철학자이자 수학자다. 16세에 이미 적분과 확률 해석 등에서 뛰어난 업적을 이뤄 26세의 젊은 나이에 왕립 과학아카데미의 회원이 되었다. 『백과사전』의 편찬에도 참여하여 경제학 항목을 맡아 집필했다. 입법의회와 국민공회 의원으로 선출되었는데, 특히 1792년에 입법의회의 '공교육위원회'의 위원장으로 활동하면서 제출한 『공교육의 일반 조직에 관한 보고서 및 법안 Rapport et Plan de Décret sur l'Organisation Générale de l'Instruction Publique』은 주목할 만한 문헌이다. 아울러 국민공회의 헌법위원회의 위원 등을 역임하면서 헌법안을 제출했다. 그러나 콩도르세의 제안은 지지를 얻지 못했으며, 지롱드파였다는 이유로 자코뱅파에 의해 체포되었다가 옥중에서 음독자살했다. 『인간 정신의 진보에 대한 역사적 설명의 초안 Esquisse d'un tableau historique des progrès de l'esprit humain』를 저술함으로써 역사적 발전에 대한 낙관주의와 인류의 무한한 진보에 대한 믿음을 드러냈다.

*** 이 법안의 기본 원칙은 교육 기회의 균등이었다. 교육은 특권계급의 독점으로부터 해방되어야 한다는 대전제 하에 기회의 균등을 이루기 위해 공립의 무상교육과 단선형 학교 제도가 제안되었으나, 이는 어디까지나 선언에 그쳤다.

을 읽고 그를 존경해 왔기 때문이다. 파르종은 이성, 관용, 인간애, 이 세 단어로 요약되는 콩도르세의 철학적 이상에 깊이 공감하고 있었다. 제르미날germinal 10일, 즉 1794년 3월 30일, 새로운 소식이 감옥을 술렁이게 했다. 조금 전 당통Danton*이 체포되었다는 것이다. 가장 믿기 어려운 사태가 발생했다. 혁명재판소와 혁명은 동의어로 인식되어 왔기 때문이다. 당통 역시 예외 없이 카미유 데물렝Camille Desmoulins**, 파브르 데글랑틴Fabre d'Églantine***과 함께 단두대에서 처형되었다. 당통은 마지막 자존심을 내세우며, 그의 잘린 목을 시민들에게 보여줄 것을 사형 집행관에게 요구했다. "그의 목은 그럴 만한 충분한 가치가 있었기 때문이다."

가장 아름답고 행복한 계절인 플로레알floréal, 즉 5월에는 단두대에서

---

* Georges Jacques Danton (1759~1794) - 프랑스 혁명이 일어나자 코르들리에 클럽을 결성하고, 파리의 자코뱅 클럽에도 가입하여 혁명을 주도했다. 특히 바렌느 도주 사건 이후에는 루이 16세의 폐위를 주장했다. 그러나 샹드마르스 발포 사건을 계기로 민중과의 관계가 미묘해지자, 몇 주간 영국에 피신했다가 귀국한 후, 파리코뮌의 검사 보좌관으로 선출됐다. 공화정 선포 이후에는 임시행정위원회의 법무장관에 선출되었다. 처음 국민공회에서는 산악파에 가담했으나, 공화주의자의 연합, 즉 관용을 주장하면서 점차 지롱드파와 가까워졌다. 대외전쟁에 의한 위험을 강조함으로써 파리의 방위 태세를 굳건히 했으며, 동시에 반혁명 혐의자를 학살한 9월 2일의 사건을 묵인하여 지롱드파로부터 공격을 받았다. 낭비벽이 심하여 항상 독직 소문이 무성하였다. 아울러 국민공회에서는 산악파에 속하였고, 자코뱅파의 우익을 형성하여 좌파인 에베르 일파와 대립하였다. 혁명적 독재와 공포정치의 완화를 요구하고 경제 통제에도 반대한 결과, 1794년 4월에 로베스피에르에 의하여 처형되었다.

** Camille Desmoulins (1760~1794) - 프랑스 혁명기의 산악파 언론인이자 정치가다. 1789년 7월 12일, 바스티유 습격 직전에 민중을 자극한 선동 연설로 유명해졌으며, 국민공회 의원이 되었다. 지롱드파의 공격에 선봉을 섰다. 주간지 《프랑스와 브라방의 혁명》을 발행했다.

*** Fabre d'Églantine (1759~1794) - 혁명이 일어나기 전에는 배우이자 극작가로 활동했다. 공화력을 제안하여 교회력에 바탕을 둔 사람들의 일상생활을 세속화시키는 것이 혁명 정신을 일상생활 속에 뿌리내리게 하는 것이라 생각했다.

잘려 나간 머리로 작은 숲 하나가 만들어지는 소름 끼치는 광경이 펼쳐졌다. 같은 달 19일, 구제도 시대의 징세 청부인 28명이 무더기로 처형되었다. 그 가운데 앙투안 로랑 드 라부아지에Antoine-Laurent de Lavoisier* 도 포함되어 있었다. 당시에 담배 위원회의 운영권을 쥐고 있던 그는 세금을 징수하는 업무를 담당했다. 파르종은 이 위대한 화학자의 연구에서 많은 영향을 받아 왔다. 라부아지에는 결코 자유를 적대시한 적이 없으며 과학의 진보를 이뤄 냈다. 병기창의 실험실에서 화학자들과 모여, 연소 시 산소의 역할을 발견하고 공기와 물의 성분을 분석했다. 그는 자신의 과학 지식이 자유에 보탬이 되기를 바랐기에, 국립 화약 공장** 의 감독관이 되어 전쟁 중인 나라를 위해 무기를 만들기도 했다. 그럼으로써

---

*   Antoine-Laurent de Lavoisier (1743~1794) - 프랑스의 화학자이며, 근대 화학의 아버지로 불린다. 25세(1768년)에 왕립 과학아카데미의 회원이 되었고, 이어서 1775년에는 국립 화약 공장 감독관에 취임하여 조병창에 개인 실험실을 가지고 있었다. 1790년에는 혁명정부의 신 도량형법 설정 위원이 되어 도량형 통일 작업에 참여했다. 1791년 3월 20일, 국민의회는 라부아지에가 오랜 세월에 걸쳐 봉직해 온 세금 징수 조합을 해체하였으며, 그 대신 국가에서 관장하는 징세 기관이 세워졌다. 라부아지에는 기관장 후보로 고려되었지만, 결국 선정되지 못했다. 징세 청부인의 전력이 드러나 1793년 11월에 투옥되었다가, 1794년 5월 8일에 단두대에서 처형되었다.

**   Administration des Poudres et Salpêtres - 1775년 3월 30일, 재무 총감 튀르고Turgot는 라부아지에를 국립 화약 공장 감독관으로 임명했다. 노동자들을 대상으로 초석과 화약에 대한 화학적 원리와 수학 지식 등을 가르치는 교육 과정을 개설했고, 화약 제조 과정을 크게 개선시켰다. 1776년 5월 12일에 루이 16세가 튀르고를 해임하고 자크 네케르Jacques Necker를 재무 총감으로 임명한 이후에도 라부아지에는 감독관 자리를 유지하였다. 라부아지에는 화약의 원료가 되는 초석 산지를 찾기 위해 프랑스의 여러 지역을 여행하기도 했고, 조직 체계를 좀 더 효율적으로 만드는 방법을 고안하기도 하였다. 이러한 노력으로 프랑스의 화약 제조 기술은 크게 개선될 수 있었다. 또한 초석을 화학적으로 합성하는 방법을 찾기 위해 많은 연구를 한 결과, 질산을 제조하는 여러 가지 방법을 알아냈지만 초석 합성에는 실패했다.

'중세의 정신에 반하는 진정한 혁명'을 이루어 냈다고 볼 수 있다.[83] 이 애국적인 과학자는 자신이 맡았던 임무를 빌미로 희생된 것이다.

결국, 잡혀 온 피고인들에 대한 처분은 점점 더 과격해지고 비이성적인 양상을 띠어 갔다. 발랑텡Valentin이라는 물지게꾼이 프레리알prairial 28일, 혁명재판을 받고 처형되었다. 그의 죄목은 '비세트르 감옥에서 공안위원회의 위원들을 단도로 찔러 죽인 다음, 심장을 도려내어 불에 구워 먹고, 못이 잔뜩 박힌 통 속에 가장 애국심이 강한 시민들을 넣고 서서히 죽이려는 음모를 꾸몄다는 것이다.[84] 만일 마리 앙투아네트와 뒤바리 부인을 위해 향수와 화장품을 만든 것이 죄가 된다면, 파르종을 괴롭히기 위해 저들은 또 어떤 상상의 나래를 펼치려 들 것인가? 단두대 칼날에 대한 공포에 시달린 파르종은 밤마다 화들짝 놀라 잠에서 깨어나곤 했다. 그러다 날이 밝아오면 새로운 희망에 부풀어 올랐다. 엄청난 희생을 치르고도 공포정치는 지속되었다. 제르미날 16일에서부터 프레리알 22일에 이르는 430일 동안 혁명재판소는 1,251명에게 사형을 선고했다. 이어서 두 달도 안되는 기간 동안 1,376명의 불운한 사람들의 목이 잘려 나갔다. 간수들조차 광기 어린 살인극에 점점 무뎌지고 있었다. 시민들은 기요틴에서 벌어지는 광경에 시큰둥한 반응을 보이기 시작했다. 결국엔 기요틴을 혁명 광장에서 파리의 외곽으로 이동시켜야 했다. 그곳은 사람들의 왕래가 드문 곳이라 구경꾼들의 시선이 집중되지 않았기 때문이다.

파르종은 이럭저럭 시간을 끌다보면 어쩌면 섬뜩한 사형 기구를 피할 수 있을 것 같았다. 그는 남편을 위해 고군분투하고 있을 아내를 떠올렸다. 그녀는 로베스피에르에게 편지를 써서 '남편은 공화주의자로서 손색없는 도덕성을 갖추었으며, 귀족 계급에 대해서는 늘 반감을 갖고 있었고, 애국자들과도 열성적으로 교류했으니, 그러한 남편의 모든 행동은 애국 시민의 정신과 인간에 대한 사랑을 증명한다고 볼 수 있습니다.'라고 주장했다.

대부분의 사람들은 아직 감지를 못하고 있었지만, 파르종은 썩어 가는 배추에서 날 법한 지독한 냄새를 맡았다. 복도의 끝에 위치한 주방에서 식사를 나르는 손수레가 막 나오고 있었다. 그는 감방 동료들에게 희소식을 알리기 위해 벽을 두드렸다. 다들 불안한 마음으로 급식을 기다리고 있었다. 잔뜩 술에 취한 간수가 비틀거리다가 무거운 솥을 엎어 버리기 일쑤기 때문이다. 한때 프랑스에서 제일 잘 나가던 조향사의 코가 지금은 그저 수프 냄새를 가장 먼저 맡을 때에만 쓰이고 있었다. 파르종은 냄새를 잘 맡는 조향사가 되기 위해 많은 노력을 기울인 것이 후회스러웠다.

몇 달 전부터 그를 가장 힘들게 만드는 것은 바로 후각이다. 코가 진정 영혼으로 통하는 문이라면, 혁명의 영혼은 비열함에 틀림없다. 땀내와 상한 포도주 냄새, 소변과 피 냄새가 진동하기 때문이다. 그는 베르사유의 냄새를 떠올렸다. 궁의 일부 후미진 곳에서는 악취가 진동했지만, 그는 거의 장거리 여행을 하듯 주문품들을 가지고 기나긴 계단과 복도를 통과하다가, 곁을 스쳐 지나가는 여인에게서 우연히 그윽한 향을 맡게 되면 기분이 한결 좋아지곤 했다. 그리고는 스쳐 지나간 향기를 알아

맞히는 놀이를 하면서 혼자 즐거워했다. 모든 것이 먼 옛날이야기가 되어 버린 지금, 행복했던 나날을 추억할수록 그의 마음만 힘들어질 뿐이었다.

이렇듯 서글픈 현실을 홀로 삭이고 있는데, 누군가 묵직한 열쇠로 그가 갇힌 감방의 문을 열려는 듯 덜커덩거리는 요란한 소리가 들렸다. 보통은 배식 담당 간수가 바깥에서 빗장이 걸린 널따란 배식구 가장자리에 수프가 담긴 그릇을 놓아두기 마련이다. 그런데 이번엔 문이 복도 쪽으로 활짝 열렸다.

─ 재판소로 끌고 가라!

파르종은 변론을 구상하며 미리 써 두었던 원고를 조심스럽게 챙겨 주머니에 넣었다. 깃털 장식이 달린 외투를 걸친 국민공회 위원 두 사람이 국민군 병사 네 명을 앞장세우고 왔다. 그들은 감옥 밖에서 파르종을 기다리고 있었다. 두 위원은 각각 불랑제와 토마라며 자신들을 소개했다. 혁명재판소는 감옥에서 나와 자그마한 안뜰을 가로질러 불과 몇 걸음 거리에 있었다. 파르종은 잠시 멈추어 7월의 따스한 공기를 실컷 들이마시고 싶었다. 그러나 병사 한 명이 다가와 등을 거칠게 밀치는 바람에, 하마터면 넘어질 뻔 했다.

— 동지, 서둘러! 오늘 재판받을 사람이 너 혼자가 아니라고!

그는 '자유의 방' – 단두대로 가기 직전에 잠시 거쳐 가는 대기실이므로, 이는 잔인한 아이러니다. – 으로 들어갔다. 판사들은 긴 테이블 뒤에 놓인 연단에 줄지어 앉아 있었다. 등 뒤에 있던 손이 판사들을 마주 보고 있는 긴 의자에 파르종을 거칠게 밀어 주저앉혔다.

피고인 석에는 파르종 혼자 앉아 있었고, 함께 불려 나온 이들은 없었다. 적어도 공모 혐의는 벗은 것 같았다. 그의 뒤편으로는 열두 명의 남녀가 차례를 기다리고 있었다. 그들의 불안과 두려움이 파르종에게 전해져 왔다. 그는 차마 몸을 돌려 듬성듬성 앉은 청중들을 자세히 살펴보지는 못했다. 판사의 미움을 살까 두려운 마음 때문이었다. 빅투아르가 올 수 있을지 그리고 그녀가 그런 용기를 낼 수 있을지 궁금했다. 그녀는 남편에게 힘을 불어넣어 주는 아내였다. 재판장이 그에게 이름과 나이를 말하게 했다.

— 이름은 장 루이 파르종, 주소는 룰 가 11번지, 국민군으로 활동하고 있습니다. 나이는 46세, 아들이 둘인데 첫째는 15세, 둘째는 13세입니다. 기혼이며 배우자는 살아 있습니다. 직업은 조향사입니다.

— 파르종 동지, 그대는 보안위원회의 명령에 따라 니보즈 7일에 체포되었소. 이유는 불로뉴쉬르메르에 도착한 미국인들이 소지하고 있던 위조된 아시냐 지폐 때문이오. 누군가 당신을 고발했으며,

그와 관련된 내용은 동지가 직접 해명해야 할 부분이오. 우리는 수사관들을 보내 동지의 애국심을 조사했소.

뒤자르뎅Dujardin이 앞으로 걸어 나오는 모습을 본 파르종의 눈이 휘둥그레졌다. 그는 파르종의 집과 이웃한 거리에 사는 향신료 가게 주인인데, 파르종에 관한 악의적인 고발을 했던 것이다. 뒤자르뎅의 말을 듣던 파르종은 분노가 치밀어 올라 몸을 부르르 떨었다. 그는 뒤자르뎅의 주장 가운데 한마디라도 놓치거나 잊을세라 사력을 다해 집중했다. 마침내 재판장의 첫 번째 질의가 시작되었다. 그러나 파르종은 이미 유죄판결을 듣고 있는 기분이 들었다.[85]

◦— 동지, 그대는 왕실과 귀족들을 위해 향수와 화장품 등을 만들었소. 그대는 그렇듯 프랑스의 마지막 폭군과 암컷 늑대 같은 오스트리아 여자에게 물건을 대었소. 결과적으로 동지는 시민들보다는 귀족들의 편익을 위해 봉사한 셈이오.
◦— 저는 비지에 씨가 하던 일을 물려받아 베르사유의 조향사가 되었습니다. 주장을 뒷받침할 증거를 제시할 수 있습니다. 하지만 제 사업은 국내는 물론이며, 특히 외국과의 거래에 집중되어 있었습니다. 저는 언제나 많은 일꾼들을 고용했으며, 이는 귀족보다는 오히려 시민들에게 도움이 된 행동이었습니다.

그러자 검사장이 되물었다.

- 개업한 지 2년 만에 304,000리브르를 메우지 못해 파산했다는 것이 사실이오?
- 다행히 적자는 202,000리브르 수준에 그쳤습니다. 이는 상점을 연 지 4년 만에 일어난 일인지라 상당한 손해를 보았지요. 그래서 저는 어음 변제를 신청했고, 그렇게 해서 돈을 회수할 수 있었습니다. 그 이후로는 악착 같이 일해서 빚을 모두 갚았습니다. 폭군에게 예속되지 않기 위해 해외로 사업을 확장시켰던 것입니다. 자유의 발상지인 미국과의 거래가 많았습니다.

그러자 한 검사가 고함을 질렀다.

- 하지만 동지가 가짜 아시냐 지폐를 유통시켰다는 주장이 제기되었어!
- 그와 같은 고소는 정말 터무니없습니다. 위조지폐를 가지고 왔다는 혐의를 받고 있는 미국인들 중 한 사람이 바로 여러분도 잘 아실 만한 토마스 제퍼슨이라는 프랑스 주재 미국 공사입니다. 민주주의에 많은 기여를 한 그가 공화국에 대한 적대감을 가졌으리라는 의심을 할 여지는 없습니다. 그들은 애국자로 입증되어 금세 풀려났지요. 그 이후, 민중협회들의 요구에 따라 샤르뎅 아덴쿠르 Chardin-Hadencourt 동지 역시 자유의 몸이 되었으며, 최근에는 라

향수의 기억

미Lamy 동지를 비롯하여 저와 같은 연유에서 기소된 사람들이 비슷한 처지가 되었습니다. 저는 문제가 된 아시냐 지폐도, 제가 받기로 되어 있었던 6,000리브르도 구경조차 못했습니다. 아마도 지폐위조죄라는 불명예스러운 발언을 퍼뜨리고 다니는 자들이 왜곡한 것 같습니다. 여러분도 아시다시피 자유의 적은 진정한 애국자를 험담하는 나쁜 버릇이 있지요.

여기까지는 파르종의 답변에 대해 아무도 비난할 수 없었다. 한 검사가 자리에서 일어났다.

- 동지와 거래하던 귀족들의 생활방식을 모방하려 했소. 따라서 동지를 애국자로 볼 수 없소.
- 사업의 확장과 기술의 개발을 위해 쉬렌에 공장을 설립하면서 마차를 구입한 건 사실입니다. 이는 빈번히 이동할 수밖에 없었던 상황 때문이므로, 사치와는 거리가 멀었다는 것이 쉽게 입증될 수 있습니다.

검사는 증오에 찬 목소리로 다시 추궁했다.

- 동지, 그대는 기소르Gisors와 가까운 몽티니Montigny의 땅을 6,000~7,000리브르에 샀소. 동지의 아내는 결혼 지참금으로 3,000리브르를 가져왔을 것이고, 동지는 7,000리브르를 냈겠지.

이것이야말로 특권계급들이 가진 재산이 아니면 뭐란 말이오? 민중들은 굶주림에 고통 받고 있는데 말이야. 계속해서 동지는 부를 쌓아 나갔고 막대한 영지를 구입했소. 더욱이 동지 가족들이 소유한 땅도 몽펠리에에 있지 않은가?

파르종은 목덜미에 오싹한 칼바람을 느꼈다. 대개 이런 문제로 재판을 받게 되면 즉시 단두대 행이기 때문이다. 그는 자신의 변론이 지루한 장광설로 들릴까 조심스러웠지만, 강력한 주장을 펼칠 필요가 있어 보였다.

- 해당 지역의 땅은 국유 재산을 3,110,022리브르에 구입한 것입니다. 그 가운데 101,000리브르는 상환해야 할 금액이지요. 여러분의 주장과는 달리 결혼 지참금은 대단치 않았습니다. 이와 같은 고소는 저를 곤경에 빠뜨리고자 하는 악의에서 비롯된 것입니다. 가장 순수한 애국심을 지닌 시민 한 사람이 오늘날 이와 같은 중상모략의 대상이 되었다는 것은 불행한 일입니다. 뒤자르뎅 동지에 관해서는 망상에 사로잡혀 사는 정신 나간 사람이라는 사실을 모든 이웃이 확인해 줄 수 있습니다. 물론 제 사촌들 가운데에도 귀족이 한 사람 있긴 하지요. 이름은 랑베르 파르종이며 라 로즈 지방의 영주입니다. 하지만 같은 핏줄에서 태어난 집안사람들은 정치적 신념마저 같아야 한다는 법은 없지 않습니까? 저는 언제나 애국 시민이 다스리는 세상을 꿈꾸어 왔습니다. 당신들의 비

판을 군말 없이 받아들이겠습니다. 유일불가분의 공화국 만세! 더구나 체포되던 날, 제가 명예를 걸고 작성한 진술서에도 제 확고한 입장이 고스란히 담겨 있지 않습니까? 새로운 세상 질서와 그것의 정당함에 대한 확신을 반복하고 결백을 주장하기 위한 것이 아니라면 더는 할 말이 없습니다. 저는 정직한 공화주의자로서 결백과 애국심을 주장합니다.

○— 요컨대 동지는 스스로 애국 시민이라 주장하고 있군. 하지만 동지의 주장을 뒷받침할 만한 증거를 제시할 수 있단 말이오?

○— 폭군의 피가 묻은 깃발이 우뚝 솟아올랐던 1790년 9월 17일, 저는 혁명을 위해 2,400리브르를 냈습니다. 영수증도 갖고 있지요. 저는 국가를 위해 끊임없이 헌신적으로 봉사해 왔습니다. 1792년 초반에는 국민군이 무기를 마련하고 지원병을 모집할 수 있도록 400리브르를 보냈고, 일 년에 300리브르씩 내겠다는 약속도 했지요. 그리고 기쁜 마음으로 약속을 지켰습니다. 방데Vendée의 악당들을 물리치기 위해* 300리브르를 냈고, 전쟁미망인을 후원하고, 군비를 지원했습니다. 지원병으로 나가는 바살Vassal이라는 청년이 있었는데, 그가 용감하게 싸워서 살아 돌아온다면 일자리와 급여를 보장하겠다고 말한 약속을 지켰습니다. 2년 전부터는 제가 살고 있는 와즈Oise 주의 쇼몽시에서 지원병들을 모집하기 위해 필요한 모든 노력을 기울였답니다. 제가 소유하던 말 한 마리

---

* 방데 반란Rebellion Vendéenne (1793~1795) - 1793년부터 1795년에 걸쳐 프랑스 서부의 방데 지방을 중심으로 일어난 반혁명적 소요다.

가 강제로 전쟁터에 끌려갔지만, 저는 오히려 한 필을 더 기부했습니다. 가장 좋은 녀석으로 선택할 수 있도록 두 필의 말을 보낸 셈이지요.

검사는 파르종의 말을 되받았다.

- 그렇지만 동지는 미신과 다름없는 가톨릭교의 사제를 고용했지 않았소? 그러고도 동지가 과연 계몽 정신을 받아들인 애국자라 자처할 자격이 있다 하겠소?
- 실제로 저는 아이들의 가정교사로 사제를 고용한 적이 있긴 합니다. 그가 만약 공화국에 대한 충성 서약을 하지 않는다면 반감 때문에라도 아이들을 맡기지 않겠다는 압박을 가했고, 그는 제 요구에 따랐습니다. 그 후에는 아이들을 자타가 공인하는 애국자인 르카르팡티에Le Carpentier* 동지에게 맡겼는데, 그의 원칙을 마음속에 늘 소중히 간직하고 있었기 때문입니다. 언제나 자유와 진보를 향한 갈망이 있었기에, 저는 공화국에 대한 사랑을 직공들에게도 전도했습니다. 혁명력을 쇼몽에 정착시키고, 일요일마다 짐수레꾼

---

* Jean-Baptiste Le Carpentier (1759~1829) - 국민공회 의원으로 활동한 정치인이다. 1789년에 발로뉴Valognes 지방의 민중협회를 건설할 정도로 열렬한 혁명 사상가였다. 그 다음 해에 발로뉴 시의원과 지방 국민군의 부대장으로 임명된다. 지롱드파에 적대적인 산악파 의원으로 활동했으며, 루이 16세에 대한 재판에서 왕의 사형을 지지했다. 그 후, 자신의 지역구에서 반혁명 세력을 척결하는 임무를 맡았다. 그는 테르미도르의 반동 이후 파리로 소환되어 체포되었으나, 1795년 10월 26일, 국민공회의 해산 후 특사로 풀려난 뒤에는 고향으로 돌아가 변호사 사무실을 열었다.

들을 일하게 한 다음, 열흘마다 쉬도록 했습니다. 그들의 반감과 혐오감을 누그러뜨리기 위해 해마다 15리브르씩 급여를 인상해 주었지요. 그뿐만 아니라, 다비Davy라는 주임신부에게서 6,000리브르에 상당하는 부동산을 구입했지만, 저는 계약서에 적힌 금액만큼 약속 어음을 주었습니다. 그에게 현찰을 지불한 적이 없음을 쇼몽시에도 진술한 바 있습니다.

배심원들은 서기가 건넨 서류들을 검토했다.

- 동지가 국유 재산을 80,000리브르에 상당하는 고가에 매입했다는 자료가 있소. 그대 스스로는 돈을 잘 냈다고 주장하는데, 그럼에도 동지가 자신의 배만 채웠다는 증거가 드러나오. 이는 애국자다운 처신이라 볼 수 없소. 동지는 공화국의 군대를 위해 보다 후한 인심을 베풀었던 것이오?
- 물론입니다. 저는 일 년 동안 빠짐없이 매달 돈을 보냈습니다. 특히 생캉텡Saint-Quentin 부근까지 적들이 쳐들어왔을 때 그랬지요. 1793년 9월 7일에는 20,000리브르에 가까운 돈을 지원했습니다. 이미 여러분께 증언했다시피, 대단히 많은 지원병들이 모집되었습니다. 저는 그들 중 다수에게 숙식을 제공했습니다. 또한 말 세 필을 얻는 데에도 기여했는데, 이 말들은 제가 소속된 쇼몽시 상퀼로트 민중협회Société populaire des sans-culottes가 공화국에 헌납하기 위해 구입한 것들이었지요. 피셔Ficher, 페날Penal 그리고 벨민

Bellemin과 같은 혁명군 소속 동지들이 제 애국심을 증명해 줄 수 있습니다. 비록 감옥의 한구석에 처박혀 있지만, 저는 공화국을 위해 봉사하고자 노력합니다. 저에 못지않은 애국자인 아내가 쉬렌의 민중협회장인 데플랑드르Desflandres 동지를 통해 들은 이야기입니다만, 현재 르므완 쉬리니Lemoigne-Surigny 동지가 빌려 쓰고 있는 제 영지는 폭도들과의 전쟁을 치르는데 반드시 필요한 질산칼륨을 구하기에 안성맞춤입니다. 보시다시피, 제가 왕실과 귀족으로부터 벌어 들인 돈은 공화국에 유익하게 사용되었답니다. 저는 돈을 외국으로 빼돌릴 생각은 단 한순간도 해 본 적이 없습니다. 그처럼 교활한 상상을 하는 것만으로도 저는 두려움에 온몸이 떨릴 지경입니다.

파르종의 변론이 먹힌 것 같았다. 미리 준비해 온 문장을 들여다 볼 필요조차 없었다. 결백을 주장하는 단어와 문장 모두가 그의 입술 끝에서 술술 흘러나왔기 때문이다.

이름을 끝내 알 수 없었던 국선변호인은 여세를 몰아 나아갔다. 그는 파르종의 아내를 만나 변론을 준비했고, 아내는 남편의 애국심을 증명하기 위해 확보해 둔 자료 일체를 건네주었다.[86] 드디어 변론이 시작되었다.

○─ 동지 여러분, 여러 검사 동지들과 수사관 동지들께서는 애국심을 전도하는 진정한 공화주의자답게 진리와 정의 그리고 공정함

에 대한 사랑으로 수개월 간 정말 최선을 다했습니다. 그러나 오직 결백한 자만이 살아남고, 죄를 지은 자는 단두대에서 처형된다는 점 이외의 다른 진실은 있을 수 없다는 생각에만 골몰해 있었지요. 만약 파르종 동지가 지난 3년 간 자신의 주장대로 살아왔다면, 사랑하는 가족과 나라의 품으로 그가 돌아가리라는 사실은 의심할 바 없습니다. 수사 결과 및 확보된 자료들 가운데 대부분이 그가 한 일은 인간에 대한 사랑에서 비롯되었음을 뒷받침하며, 이는 파르종이 정이 많은 사람임을 보여준다고 말할 수 있습니다. 파르종의 애국심을 긍정적으로 생각해 줄 필요가 없다고 여기신다면, 한번쯤은 여러분의 기억을 되살려 주시길 바랍니다. 전쟁의 피해자들과 가난한 이들에게 꾸준한 도움의 손길을 내밀었던 그 선량한 사람을 말입니다. 반면, 파르종의 행동을 긍정적으로 고려해 줄 필요가 있다고 여기신다면, 우리의 가난하고 불행한 동지들이 '파르종 동지, 선행은 반드시 보상을 받는다오.'라며 건넬 법한 감사의 말을 대신해 주는 숭고한 행동과 다를 바 없을 것입니다.

죽음의 문턱까지 갔던 파르종의 눈에 눈물이 가득 고였다. 재판장이 손짓을 하자, 경찰관 한 사람이 파르종의 어깨를 두드리며 법정에서 나가라고 했다. 검사들과 재판관들은 심의를 위해 자리를 비웠다. 이제 파르종의 운명은 심의 결과에 달려 있었다. 불과 몇 분이 그에게는 마치 영원처럼 느껴졌다. 마침내 경찰관이 파르종에게 제자리로 돌아가 판결을 들으라고 했다. 재판장이 말을 시작했다.

○─ 파르종 동지, 지금부터 판결을 들으시오. 우리가 입수한 자료와 동지의 주장을 근거로 하여, 동지의 결백과 애국심이 충분히 입증되었으므로, 혁명재판소는 더 이상 동지를 감옥에 가둬 둘 이유가 없다고 판단했소. 따라서 동지를 즉시 석방할 것을 선언하오. 폐정을 선언합니다. 죄수의 포박을 풀고 법정에서 나가게 하라.

파르종은 혁명력 2년 테르미도르 9일에 풀려났다. 그러나 같은 날, 국민공회가 로베스피에르를 체포했다는 소식은 모르고 있었다. 빅투아르는 혁명재판소의 안뜰에서 남편을 기다리고 있었다. 그녀는 기쁨의 눈물을 흘리며 남편의 품에 안겼다. 그들은 빌린 마차를 타고 쇼몽으로 갔다. 그제야 아내는 '청렴가'의 몰락 소식을 남편에게 알렸다. 오티에라는 어떤 이가 이틀 전에 단두대에서 처형되었으나, 그가 왕비의 미용사였던 레오나르인지 혹은 그의 형인지는 확실치 않았다. 그는 앙드레 셰니에André Chénier*와 함께 처형장으로 끌려갔다. 오생 백작부인 역시 바렌느 가의 자신의 집에서 체포된 후 처형되었다. 그녀가 받은 혐의는 '궁궐에서 꾸며진 대단히 위험하고도 부패한 모든 음모에 관여했다.'는 것이었다. 들리는 소문에 따르면, 오생 부인은 죽음을 두려워하지 않는 순교자처럼 평온한 모습을 보였다고 한다.

---

* André Chénier (1762~1794) - 감성이 풍부한 시로 프랑스 낭만주의 문학의 선구자로 평가받는 시인이다. 공포정치가 끝나기 불과 3일 전에 '국가 반역죄'를 선고받고 단두대의 이슬로 사라졌다. 대표작으로 인류의 진보를 주제로 한 철학 시 「헤르메스 신Hermès」, 고대로부터 얻은 영감과 낭만적인 감성을 결합시킨 「목가Bucoliques」, 지배자에 대한 증오, 학살의 공포, 혁명의 과격성을 비판한 옥중 시 「풍자 시집ïambes」 등이 있다.

부부가 마을에 도착했을 때에는 날이 이미 저물었다. 쇼몽 시민들은 로베스피에르의 체포와 그가 사형선고를 받았다는 소식을 파르종보다 더 일찍 접했다. 그들은 공포정치의 막이 내린 것을 축하하며 횃불 아래에서 춤을 추고 있었다. 파르종은 가슴속에서 희망이 되살아남을 느꼈다.

에필로그

기요틴의 칼날을 피해 살아남은 마리 앙투아네트의 조향사는 오로지 한 가지 생각만 하고 있었다. 은퇴 후 여생을 평온하게 보내는 것이었다. 그러나 불과 몇 시간도 지나지 않아, 그는 룰 가의 향수 가게로 다시 갔다. 가게를 인수했던 새 주인들이 파르종의 명성과 풍부한 경험의 후광을 입지 못한 탓인지, 그만 파산에 이르고 말았기 때문이다.

파르종은 총재정부 시절에는 앵크롸야블Incroyables, 뮈스카뎅Muscadins, 메르베이외즈Merveilleuses와 같은 향수를 만들었고, 나폴레옹 제정 시절에는 황후 조세핀의 전속 조향사* 가 되었다. 그러나 감옥에서 지내는 동안 건강이 매우 악화된 장 루이 파르종은 1806년 11월 9일, 룰 가 11번지에서 58세를 일기로 세상을 떠났다.

파르종의 미망인과 그의 아들들은 장 루이 파르종의 조향 기술을 활용

---

* 정식 명칭은 '증류를 전문으로 하는 조향사의 자격을 가진 황후 전속 납품업자 parfumeur-distillateur breveté fournisseur de l'Impératrice'였다.

하여 회사를 설립했다. 빅투아르의 사망 이후에는 *파르종 프레르*Fargeon Frères라는 법인이 설립되었지만, 1815년 7월 17일에 해체되었다. 오귀스트 프레데릭Auguste-Frédéric은 비비엔Vivienne 가 13번지에 *파르종 죈느 Fargeon Jeune*를 열었다. 파르종 프레르와 파르종 죈느, 두 가게는 원료와 고객을 공유하는 등, 우호적인 협력 관계를 유지했으며, 집안 대대로 전해 오는 향수 포뮬러 및 향료에 관한 정보를 공유했다. 리볼리Rivoli 가에 도로가 나게 되자, 앙투안 루이는 생토노레 가 319번지로 가게를 옮길 수밖에 없었으며, 그는 1830년까지 그곳에서 향수 가게를 운영했다. 오귀스트 프레데릭은 7월 왕정의 전속 조향사가 되어 베리Berry 공작부인이 설립한 유한책임회사의 조향사로 활동하다가, 1824년에 자신의 사업을 장 밥티스트 젤레Jean-Baptiste Gellé에게 양도했다. *젤레 프레르Gellé Frères*는 1914년까지 과학적인 공법으로 만든 제품으로 명성을 떨쳤다. 향수 공장은 마이오 성문과 가까운 뇌이Neuilly에 설립되었으나, 1870년에 프러시아의 공격으로 파괴되었다가 르발루아페레Levallois-Perret에 재건되었다. 이곳은 *오리자*와 그리 멀지 않은 곳인데, *오리자*는 비지에의 미망인에게 장루이 파르종을 추천했던 파르종의 사촌이 설립한 회사다.

마리 앙투아네트에게 납품을 했지만 단두대에서 처형되지 않은 상인들 가운데 로즈 베르탱은 에피네Epinay에서 머물다가 1813년에 세상을 떠났다. 활기차고 유쾌했던 미용사 레오나르는 – 그의 형이 앙드레 셰니에와 함께 처형되었다. – 독일에서 거주하다가 루이 18세의 통치 시절에 모스크바를 거쳐 프랑스로 귀국했지만, 많은 재산을 소유하지 못한 채 1820년에 사망했다. 1786년 이래로 파르종과 그의 가족이 소유했던 쉬렌의 영지는 스켈튼Skelton 백작의 수르스Source 성과 이웃하고 있었는데, 150년 후에는 세계적인 조향사 프랑수아 코티François Coty* 가 이곳을 인수했다. 코티는 1904년에 *시테 데 파르퓅*Cité des Parfums을 이곳에 설립했다.

* 프랑수아 코티François Coty (1874~1934) - 프랑스의 조향사이며, 1904년에는 파리에서 향장품 회사인 '코티Coty'를 설립했다. 그가 처음 선보인 향수는 로즈 자크미노Rose Jacqueminot였다. 그 후 코티는 향수 및 화장품 업계에서 세계적인 회사로 자리 잡았다.

보충 자료

I
프랑스 혁명의 주요 사건들

1. 명사회Assemblée des notables의 소집

주로 새로운 세금의 신설이나 증세의 승인을 위해 소집되던 명사회. 절대왕권이 완성되자, 150년간 개최된 적이 없던 명사회가 루이 16세에 의해 1787년 2월과 1788년 11월에 소집되었다. 재정 적자로 인한 국가의 파산을 막기 위해 특권계급의 협조가 필요했기 때문이다. 이제 귀족도 제3신분처럼 세금을 내야만 어려운 재정 문제를 해결할 수 있다는 재무 총감 칼론의 제안을 루이 16세가 받아들인 것이다. 아울러 인지세와 토지세의 승인을 얻어 재정 적자를 해결하려는 의도도 있었다. 그러나 명사회는 이를 거부하고, 새로운 채권 발행과 곡물 거래의 자유화 등만 승인하고 폐회하였다. 이는 절대왕권에 대한 특권계급의 도전이었다.

2. 삼부회États Généraux 개최

신분제 의회인 삼부회는 제1신분인 사제, 제2신분인 귀족, 그리고 제3신분인 평민으로 구성되었다. 그 역할은 세금의 증액 또는 신설에 대한 국왕의 결정을 형식적으로 승인을 하는 정도였다. 따라서 국왕은 국가

재정의 확대가 필요한 경우 또는 교황과의 대결에서 상대적인 우위를 확보하고 싶은 경우엔 삼부회를 통해 이를 관철시켰다. 그러므로 조세 이외의 다른 문제로 삼부회를 소집하는 경우는 극히 드물었다. 일단 삼부회가 소집되기만 하면, 각 신분의 대표자들은 때를 기다렸다는 듯이 평소의 불평불만을 다 털어놓았고, 국왕은 자신의 요구 사항이 의결되기까지 참을 수밖에 없었다. 프랑스가 절대군주제로 발전된 후, 삼부회는 사실상 그 기능을 상실하여 1614년부터 1789년까지 개최되지 않았다. 1789년, 루이 16세는 새로운 세금 부과를 위해 삼부회를 소집하였다. 당시 프랑스 왕가는 루이 14세의 권력 과시와 사치 그리고 끊임없는 전쟁으로 누적되기 시작한 심각한 재정 위기에 직면해 있었다. 여기에 미국 독립 전쟁을 지원하면서 재정이 악화되어, 결국 루이 16세는 국가를 파산의 위기로 몰고 갔다. 삼부회는 투표 방식에 대한 제3신분과 특권계급인 귀족, 성직자의 갈등으로 붕괴되었고, 이로부터 프랑스 혁명이 시작되었다.

3. 테니스 코트의 서약 Serment du Jeu de Paume

프랑스 혁명을 촉발시킨 사건 중 하나다. 1789년 6월 20일, 베르사유 궁전의 테니스 코트에 모인 제3신분 의원들이 헌법 제정을 목적으로 국민의회의 해산을 거부했던 사건으로, 프랑스 혁명의 도화선이 되었다. 원래 삼부회는 제1신분인 성직자와 제2신분인 귀족 그리고 제3신분인 평민으로 구분되는 중세적 신분제 의회로, 신분별로 모여 안건을 심의하고 표결에 부쳤다. 그리고 그 결과를 통해, 각 신분의 대표 3인이 모여 의결하였다. 그러나 대개는 세금 인상의 몫은 특권층인 성직자나 귀족에 밀린 제3신분이 부담할 수밖에 없었다. 이로 인해 1789년에 삼부회가 소집되자, 제3신분은 관례보다 많은 2배수의 의원수를 요구해 이를 관철시킨 상태에서 삼부회가 열린다. 그러나 표결 방식을 둘러싼 갈등이 일어났다. 제1신분과 제2신분은 삼부회에서 신분별 '분리 심의'와 '신분별 투표'를 주장했고, 제3신분은 '합동 심의'와 '머릿수 투표'를 주장한 것이다. 그러나 세 개의 신분이 별도로 회합을 가짐으로써 즉각 파행되었다. 1789년 6월 17일, 제3신분 의원들은 독자적으로 영국식 국회인 '국민의회'를 결성하였다. 여기에 자유주의 성향의 성직자들과 일부 계몽 귀족까지 합류하게 된다. 이에 루이 16세는 6월 19일, 특권 신분 의원들과 가진 회의 끝에, 국민의회의 해산을 결정하고 삼부회 회의장을 폐쇄시켰다. 이에 항의한 제3신분 대표들은 6월 20일, 제3신분 대표들과 자유주의 성향의 성직자 및 일부 계몽 귀족들이 베르사유궁의 테니스 코트로 집결하였고, 국민의회의 초대 의장으로 천문학자인 장 실뱅 바이(Jean Sylvain Bailly)를 선출한다. 그리고 국민의회는 '헌법을 제정하고 사회 질서를 회복할 때까지 해산하지 않는다.'는 내용의 선언문을 발표했다. 이 사건을 '테니스 코트의 서약'이라 일컫는다. 결국, 루이 16세는 반대를 무릅쓰고 국민의회를 승인하였고, 성직자 대표와 귀족 대표 모두에게 국민의회에 합류할 것을 지시하였다. 그러나 국왕 정부는 국민의회를 승인하면서도, 다른 한편으로는 국민의회의 위협 및 치안 악화를 이유로 베르사유에 군대를 집결시켰다.

4. **바스티유 습격** Prise de la Bastille

프랑스 왕권은 1789년 7월 11일, 2만 병력을 파리로 집결시켜 무력을 바탕으로 민중들의 지지를 한몸에 받고 있던 자크 네케르 Jacques Necker를 파면하였다. '네케르의 파면' 소식을 들은 제3신분은 격분했다. 7월 12일, 시민 수만 명이 앵발리드 Invalides로 몰려가, 자기 방위와 질서 유지를 명목으로 무기와 탄약 지급을 요구했다. 7월 14일, 군중이 앵발리드에서 소총 3만정과 대포 12문을 탈취한 뒤, 탄약 조달을 위해 바스티유 감옥으로 향했다. 바스티유 요새는 원래 파리 동부를 방어할 목적으로 샤를 6세가 세운 것이었는데, 17세기부터 정치범을 수감하는 용도로 사용되고 있었다. 구제도 시기의 압제를 상징하던 바스티유가 함락된 것은 매우 충격적인 사건이었다.

5. **국민군** Garde national **의 창설**

1789년, 프랑스 혁명 초기에 파리의 질서 유지와 방위를 목적으로 창설된 민병대다. 그 후 각 도시마다 하나씩 조직되어, 1871년까지 존속하였다. 정규군과는 별도로 운영 편재되었으며, 초기 통솔자는 미국 독립 전쟁에 참전한 바 있었던 라파예트 Lafayette 후작이다.

6. **연맹축제** fête de la Fédération

1790년 7월 14일, 샹드마르스 Champs de Mars에서는 혁명 1주년을 기념하기 위한 연맹축제가 성대하게 거행되었다. 그러나 1791년 7월 17일에는 군중들이 이곳에서 루이 16세를 몰아내자며 한목소리로 외친다.

폭동을 진압하는 과정에서, 당시 파리 시장이었던 장 실뱅 바이는 군중들에게 발포하였다. 지금은 에펠탑 북서쪽에 위치한 공원이지만, 프랑스 혁명 기간에는 프랑스 육군사관학교의 연병장 겸 군사 훈련장으로 쓰였다.

7. 성직자 민사기본법 Constitution civile du clergé

프랑스 혁명 당시에는 삼부회 소집의 원인인 재정 파탄을 극복하기 위한 어떤 대책도 없었다. 오히려 혁명의 진전으로 국민의 세금 징수에 대한 저항이 높아졌고, 또한 평민의 지지를 얻겠다는 의도에 따라 일부 세금은 이미 폐지된 터라 재정 상황은 더욱 열악해졌다. 그러던 1789년 10월 10일, 탈레랑 주교는 의회에 나와, 교회 소유 토지 재산을 국가가 관리해야 한다는 파격적인 발언을 하였다. 의회는 즉시 그의 제안을 받아들여, 시가 30억 리브르에 이르는 교회 소유의 재산 중 일부는 분할 매각하고, 나머지는 담보로 삼아 아시냐 지폐를 발생하여 파산의 위기를 모면하였다. 그러나 교회 재산을 몰수할 경우, 성직자들의 봉급을 누가 지급할 것인가에 관한 문제가 남아, 결국 국가가 봉급을 지불해야 한다는 안이 가결되었다. 루이 16세는 교황의 의견을 들을 필요가 있다는 이유로 성직자 민사기본법의 공포에 서명을 거부했다. 그러나 의회는 1790년 12월 27일, 성직자에게 혁명의 여러 법률에 대한 충성 서약을 강요했고, 1791년 2월 23일, 교황 비오 6세는 이 법에 대한 선서를 거부하도록 요청했다. 그리하여 선서를 한 사람과 이를 거부하는 사람으로 성직자가 나뉘게 된다.

8. 이그나스 기요탱Ignace Guillotin의 '평등하게 죽을 권리'의 법안 가결

의사이자 국민의회 의원이었던 기요탱은 사형 집행 방식이 불평등하다며 평등한 죽음을 위한 법안을 발의한다. 종래에는 사형 집행 방식에 있어 귀족은 참수형이고, 평민은 교수형 또는 죽을 때까지 고문이나 채찍질을 당했기 때문이다. 이에 고통은 최소한으로 줄이면서, 평등하게 죽일 수 있는 장치를 사용할 것을 제안했다. 이를 위해 기요틴이 만들어지는데, 실제로 이것을 만든 사람은 외과 의사이자 법의학자인 루이Louis였다.

9. 르샤플리에Le Chapelier 법

1791년 6월 14일에 국민의회가 채택한 노동자 단결금지법으로, 1864년에 폐지되었다. 르샤플리에는 길드제가 폐지된 이상, 임금 문제는 노동자와 자본가 사이에서 개별적이고 자율적으로 해결할 문제라고 주장하며, 동일 직종에서 일하는 시민들이 공동 이익을 위해 단결하는 것을 금지했다. 이는 1791년 3월에 길드 제도가 폐지된 뒤, 직공과 노동자들이 동직조합同職組合을 결성하고 임금 인상을 요구한 것에 대한 반응이었다.

10. 바렌느Varennes 도주

1791년 6월 20일부터 22일 사이에 루이 16세 일가의 파리 탈출과 체포가 있었다. 바렌느는 체포된 장소의 지명이다. 바렌느 도주 사건은 루이 16세의 권위를 실추시켰고, 공화파가 전면에 등장하는 계기가 되었다. 루이 16세가 혁명에 반대한다는 인식이 만연한다.

11. 코블렌츠Coblence 선언

'필니츠Pillnitz 선언'이라고도 한다. 1791년 8월 27일에 신성로마제국 황제 레오폴트 2세와 프로이센의 프리드리히 빌헬름 2세가 공동으로 발표한 선언문이다. 이 선언은 프랑스 혁명파에 대한 위협으로 인식되어 혁명의 과격화와 프랑스 혁명 전쟁(1792~1802년)의 원인이 된다.

12. 철 옷장 사건Affaire de l'armoire de fer

튈르리 궁전의 루이 16세의 침소에서 벽판 뒤에 몰래 숨겨둔 철제 옷장 하나가 발각된다. 이곳에는 비밀문서들이 보관되어 있었다. 1792년 11월에 이 사실을 지롱드파의 내무장관이던 롤랑이 세상에 폭로했다. 그 결과, 루이 16세에 대한 국민의 신뢰는 땅에 떨어졌다. 그 안에서 발견된 편지 뭉치에는 루이 16세와 왕당파 간의 편지, 루이 16세가 자신의 재산을 관리하는 개인 비서와 나눈 편지, 루이 16세와 은행장과의 편지 등이 있었다. 하지만 옷장 속에서 발견된 문서가 세상을 발칵 뒤집어 놓은 것은 혁명 지도자들 중 한 사람인 미라보Mirabeau가 국왕에게 매수되었다는 사실 때문이다. 또한, 혁명군 장군인 상테르, 라파예트, 앙투안 리바롤Antoine Rivarol, 탈레랑 등, 혁명의 거물급 지도자들이 국왕과 나눈 편지들도 보존되어 있었기 때문이기도 하다.

13. 방데 반란Rebellion Vendéenne

프랑스 혁명기인 1793년부터 1795년에 걸쳐 프랑스 서부 방데 지방을 중심으로 일어난 반혁명적 반란이다. 가톨릭 세력이 우세한 이 지역

농민들의 불만을 왕당파가 이용한 경우다. 그 여파로 유럽의 반프랑스 동맹으로부터 압박을 받고 있던 자코뱅파에 의한 공포정치가 시작된다.

14. 혁명력calendrier révolutionnaire의 제정

국민공회가 가톨릭 의례와 축제에 바탕을 둔 그레고리력을 폐지하고 개정한 달력으로, '공화력'이라고도 한다. '공화력'이라 불리는 이유는 왕정이 폐지되고 공화제가 선포된 1792년 9월 22일을 혁명력 원년元年으로 삼았기 때문이다. 혁명력은 1793년 11월 24일(혁명력 2년 프리메르 4일)부터 1805년 12월 31일까지만 사용되다가, 1806년부터는 원래의 그레고리력으로 환원되었다. 물론 파리코뮌 시기에 잠시 부활되었지만, 곧 그레고리력으로 다시 환원되어 지금에 이르고 있다. 혁명력은 1년을 12개월, 매월은 30일로 하며, 나머지 5일은 혁명축제일로 충당하였다. 그리고 4년마다 보충일을 두어 혁명일로 정하였다.

가을
- 포도달Vendémiaire : 9월 22일~10월 22일
- 안개달Brumaire : 10월 23일~11월 21일
- 서리달Frimaire : 11월 22일~12월 21일

겨울
- 눈달Nivôse : 2월 22일~1월 20일
- 비달Pluviôse : 1월 21일~2월 19일

- 바람달Ventôse : 2월 20일~3월 21일

봄
- 싹달Germinal : 3월 22일~4월 20일
- 꽃달Floréal : 4월 21일~5월 20일
- 풀달Prairial : 5월 21일~6월 19일

여름
- 수확달Messidor : 6월 20일~7월 19일
- 열(熱)달Thermidor : 7월 20일~8월 17일
- 열매달Fructidor : 8월 18일 또는 8월 19일~9월 16일

보충일

15. 보안위원회Comité de sûreté générale의 창설 – 공포정치의 시작

 프랑스 혁명이 과격화되는 과정에서 설치된 경찰기관이다. 1792년 9월, 국민공회Convention nationale 안에 공안위원회와 보안위원회를 함께 설치했다. 보안위원회는 주로 치안과 경찰을 담당하고 신분증 및 통행증 발행 등을 담당했다. 보안위원회는 '제2의 공안위원회'로 불렸던 대위원회의 지휘에 따라 경찰권을 행사했다. 1793년 9월, 권력을 잡은 자코뱅파는 공안위원회와 보안위원회라는 두 위원회를 수중에 넣음으로써 공포정치를 시작할 수 있었다. 특히 보안위원회는 '혁명에 협력하지 않는 시민은 모두 국가의 적으로 간주한다.'는 원칙 아래, 혁명재판소를 변호

인도 항소권도 없는 무자비한 곳으로 만들었다. 그러나 체포권 및 판결권과 같은 상급권은 로베스피에르 직속 공안위원회가 쥐고 있었다. 그리하여 사법권 행사를 둘러싸고 보안위원회와 공안위원회 사이의 암투와 반목이 심해져, 로베스피에르 독재 체제의 몰락의 원인이 된다.

II
제3신분, 그들은 누구였나?

(1) **부르주아**Bourgeois**와 상퀼로트**Sans-culottes**의 분열**

프랑스 혁명이 발발하자, 제3신분들은 모두 하나가 되어 절대왕정과 구제도의 모순을 철폐하기 위해 싸웠다. 면세의 특권을 누리는 제1신분이나 제2신분과는 구별되는 공통점, 즉 신분의 불평등 앞에서 재산이 많고 적음은 고려의 대상이 아니었다. 혁명을 이끈 부르주아는 혁명의 결정적인 시기마다 상퀼로트의 능동적인 참여를 유도하고 격려했다. 따라서 혁명의 초기에는 상퀼로트가 부르주아의 확고한 지지 세력이었으며, 그들의 지도하에 있었다. 그러나 혁명이 진행할수록 제3신분 내부에 균열이 발생한다. 1790년 이후부터 정치 클럽들과 협회들은 상퀼로트에게 개방적인 태도를 보이면서, 상퀼로트도 점차 혁명 사상을 이해하게 되었다. 또한 그들이 혁명의 굵직한 사건들에 참여하면서 얻은 경험은 단순한 생존권에 대한 요구를 넘어섰다. 정치적으로는 인민주권이나 직접 민주주의를 요구하고, 경제적으로는 최고가격제의 실시를 요구했으며, 한 걸음 더 나아가 생존권과 행복권의 보장을 주장하기도 했다. 이러한 상퀼로트의 행보는 혁명을 이끈 부르주아의 눈에는 위험한 것으로 비쳐졌다. 부르주아는 자유주의 개혁과 지방분권적인 연방 공화제를 수립하려 했기 때문이다. 부르주아와 상퀼로트의 대립은 루이 16세의 재판을 둘러싸고 더욱 치열해졌다. 부르주아는 헌법에 입각한 국왕의 면책 특권을 요구했지만, 상퀼로트는 왕의 처형을 주장한 것이다. 공동의 적이던 특권계급이 사라지자 비로소 부르주아와 상퀼로트는 서로를 제대로 인식하게 된 것이다.

(2) 이성의 여신déesse Raison과 최고 존재Être suprême의 결합에 대한 상퀼로트의 반발

절대왕정과 가톨릭교회 그리고 신분제도는 구제도를 유지시킨 3요소였다. 프랑스 혁명은 그 가운데 절대왕정과 신분제도를 파괴했다. 혁명 지도자들이 가톨릭교회마저 파괴하기 위해 일어난 것이 비기독교화 운동이다. 혁명력은 비기독교화 운동의 과정에서 일어난 대표적인 사례에 속한다. 혁명 지도자들은 그레고리력을 폐지하고 혁명력을 제정함으로써 평민들의 삶을 세속화시키려 했다. 즉, 평민들의 일상생활에 혁명의 이념을 내면화시킬 수단을 혁명력에서 찾은 것이다. 이러한 비기독교화 운동은 일정 정도 성공을 거두었다. 공포정치가 최고조에 이른 1794년에는 상퀼로트가 중심이 되어 아래로부터의 비기독교화 운동이 일어났기 때문이다. 그들은 자발적으로 이성을 숭배하기 시작했고 이를 위한 축제도 개최했다. 브뤼메르 20일인 1793년 11월 10일에는 이성숭배 의식이 파리의 노트르담 대성당에서 열렸고, 이는 곧 전국으로 확산되었다. 대부분의 성당과 프로테스탄트 교회가 이러한 이성 숭배를 위한 예식의 공간으로 활용되었다. 이성 숭배자들은 성당에서 이성을 찬양하는 강론을 듣고, 혁명 정부의 법률 사항을 두고 토론을 벌였다. 상퀼로트는 이성의 축제에서 내세의 문제보다는 이성의 승리를 찬양하고 당면한 현실의 문제를 토론했다. 축제의 형태를 띤 상퀼로트의 자발적인 비기독화 운동은 공안위원회에 위기감을 증폭시킨다. 그들의 입장에서는 혁명은 이미 완료되었으므로, 이제 남은 것은 국민적 통합을 기반으로 한 공화국을 확립하는 것이었다. 상퀼로트의 이성의 축제를 대체할 종교적 대상과 축제의 필요성이 절실해졌다. 로베스피에르는 혁명력 2년 플로레알 18일인 1794년 5월 7일에 최고 존재의 숭배를 주장했다. 그는 구제도의 관행에 젖은 인간을 새로운 사회에 적합한 인간으로 개조하기 위해서는 새로운 종교가 필요하다고 역설하면서, 공화주의의 미덕을 구현한 새로운 신, 바로 최고 존재를 제안했다. 로베스피에르는 최고 존재의 축제를 통해 국민적 통합과 공화국의 확립을 기대한 것이다. 따라서 최고 존재의 축제는 국가 종교로서 자발적인 성격을 띠는 상퀼로트의 이성의 여신 축제와는 이질적이었다. 최고 존재의 축제는 신부로 가장한 인물들의 가장행렬, 광신주의의 집행자인 가톨릭교회의 신부들을 고발하는 모의재판, '광신주의의 잡동사니'의 화형식 등의 순서로 진행되었다. 최고 존재 축제는 전통적인 축제의 형식을 도입하여 상퀼로트의 참여를 유도했다. 하지만 이러한 혁명 종교들은 민중에게 큰 호응을 얻지 못하고 결국 사라졌다.

Ⅲ
명목상의 왕, 루이 17세

루이 17세는 루이 16세와 마리 앙투아네트의 둘째 아들로, 이름은 루이 샤를Louis-Charles이다. 프랑스의 명목상 군주로 재위 기간은 1793년부터 1795년까지다. 프랑스 혁명 발발 직전인 1789년 6월 4일, 4살 터울의 형인 왕세자 루이 조제프Louis-Josephe가 죽자, 왕세자로 책봉되었다. 1792년 8월 10일, 국민 공회에서 왕정을 폐지하고 제1공화국을 선포하면서, 루이 샤를은 프랑스의 왕족과 귀족들과 함께 탕플 감옥에 수감되었다. 1793년 1월 21일, 부왕 루이 16세가 단두대에서 처형되자, 루이 샤를은 외국으로 도피한 프랑스의 귀족들에 의해 명목상 국왕의 자리에 올랐다. 마리 앙투아네트와 함께 탕플 감옥에 유폐되었던 루이 17세는 1793년 7월 1일, 공안위원회의 명령에 따라 어머니와 헤어져 탕플 감옥의 3층에 은밀히 유폐되었다. 구두수선공이자 에베르파 지지자인 앙투안 시몽Antoine Simon이 루이 17세의 교화를 담당했다. 공안위원회가 루이 17세를 서둘러 단두대로 보내지 않은 것은 당시 루이 샤를의 나이가 아홉 살에 불과했으므로, 자신을 왕이 아닌 일반 시민으로 여기도록 교화할 수 있다고 보았기 때문이다. 루이 17세는 부모의 죽음에 따른 충격과 오랜 수감 생활로 건강이 나빠져 1795년 6월 8일, 열 살의 나이에 세상을 떠났다. 이후, 왕당파들은 앙투안 시몽을 가리켜 '술주정뱅이 난봉

꾼인 주제에 혁명을 이용하여 출세한 자'라며 비난했다. 그러나 앙투안 시몽은 테르미도르 10일에 로베스피에르를 비롯한 생쥐스트, 쿠통Cou-thon 등과 함께 단두대에서 처형되었다.

참고자료

Aulard (François Alphonse), *Le culte de la Raison et le culte de l'Être suprême (1793-1794): Essai historique*, Paris, Adamant Media Corporation, 2001.

Guillemin (Henri), *1789-1792 / 1792-1794 : Les deux Révolutions françaises*, Paris, Editions d'Utovie, 2013.

Mathiez (Albert), *La Révolution française : La chute de la royauté, la Gironde et la Montagne, la Terreur*, Paris, Bartillat. 2012.

Soboul (Albert), *La Révolution française*, Paris, Gallimard, 1984.

Vovelle (Michel), *La Révolution contre l'Eglise : De la raison à l'être suprême*, Paris, Complexe, 2001.

저자 주

1. 몽펠리에 시립고문서관.
2. 시몽 바르브, 조향사 프랑수아, 리옹, 1693.
3. 앙투안 드장, 증류법과 향기에 관한 개론, 파리, 1753.
   향기에 관한 개론 및 증류법 개론, 파리, 1764.
4. 에로 도립고문서관, 파산 기록 : 목록 및 평가 - 1716년~1780년.
5. 베아트리스 리베, 몽펠리에의 향수 산업 - 16세기~18세기, 몽펠리에 시립도서관.
6. 디드로와 달랑베르, 백과사전, 즉 과학, 예술, 기술에 관한 체계적인 사전, 브리아송, 파리, 1754. 제4권, pp. 1053-1054. 제15권, pp. 1048-1049.
7. 몽펠리에 시립고문서관 II E 56/523, 파르종의 결혼 신고서, 1743년 9월 20일 신고, 공증인 ADH 서명, 1744년 1월 20일 등록.
8. 에티엔 보노 드 콩디악, 감각에 대한 개론, 파리, PUF, 1947, p. 222.
9. 드니 디드로, 농아에 대한 편지.
10. 사바리 데 브뤼롱, 상업, 자연사, 예술, 기술에 대한 백과사전, 1762.
11. 아데마르 백작부인, 마리 앙투아네트와 베르사유 궁정에 대한 회상, 1836.
12. 캉팡 부인, 마리 앙투아네트의 삶에 관한 회고.
13. 아를레트 드 피트레, '왕비의 비호를 받은 로즈 베르탱', 아날, 7월호, 1965. 보충 자료
14. 뒤르포르 후작부인, 피에르 드 놀락, 왕비의 측근들, 탈랑디에, 1929, p. 16에서 재인용.
15. 제르맹 브리스, 파리시에 대한 새로운 이야기, 파리, 1698, 1706, 1725.
16. 마리보, 벼락부자 농부.
17. 세귀르 백작, 회고록.
18. 프랑스 주재 에스파냐 대사의 외교문서 - "왕세자가 여태 부부관계를 맺지 못했

다는 것은 공공연한 이야기입니다. 이는 마음에서 비롯된 일시적인 불감증에 해당하며, 육체적인 장애는 아닌 것으로 보입니다."

19. 오귀스텡 카반느, <u>옛날 사람들의 사생활 풍속도</u>, 1권, 파르노, 제네바, 1976, p. 254.
20. 아데마르 백작부인, <u>위의 책</u>.
21. 우리는 이것을 '여드름 따위의 뽀루지'라 부른다.
22. 부이에 후작부인. 피에르 드 놀락, <u>위의 책</u>에서 인용.
23. 국립고문서관 Y 93 32 : 파리의 조향사 길드에 입회한 조향사들의 명단.
24. 장 루이 파르종, <u>조향술 - 잡티와 주름 제거 및 피부 건강 유지를 위한 다양하고 새로운 비법이 담긴 향수, 화장품, 포마드, 향초, 방향제, 옛날식 오일, 향유 제조에 관한 완벽한 해설서</u>, 파리, 1801, p. 109.
25. <u>같은 책</u>, pp. 202~209.
26. 아데마르 백작부인, <u>위의 책</u>.
27. 귀 쇼시낭 노가레, <u>왕실 여성들의 일상생활</u>, 아셰트, 1990, p. 239.
28. 캉팡 부인, <u>위의 책</u>, 1권, 7장.
29. 국립고문서관, 공증인 증서 보관소, 47번 문건, <u>라부아지에와 파르종의 결혼 계약서</u>, 1774년 7월 26일 공증.
30. 파리역사도서관이 소장하는 우비강 문서, 「새로운 소식」편, 120번 문서.
31. 파르종, <u>위의 책</u>.
32. 『백과사전』의 '붉은 색' 항목.
33. 파르종, <u>위의 책</u>.
34. <u>알렉상드르 드 틸리 백작의 회고록</u>, 파리, 1929.
35. <u>마리 앙투아네트와 마리 테레즈 황제가 주고받은 편지</u>, 파리, 1933.
36. <u>같은 책</u>.
37. <u>베장발의 회고록</u>.
38. 아데마르 백작부인, <u>위의 책</u>, pp. 113~114.
39. 피에르 드 놀락, <u>위의 책</u>에서 인용.
40. 보르도노브, <u>위의 책</u>에서 인용, p. 78.

41. 캉팡 부인, 위의 책, p. 901.
42. 파르종, 위의 책, pp. 395~386.
43. 같은 책.
44. 아데마르 백작부인, 위의 책, p. 179.
45. 같은 책.
46. 파르종, 위의 책.
47. 오버키르히 남작부인, 1782년 봄의 일화.
48. 아데마르 백작부인, 위의 책, p. 180.
49. 캉팡 부인, 위의 책.
50. 피에르 드 놀락, 에제크, 위의 책, p. 240에서 인용.
51. 국립고문서관, AP61, 왕의 동생에게 장 루이 파르종이 보낸 대금 청구서 - 1780년~1786년.
52. 1778년 6월 12일자 마리 앙투아네트의 편지.
53. 파리고문서관, 문서함 70: D4 B6, 서류번호 4589 - 장 루이 파르종의 파산, 2235 서기과 확인.
54. 비제 르브룅, 회고록, 1권, 5번째 편지.
55. 파르종, 위의 책, p. 201.
56. 비제 르브룅, 위의 책, 1권, 5번째 편지.
57. 알렉상드르 드 틸리, 위의 책, pp. 14~15.
58. 비제 르브룅, 위의 책.
59. 루이 앙투안 드 카라치오리, 귀족들의 치장에 대한 비판적인 담화들, 파리, 1770.
60. 슈테판 츠바이크, 마리 앙투아네트.
61. 보르도노브, 위의 책, p. 174에서 인용.
62. 비제 르브룅, 위의 책.
63. 후일 루이 17세가 된다.
64. 에밀 랑라드, 마리 앙투아네트의 의상 디자이너, 로즈 베르텡, 파리, 알벵 미셸, 1911.

65. 비제 르브륑, 위의 책, 1권, p. 37.
66. 국립고문서관, MC et VII/472, 쉬렌 소재의 집과 정원에 대한 매매 계약서 - 1786년 1월 31일.
67. 파르종, 위의 책, pp. 42~84.
68. 파르종, 위의 책, p. 2.
69. 아데마르 백작부인, 위의 책, p. 25.
70. 파르종, 위의 책, p. 93.
71. 캉팡 부인, 위의 책, 2권 1장.
72. 같은 책, 2권 18장.
73. 미슐레, 프랑스 혁명, 라퐁 부켕, 1권, p. 784.
74. 국립고문서관, KK 378 : 1792년도, 파르종이 탕플 감옥에 전달한 주문품 목록. 국립고문서관, 013799 : 파리의 조향사 파르종이 1792년 6월에 납품한 물건들.
75. 에밀 랑라드, 위의 책.
76. 캉팡 부인, 위의 책, 20장.
77. 로잘리 라모르리에르의 회고록에 따름.
78. 국립고문서관, F7 4391, 왕자와 공주의 전속 조향사 파르종이 작성한 대금 청구서, 1793년 3월 4일자로 정산됨.
79. 앙드레 카스테로, '국민의회 에듬 모네 의원의 증언', 이스토라마, 7월호, 1974년 자료에서 인용.
80. 국립고문서관, F7 4702, 장 루이 파르종의 체포와 재판, 감시위원회.
81. 국립고문서관, MCN, 1791년부터 혁명력 8년까지 7번 문건의 16과 16-1 대장.
82. 국립고문서관, F7 4702 n.757, 혁명력 2년 니보즈 6일부터 17일까지 왕실 친위대 명단.
83. 이는 미슐레의 표현이다.
84. 프랑스 혁명 기간 동안 기요틴의 희생자 명단, http://les.guillotines.free.fr.
85. 국립고문서관, F7 47702, 서류번호 33. 재판 속기록.
86. 국립고문서관, F7 47702, 서류번호 33.

참고문헌

국립고문서관 Archives Nationales

Série 01 : Maisons de la reine et du roi.

Chapitre II : Départements des Grands Officiers de la Maison du roi, Papiers du Grand Chambellan ; Dossiers 830 à 836 : Garde-Robe : Etat des dépenses, mémoires acquittés et enregistrement des médicaments fournis jour par jour à la Maison du roi (du règne de Louis XV à 1790).

Chapitre VIII : Maisons des reines et des Enfants de France.

Dossiers 3746 à 3784 : Maison de Mesdames Adélaïde, Victoire, Sophie et Louise, filles de Louis XV.

Dossiers 3785 à 3789 : Maison des Enfants de France, du Dauphin, petits-fils et petites-filles de Louis XV, Bourgogne, duc d'Aquitaine, Berry puis Dauphin (Louis XVI), comte de Provence, Provence, comte et d'Artois, Mesdames Clotilde et Elisabeth (1753-1792).

Dossiers 3790 à 3797 : Maison de Marie-Antoinette, Dauphine puis reine (1770-1791).

Dossier 3798 à 3799 : Maison des Enfants de France (1778-1792) et Dépenses générales (1782-1793) dont livre de dépenses du valet de chambre Cléry ainsi que 《L'état des dépenses ordonnées par Tourzel, Gouvernante des Enfants de France, pour le service de Mgr le Dauphin et de Madame Fille du Roi》.

《Jean-Louis Fargeon, Maître Gantier Parfumeur Poudrier》, 60 AP1 papiers de Javon, homme d'affaires conseil et créancier des fournisseurs dont celles de Fargeon (1780-1784-1785-1786). AA 53 1488 : Demande signée par la reine à la Conciergerie de vêtements de deuil, drap, couverture et chandelle avec les refus en marge. Série F4 1311 : Garde-Robe. Série CK 505 et 506 : Archives de Gardes-Robes.

Statuts de la Communauté des marchands gantiers-parfumeurs de Paris, Paris, Valade, 1772.

F7 4702 : Arrestation et Jugement de Jean-Louis Fargeon, Comité de surveillance.

F7 4391 : Mémoires des Fournitures de parfumerie faites par le sieur Fargeon, parfumeur, pour le service des Enfants de France, 16 août 1792, réglé le 4 mars 1793.

KK 377 : Dépenses de Monsieur le Dauphin, 1790.

KK 378 : Registre pour la tenue journalière des atours de la Garde-Robe et autres détails des chambres des Enfants de France, 1789 à 1792.

KK 380 : 《Atours des Enfants de France》 (1789-1791).

KK 374 : 《Etat des Dépenses de la Maison du roi et de la reine》, 1789.

CK 505 et 506 : Archives des Gardes-Robes.

S 1067B : Censive de l'archevêque.

Q1 1099 44 : Fief des boues et lanterne.

S 1203-1204 : Fief du Roule.

* 중앙 공증서류 보관실 Minutier central des notaires

Et XLVII : contrat de mariage Fargeon / Ravoisié, 26 juillet 1774.

Et VII/ 472 : 31 janvier 1786 : achat de la maison et jardin de Suresnes au sieur de Launay de Bourdelot par le sieur et Madame Fargeon.

Et IX/ 806 : 22 août 1786 : achat de bâtiments de grange et de grenier et d'un jardin planté de figuiers à Suresnes (plan joint).

Et IX/ 806 : Extension de Suresnes, 22 août 1786.

Et VII/ 549 : constitution viagère du citoyen et citoyenne Fargeon au Citoyen Gautier, 6 frimaire an VIII.

Et VII/ 549 : vente de la ferme de Thibivilliers par Jean-Louis Fargeon à J.M. Chapelain du Broseron, négociant, 6 frimaire an VIII.

Et VII/ 578 : Inventaire après décès de Jean-Louis Fargeon, 14 juillet 1806.

Et VII/ 172 : constitution de société entre la veuve Fargeon et ses deux fils, 29 décembre 1808.

Et VII/565 : testament de Jean-Louis Fargeon, 27 brumaire an XII.

파리고문서관 Archives de Paris

Carton D4B6, 4 janvier 1779, carton 70 ; Dossier de faillite n° 4589 de Jean-Louis Fargeon. Greffe 2235.

Carton D5B6, juridiction consulaire : registre 1165.

DQ 101437, dossier 2350 : 《Dissolution de la communauté des gantiers-parfumeurs》, mars 1791.

베르사유 도서관 Bibliothèque de Versailles

Manuscrits n° 254 F : Mémoires d'ouvrages faits par Mlle Bertin, marchande de modes pour Mme Du Barry.

파리역사도서관 Bibliothèque historique de la Ville de Paris

Série 120 / Actualités : Dossier Houbigant.

몽펠리에 시립고문서관 Archives municipales de Montpellier

Acte de mariage Fargeon / Salles du 20 janvier 1744.

Acte de mariage Fargeon/ Romieux du 27 janvier 1715.

Acte de baptême de Jean-Louis Fargeon du 12 août 1748.

쉬렌 시립고문서관 Archives municipales de Suresnes

CC3 n° 10 : 《Extraits de la minute du rôle des vingtièmes de la Paroisse de Suresnes》, art. 226 M. Fargeon pour une maison de campagne avec terrain et dépendances.

CC5 n°s 2, 4 et 6 : Relevés d'imposition au vingtième pour l'année 1788 pour la paroisse de Suresnes.

CC3 n° 14 : Avis d'imposition au vingtième sur la paroisse de Suresnes pour l'année 1789.

연감

Almanach royal (puis national, impérial) : Paris, 1697 à 1919.

Almanach Dauphin ou Tablettes royales des artistes célèbres et indications générales des principaux marchands, bourgeois, banquiers, négociants, artistes et fabricants pour l'année 1777, Paris, Lacombe, 1777, in-12.

Almanach du commerce des ans VI, VII, VIII.

Le Mercure de France, dédié au Roi par une société de gens de lettres. En particulier pour l'année 1770.

일반 자료

Bertière (Simone) : *Marie-Antoinette, l'insoumise*, Paris, Editions de Fallois, 2002.

Castelot (André) : *Marie-Antoinette*, Paris, Amiot-Dumont, 1955.

Chalon (Jean) : *Chère Marie-Antoinette*, Paris, Perrin, 1988.

Dufour (Hortense) : *Marie-Antoinette, la mal-aimée*, Paris, Flammarion, 2001.

Huisman (Philippe), Jallut (Marguerite) : *Marie-Antoinette, l'impossible bonheur*, Edita, 1970.

Lever (Evelyne) : *Louis XVI*, Paris, Fayard, 1985.

Lever (Evelyne) : *Marie-Antoinette*, Paris, 1991.

Lever (Evelyne) : *Marie-Antoinette, la dernière reine*, Paris, Gallimard, 2000 (coll. Découvertes Gallimard).

Nolhac (Pierre de) : *Marie-Antoinette dauphine*, Paris, Louis Conard, 1929.

Pitray (Arlette de) : 《Dans l'ombre d'une reine : Rose Bertin》, *Les Annales*, juillet 1965.

Zweig (Stefan) : *Marie-Antoinette*, Paris, Grasset, 1937.

편지 및 회고록

Adhémar (comtesse d'), dame du Palais : *Souvenirs sur Marie-Antoinette et sur la Cour de Versailles*, 4 tomes.

Alemany-Dessaint (Véronique) : *Un nécessaire de voyage de la fin du XVIIIe siècle*, Grasse, Musée international de la parfumerie, 1986.

Archives nationales : 《Les Atours de la Reine》, *Centre historique des Archives nationales*, 26 février-14 mai 2001.

Autié (Jean-Léonard) : *Souvenirs de Léonard, coiffeur de la Reine Marie-Antoi-

nette, Paris, A. Fayard, 1905.

Bachaumont (Louis Petit de) : *Journal ou Mémoires secrets pour servir l'histoire de la République des Lettres depuis 1762, 1777-1789*, 36 vol., Londres, Greg International, 1970.

Baulez (Christian) : 《Le Domaine de Trianon》, *Connaissance de Paris et de la France*, 1977, n° 35, p. 20 à 27.

《Notes sur quelques meubles et objets d'art des appartements intérieurs de Louis XVI et de Marie-Antoinette》, *Revue du Louvre et des musées de France*, 1978, n°5/6, p. 359-373.

Besenval (Pierre, Victor, Baron de) : *Mémoires du Baron de Besenval sur la Cour de France*, Ghislain de Diesbach, Paris, réédition Mercure de France, 《Le Temps Retrouvé》, Paris, 1987.

Biré (Edmond) : *Journal d'un bourgeois de Paris pendant la Terreur*, Paris, 1884.

Souvenirs de Léonard : coiffeur de la Reine Marie-Antoinette. Modern Collection, historique, anecdotique. Athème Fayard, éditeur.

Campan (Jeanne-Louis Genet) : *Mémoires de Madame Campan, première femme de chambre, sur la vie privée de Marie-Antoinette,* Jean Chalon, Paris, réédition Mercure de France, 《Le Temps Retrouvé》, 1988.

Cléry (Jean-Baptiste Hanet, dit) : *Journal de ce qui s'est passé à la tour du Temple pendant la captivité de Louis XVI, roi de France et autres mémoires sur le Temple*, éd. Jacques Brosse, Paris, Mercure de France, 1968.

Correspondance entre Marie-Antoinette et Marie-Thérèse, publiée par Georges Girard, Paris, Grasset, 1933.

Denis (Michel), Blayau (Noël) : *Le XVIIIe siècle*, Armand Colin, Collection U, 1987.

Desjardins (Gustave) : *Le Petit Trianon*. Histoire et Description, Versailles, 1885.

Furet (François) : 《Structures sociales parisiennes au XVIIIe siècle, l'apport d'une série fiscale》, *Annales d'économie, société et civilisation*, 1961, p. 939-958.

Hillairet (Jacques) : *Dictionnaire historique des rues de Paris*, Paris, 1693.

Jallut (Marguerite) : 《Château de Versailles. Cabinets intérieurs et petits appartements de Marie-Antoinette》, *Gazette des Beaux-Arts*, mai 1964, p. 289-351.

Langlade (Emile) : *La Marchande des Modes de Marie-Antoinette, Rose Bertin*, Paris, Albin Michel, 1911.

Lenôtre (G.) : *Versailles au temps des rois*, Grasset, 1934.

Mauzi (Robert) : 《Les Maladies de l'âme au XVIIIe siècle》, *Revue des sciences humaines*, 1960.

L'Idée du bonheur au XVIIIe siècle, A. Colin, 1965.

Mercier (Louis-Sébastien) : *Tableau de Paris*, Amsterdam, 1782-1788.

Nolhac (Pierre de) : *Autour de la Reine*, Paris, éd. Jules Tallandier, 1929.

Nolhac (Pierre de) : *Le Trianon de Marie-Antoinette*, 1914.

Nolhac (Pierre de) : *Marie-Antoinette Daupine*, réed. 1929.

Nolhac (Pierre de) : *La Reine Marie-Antoinette*, réed. 1929.

Nolhac (Pierre de) : *La Gazette de la Reine pour l'année 1782* (édition facsimilé), Paris, 1925.

Nolhac (Pierre de) : 《La garde-robe de Marie-Antoinette d'après des documents inédits》, *Le Correspondant*, 25 septembre 1925, p. 840-859.

Nolhac (Pierre de) : 《Les Consignes de Marie-Antoinette au Petit Trianon》,

Revue de l'histoire de Versailles et de Seine-et-Oise, 1899, p. 3-10.

Nouvion (Pierre de) et Liez (Emmanuel) : *Un ministre des modes sous Louis XVI, Mademoiselle Bertin, marchande des modes de la Reine, 1747-1813*, Paris, Leclerc, 1911.

Oberkirch (baronne d') : *Mémoires sur la Cour de Louis XVI et la Société française avant 1789*, par Suzanne Burkard, Paris, Mercure de France, «Le Temps retrouvé», 1970.

Perrot (Philippe) : *Le Travail des apparences*, éditions du Seuil, 1984.

Reiset (comte de) : *Modes et usages au temps de Marie-Antoinette*. Livre journal de Madame Eloffe, Paris, 2 vol., 1885.

Roche (Daniel) : *La Culture des apparences. Une histoire du vêtement, XVIIe-XVIIIe siècle*, Paris, Fayard, 1989.

Saint Priest (François Emmanuel Grignard, comte de) : *Mémoires sur le règne de Louis XV et Louis XVI*, publiés par le baron de Barante, Paris, Calmann-Lévy, 1929 (2 tomes).

Tilly (comte Alexandre de), page de la reine : *Mémoires pour servir à l'histoire des moeurs de la fin du XVIIIe siècle*, Paris, 1929.

Tourzel (Louis-Joséphine de Croÿ d'Havré, duchesse de), *Mémoires de Mme la duchesse de Tourzel, gouvernante des Enfants de France pendant les années 1789 à 1795*, publiés par Jean Chalon, Paris, Mercure de France, «Le Temps retrouvé», 1969.

Tuetey (Alexandre) : *Répertoire général des sources manuscrites de l'histoire de Paris pendant la Révolution française*, tome V.

Tulard (J.), Fayard (J.F.), Fierro (A.) : *Histoire et Dictionnaire de la Révolution Française (1789-1799)*, Robert Laffont.

Verlet (Pierre) : *Le Château de Versailles*, nouv. éd., 1985.

《Une acquisition du Louvre. Le nécessaire de voyage de Marie-Antoinette》, *Jardin des Arts*, mai 1955, p. 401-408.

Vigée-Lebrun (Elisabeth) : *Souvenirs*, édition féministe de Claudine Herrmann

향수와 위생에 관한 일반 자료

Barbe (Simon) : *Le Parfumeur royal ou l'art de parfumer avec les fleurs et composer toutes sortes de parfums*, Paris, 1689.

Baumé (Antoine) : *Eléments de pharmacie théorique et pratique contenant les principes fondamentaux de plusieurs arts tels que ceux du confiseur, distillateur et parfumeur*, Paris, 1732.

Baumel (Jean) : 《Publicité d'un maître apothicaire parfumeur au XVIIe siècle》, suivi de la réédition du 《Catalogue des marchandises rares ou curieuses et particulières qui se font et se débitent chez J. Fargeon... concernant la santé, les parfums et les embellissements》, Paris, *La Grande Revue*, 1974.

Becker (J.) : 《Jean-Louis Fargeon, parfumeur de la reine Marie-Antoinette, son séjour à Suresnes de 1786 à 1792》, *Bulletin de la Société historique de Suresnes*, Musée de Suresnes, René Sordes, 1966.

Caraccioli, (Louis Antoine) : *La Critique des dames et des messieurs à leur toilette. Dictionnaire pittoresque et sentencieux*, Lyon, B. Duplain, 1768.

Corbin (Alain) : *Le Miasme et la Jonquille*, Paris, Aubier, 1982.

Dejean, pseudonyme de Hornot, (Antoine)
: *Traité des odeurs. Suite du Traité de la distillation*, Paris, 1764.

: *Traité de la distillation avec un traité des odeurs*, Paris, 1753.

Demachy (Jacques-François) : *L'Art du distillateur liquoriste*, Paris, 1775.

Dictionnaire universel du commerce, 1763.

Encyclopédie de Diderot, Denis et d'Alembert, Jean, Briasson, Paris 1751-1780.

Etrennes de Flore aux Dames, Paris, Desnos, 1775-1780.

Favre (Abbé de) : *Les Quatre Heures de la toilette*, Paris, 1779.

Jaubert, abbé Pierre : *Dictionnaire raisonné*, Paris, 1770.

Laty (Dominique) : *Histoire des bains*, Paris, PUF, 1996.

Le Camus (Antoine) : *Abdeker ou l'art de conserver la beauté*, Paris, 1754.

Le Cat (Claude Nicolas) : *Traité des sensations et des passions en général et des sens en particulier*, Paris, Vallat la Chapelle, 1767.

Lémery (Nicolas) : *Dictionnaire ou Traité des drogues simples*, Paris, 1727.

Lespinasse (René Leblanc de) : *Les Métiers et corporations de la Ville de Paris*, Paris, 1897.

Mikaïloff (Nathalie) : *Les Manières de propreté*, coll. 《Le vécu et le Vivant》, 1990.

Parfumeur royal : *Traité des parfums*, Paris, 1761.

Pillivuyt (Ghislaine) : *Les Flacons de la séduction, l'art du parfum au XVIIIe siècle*, Musée Marmottan, décembre 1986.

Pillivuyt (Ghislaine) : *Histoire du parfum*, Collection de la Parfumerie Fragonard, Denoël.

Pinset (Jacques) et Deslandres (Yvonne) : *Histoire des soins de beauté*, Paris, PUF, 1960.

Pomme (Dr Pierre) : *Traité des affections vaporeuses des deux sexes*, 1782.

Rival (Ned) : *Histoire anecdotique de la propreté et des soins corporels*, Jacques Grancher éditeur, 1986.

Rivet (Béatrice) : *La Parfumerie et les marchands parfumeurs de Montpellier XVIe-XVIIIe siècle*, 1983.

Roche (Daniel) : *Histoire des choses banales. Naissance de la consommation, XVIIe-XIXe siècle*, Paris, Fayard, 1997.

Savary des Brulons (Jacques) : *Dictionnaire universel du commerce, d'histoire naturelle, d'arts et métiers*, 4 tomes, 1762.

Statuts de la communauté des marchands gantiers poudriers parfumeurs de la ville, faubourgs et banlieue de Paris, Paris, Copenhague, 1762.

Tronchin (Henri) : *H. Tronchin, un médecin du XVIIIe siècle*, 1906.

옮긴이

조청현

파리 1대학에서 〈파리 지역 탁아소의 출현〉을 주제로 D.E.A.(박사과정수료)를 마친 후, 한국외국어대학교 사학과에서 〈19세기 프랑스 탁아소의 출현과 발전양상〉에 관한 연구로 박사학위를 받았다. 19세기 프랑스 사회에서의 여성과 아동의 노동 조건 및 생활 문화에 관한 다수의 논문을 썼다.

이윤정

파리 7대학 언어학과에서 〈불어 현재 시제의 형태와 의미〉로, 파리 8대학 여성학과에서는 〈시몬느 드 보봐르 혹은 여성의 자전적 글쓰기〉로 각각 D.E.A.를 마쳤다. 옮긴 책으로는 『슈퍼로드 : 파노라마 - 비단, 향신료, 소금, 황금, 차』(2015년)가 있다.

향수의 기억
마리 앙투아네트의 조향사 파르종

Jean-Louis Fargeon, parfumeur de Marie-Antoinette

ⓒ 책, 세상을 굴리다, 2016

초판 1쇄 발행	2016년 4월 14일		
초판 2쇄 발행	2022년 11월 18일	전자책(PDF)발행	2018년 3월 30일

지 은 이	엘리자베스 드 페도
옮 긴 이	조청현, 이윤정
펴 낸 이	이윤정
펴 낸 곳	책, 세상을 굴리다
기 획	조청현
편 집	송주연, 김기진
디 자 인	표지_이민혜, 본문_조유영
출판등록	제 2510000-2013-000061호
주 소	08298 서울특별시 구로구 공원로 3, 611 (구로동, 선경오피스텔)
대표전화	02-861-0363, 0364
팩 스	2-0505-066--0365
이 메 일	lingercorp13@gmail.com
블 로 그	http://blog.naver.com/lingercorp13

ISBN   979-11-951779-8-1 (03920)
e-ISBN (PDF)   979-11-87453-19-2 (05920)

* 이 도서의 국립중앙도서관 출판예정도서목록(CIP)은 서지정보유통지원시스템 홈페이지(http://seoji. nl.go.kr)와 국가자료공동목록시스템(http://www.nl.go.kr/kolisnet)에서 이용하실 수 있습니다. (CIP제어번호: CIP2016007696)

* 이 책의 저작권은 저자에게 있습니다.
* 서명에 의한 저자와 출판사의 허락 없이 내용의 전부 혹은 일부를 인용하거나 발췌하는 것을 금합니다. .
* 파본이나 잘못된 책은 구입처에서 바꿔 드립니다.